Y sym 1 for four part concert band

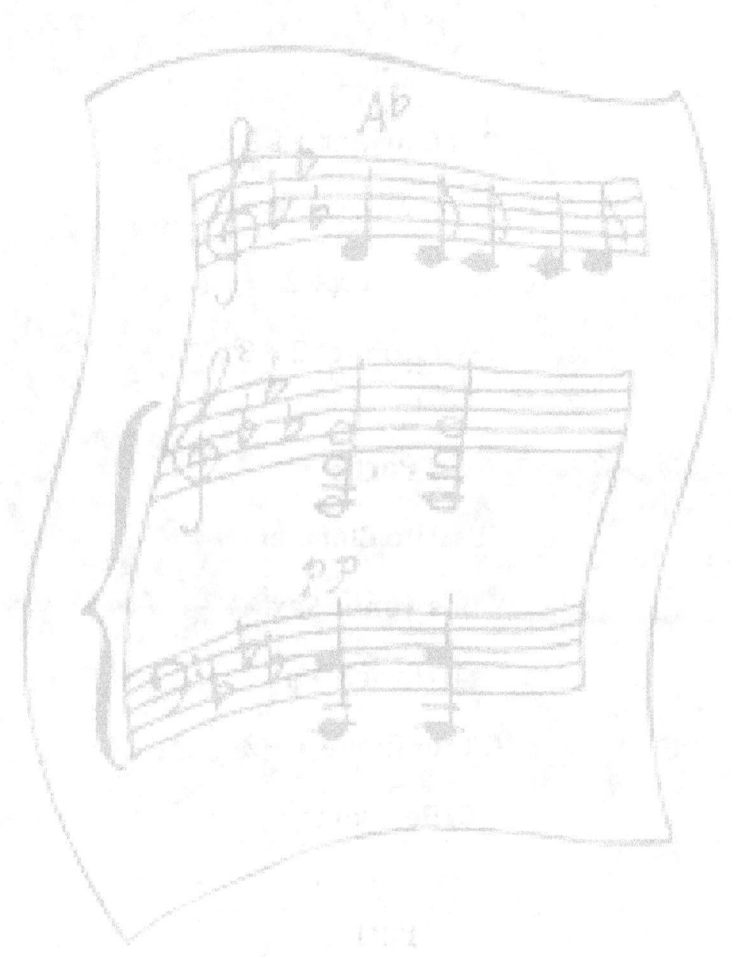

Duration: 7 minutes 54 seconds
ISBN 978-90-78808-12-1
© 2010 Uitgeverij Muz
www.uitgeverijmuz.com

Part 1

C Flute

C Oboe

Bes Clarinet 1

Es Alto Sax.

Bes Trumpet 1

Part 2

Bes Clarinet 2 + 3

Es Alto Sax.

F Horn 1 + 2

Bes Trumpet 2 + 3

Part 3

Es Alto Clarinet

Bes Tenor Sax.

F Horn 3 + 4

C Trombone 1 + 2

C/Bes Bariton

Part 4

C Bassoon

Bes Bass Clarinet

Es Bariton Sax.

C Bass Trombone

C/Bes/Es Bass Tuba

Y sym 1

Joost de Groot

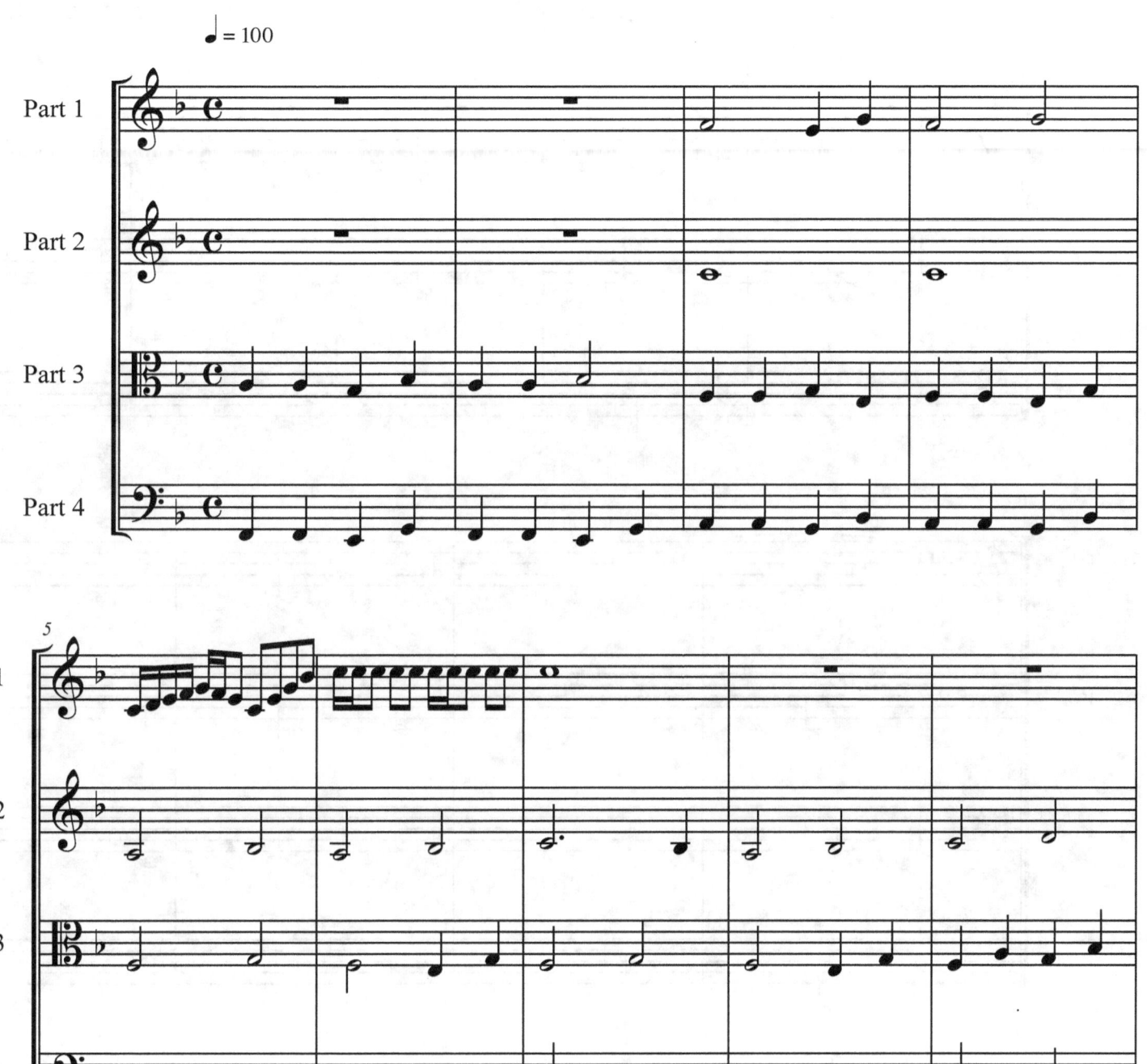

© 2010

Y

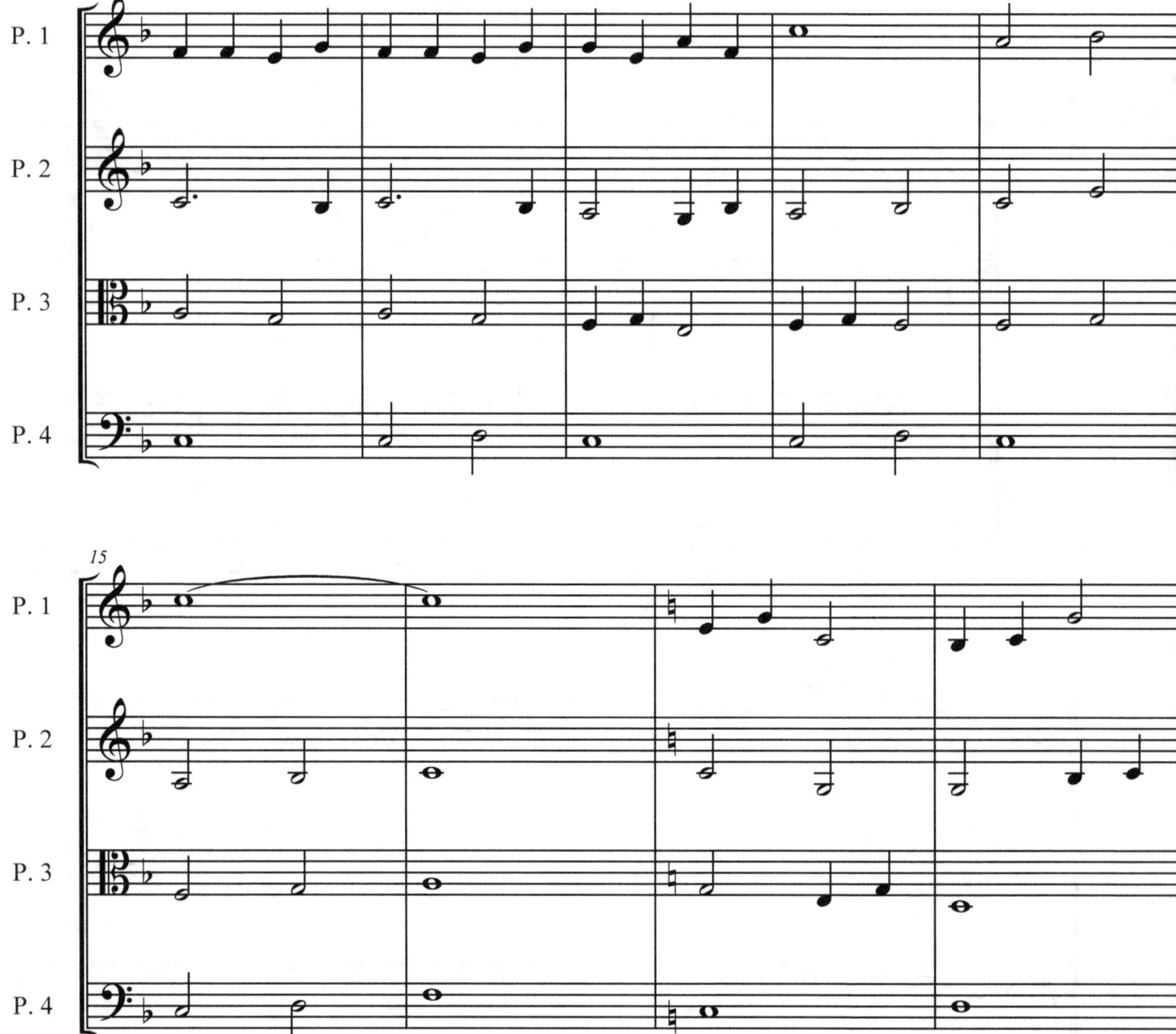

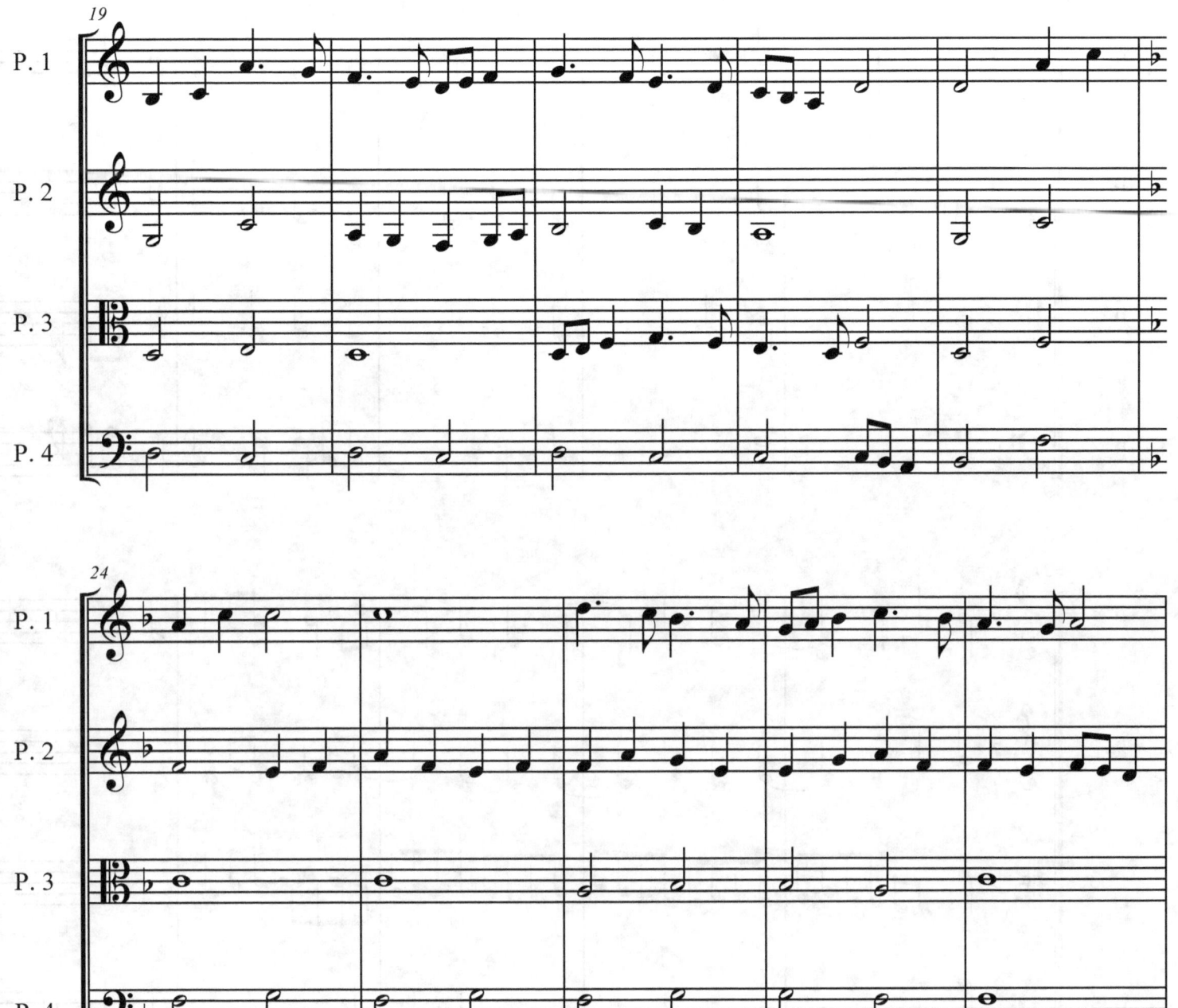

Y

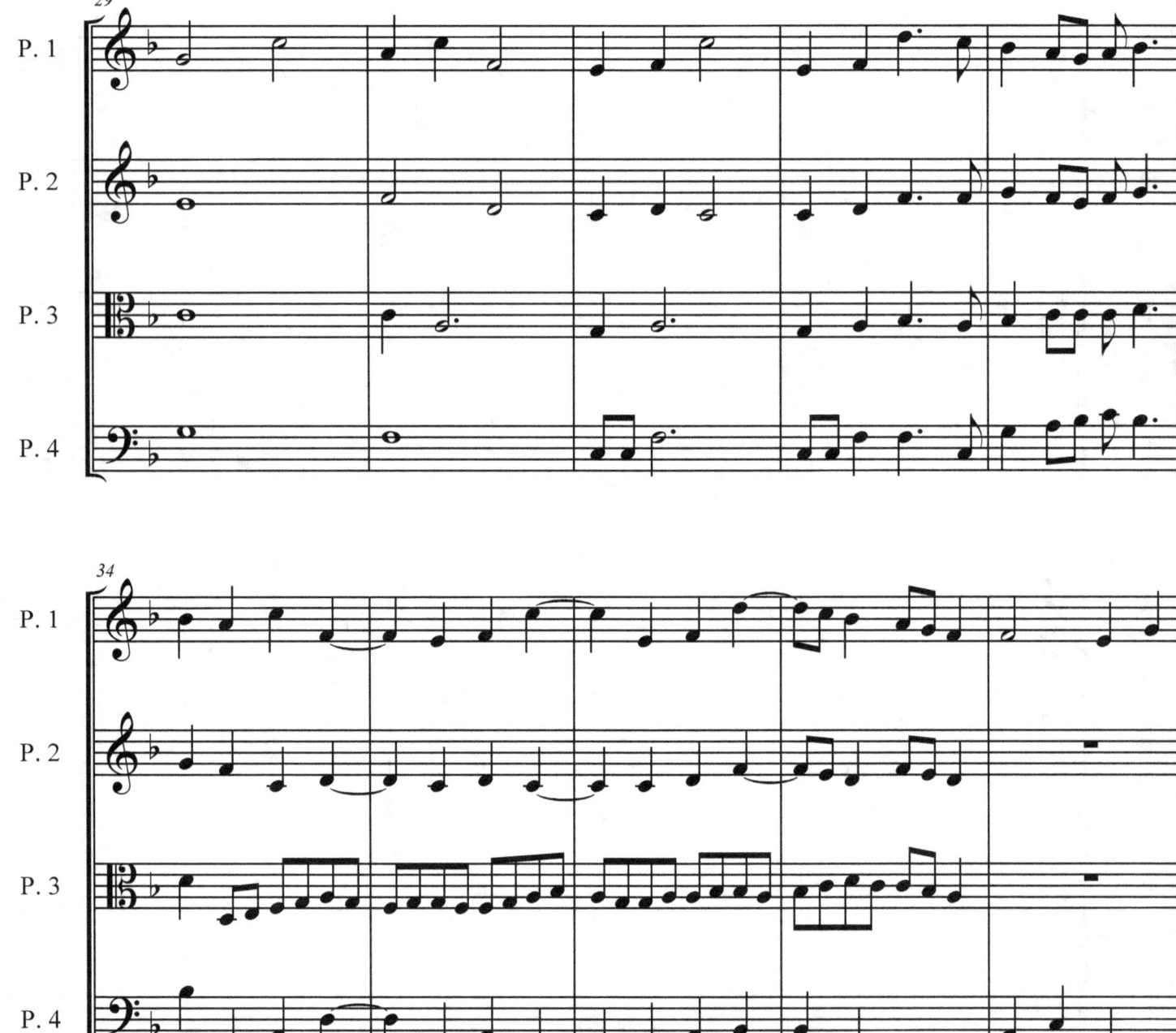

Y

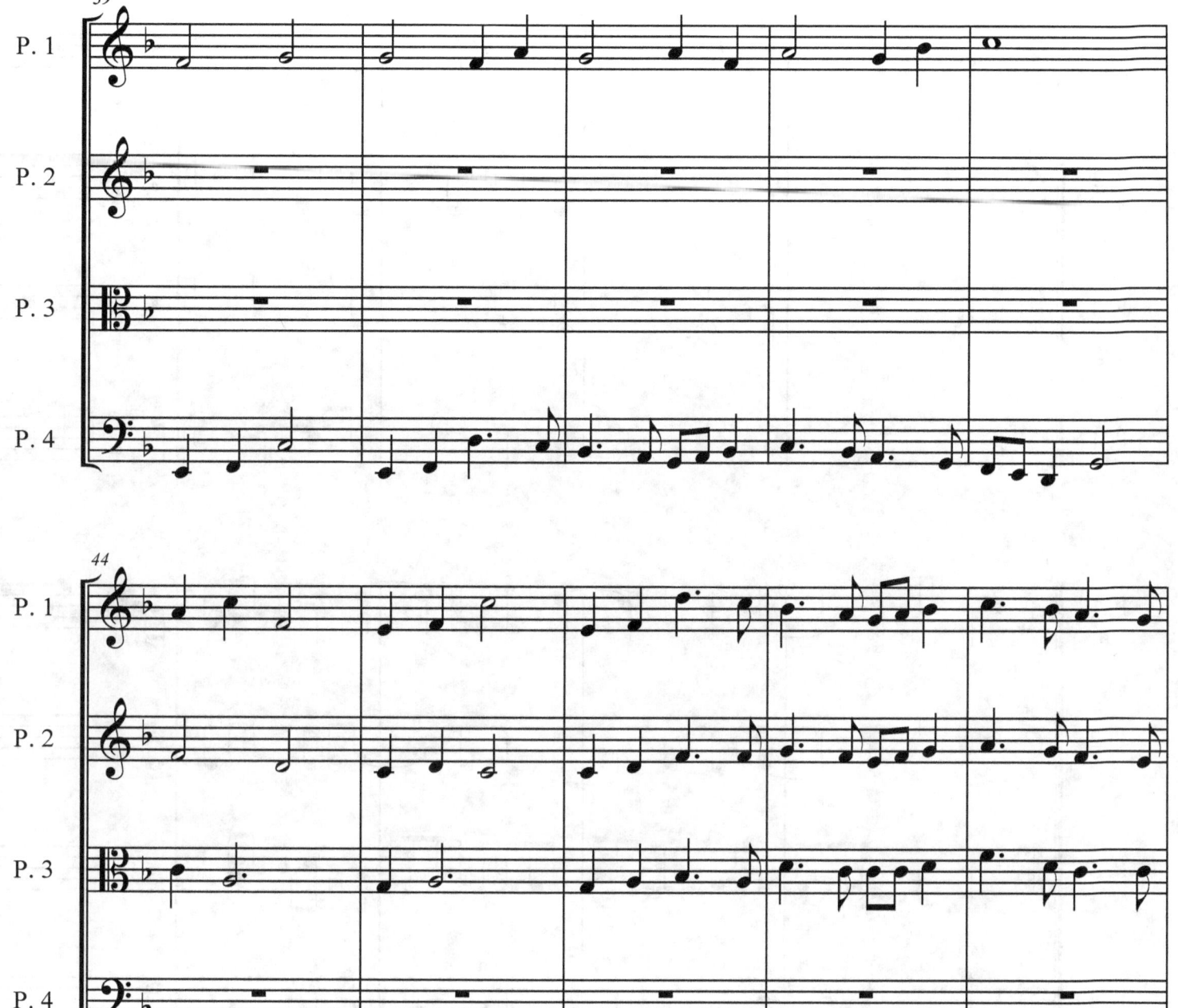

Y

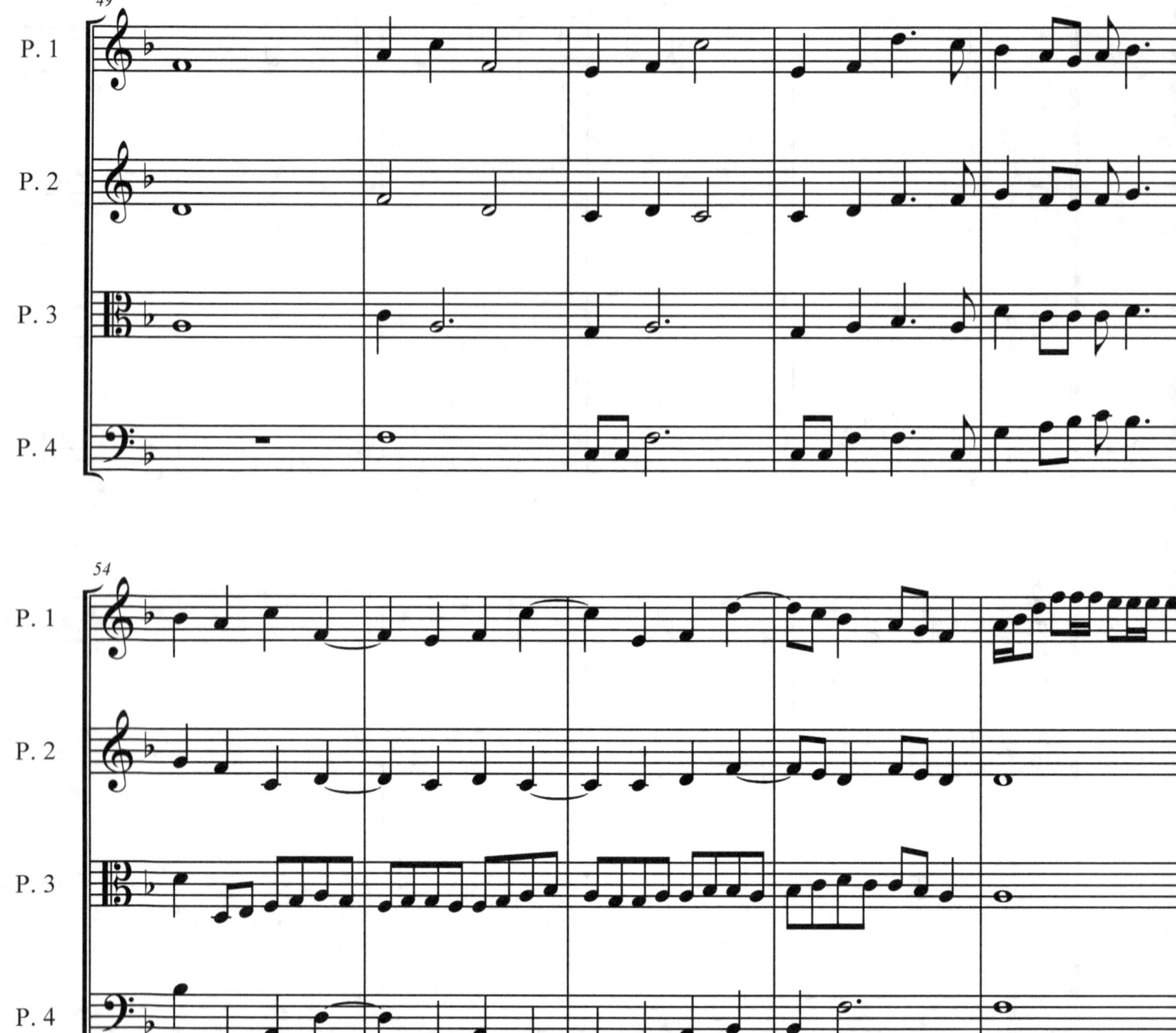

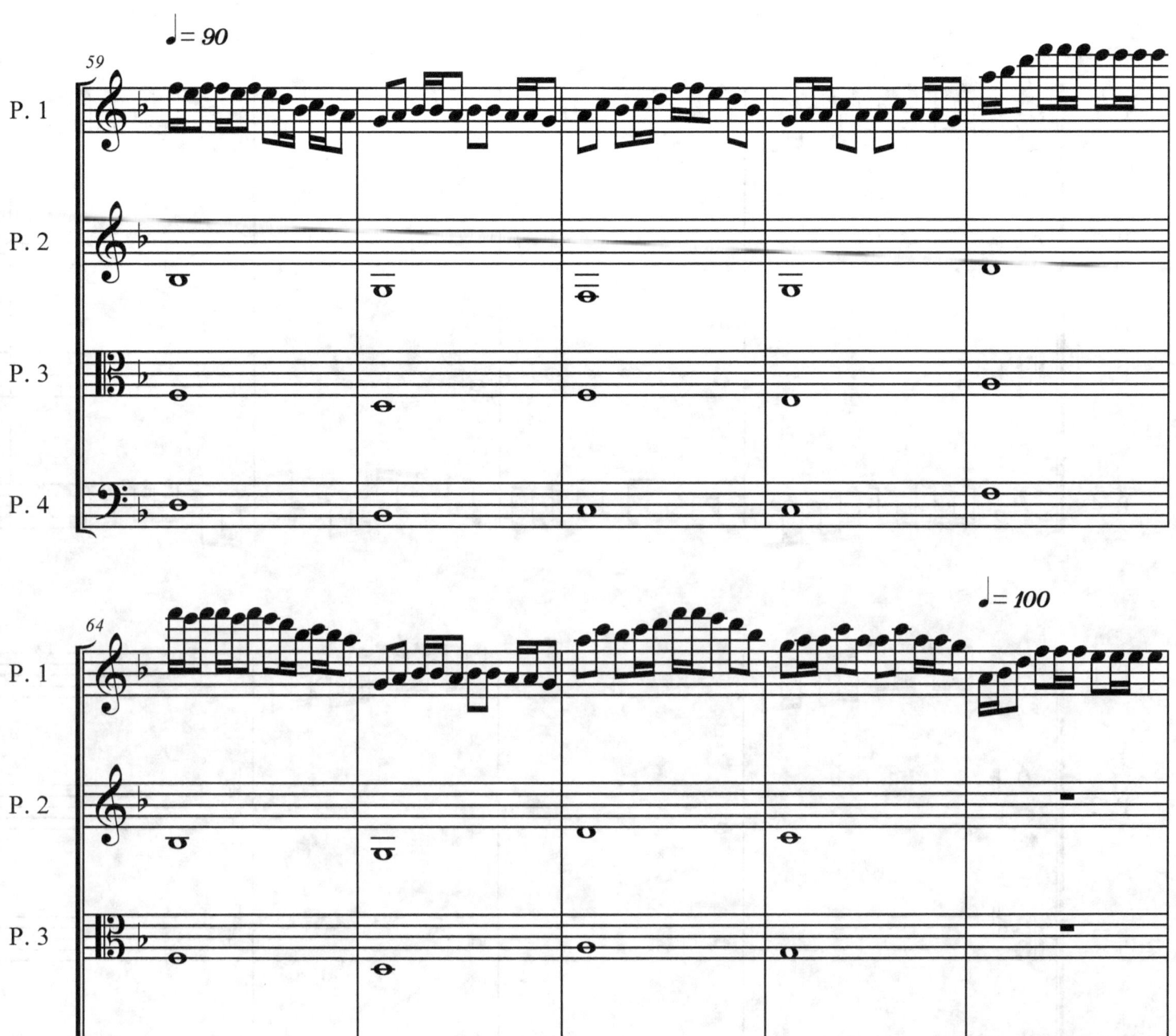

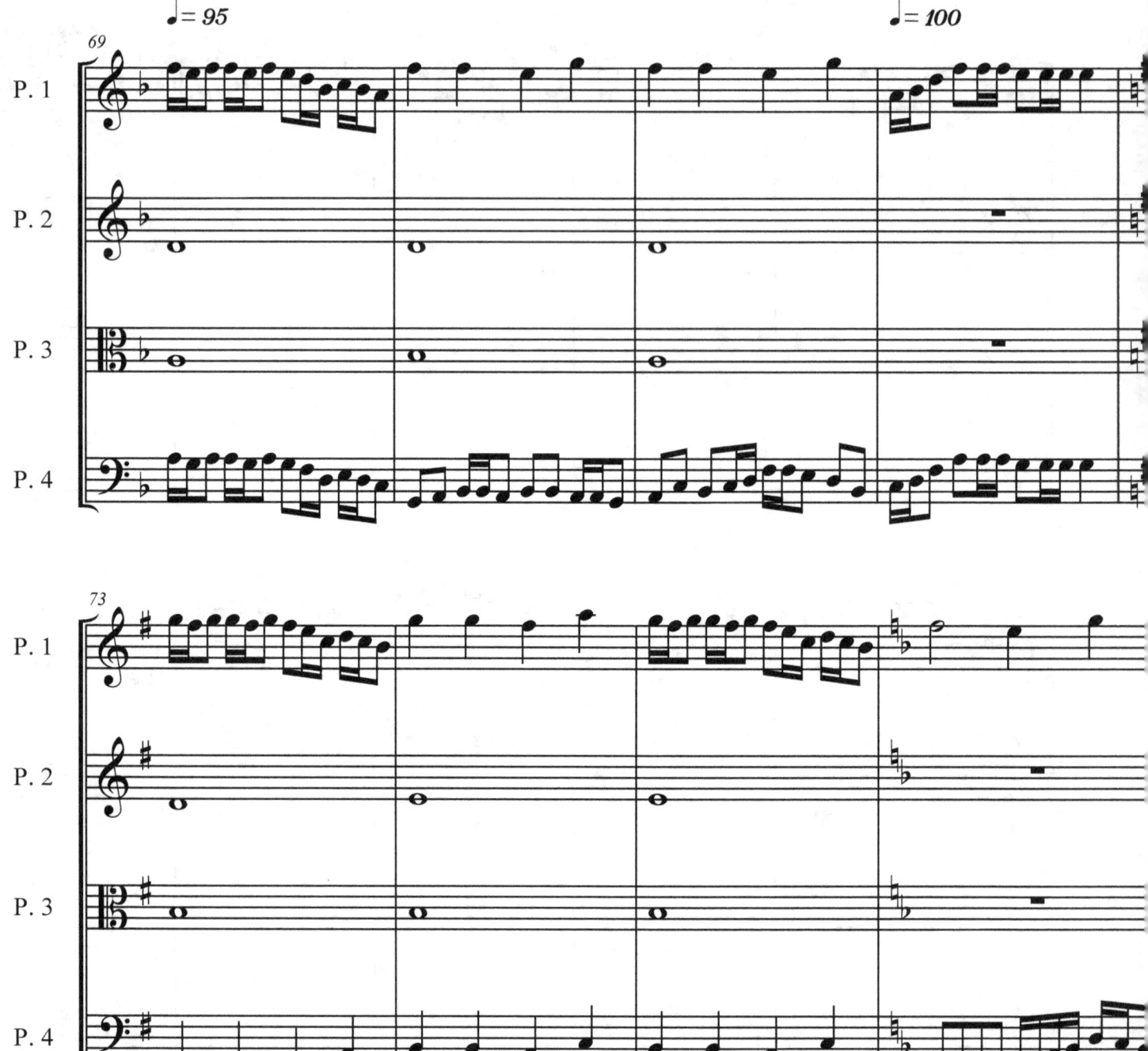

Y

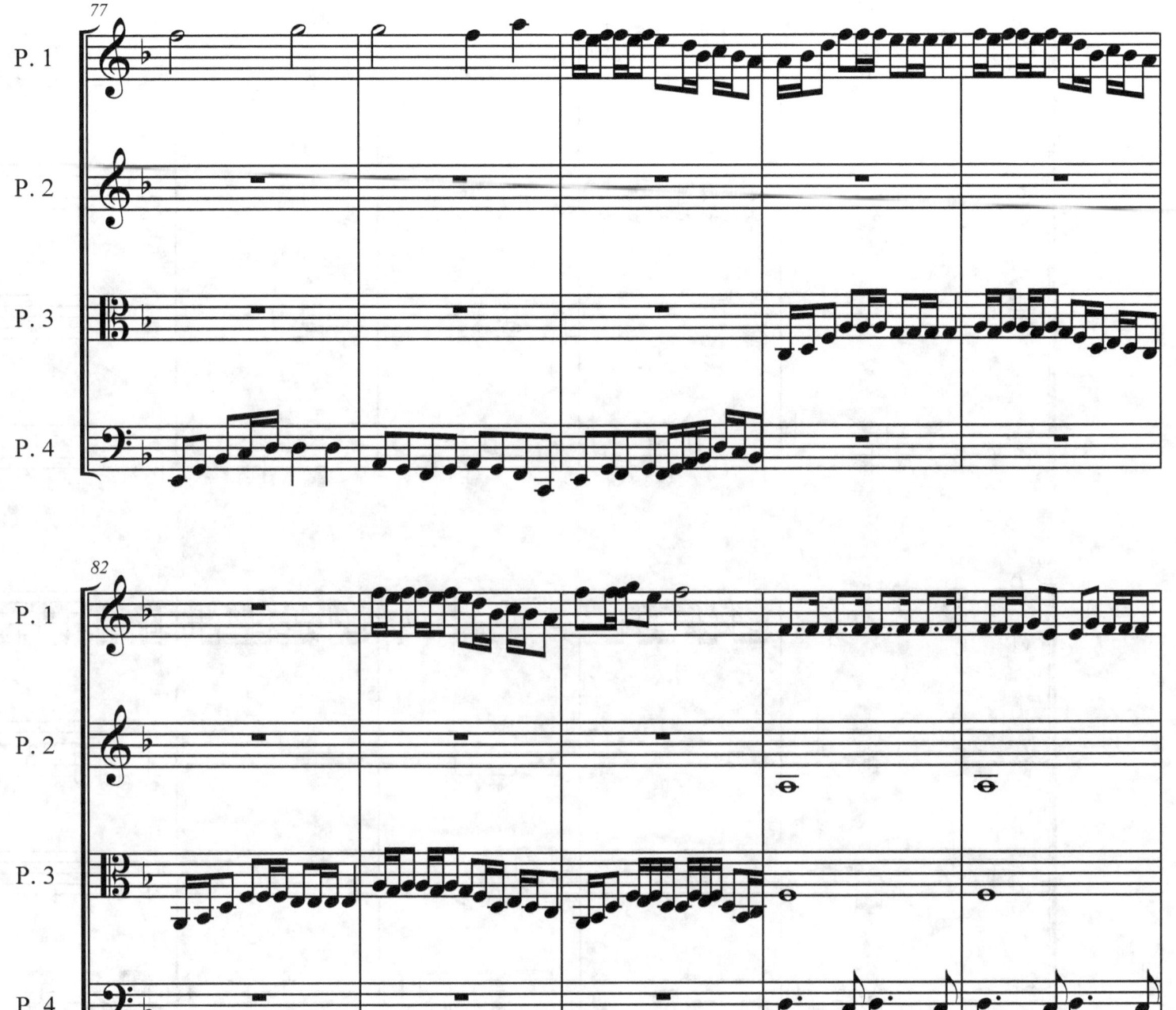

Y

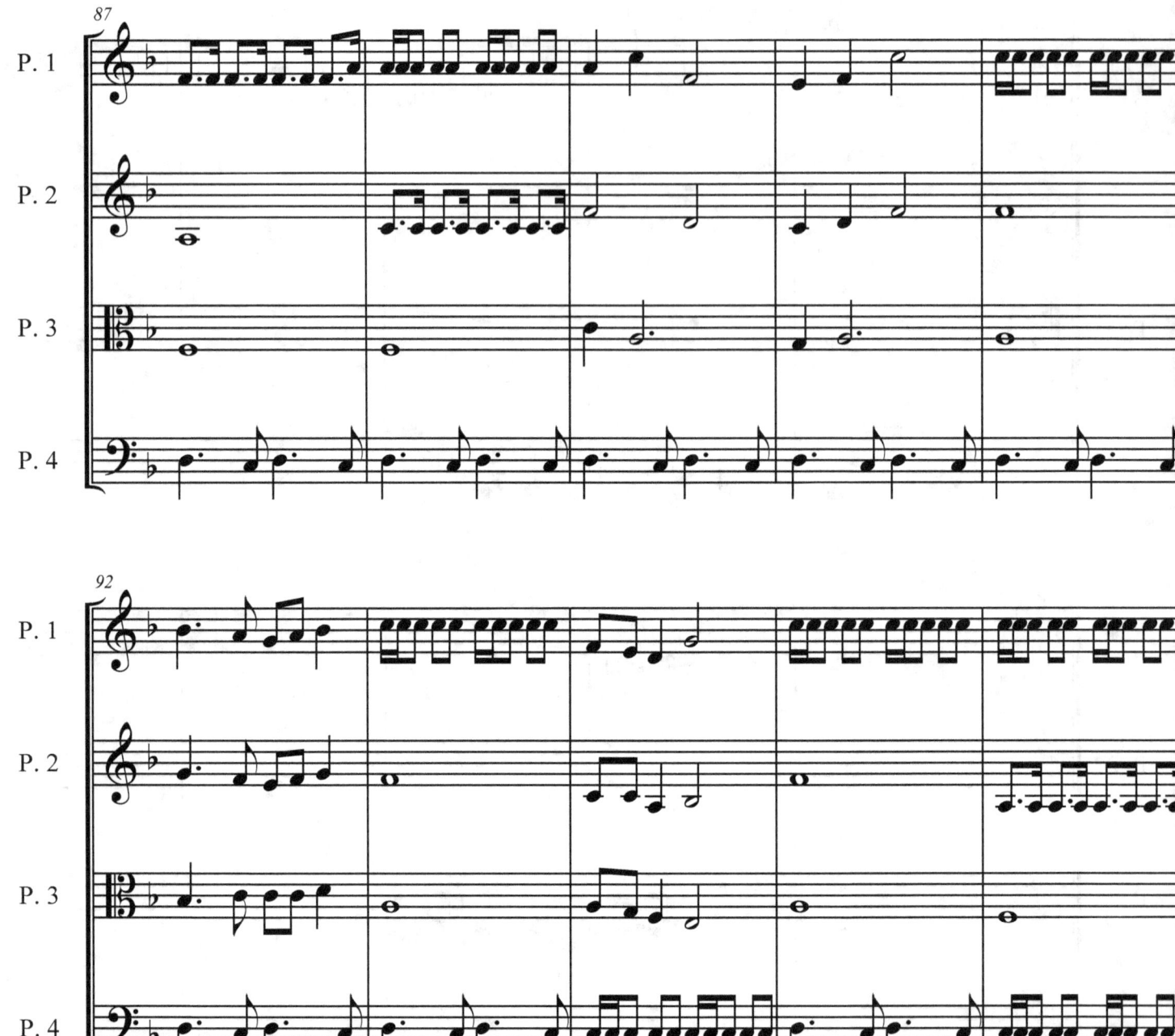

12

Y

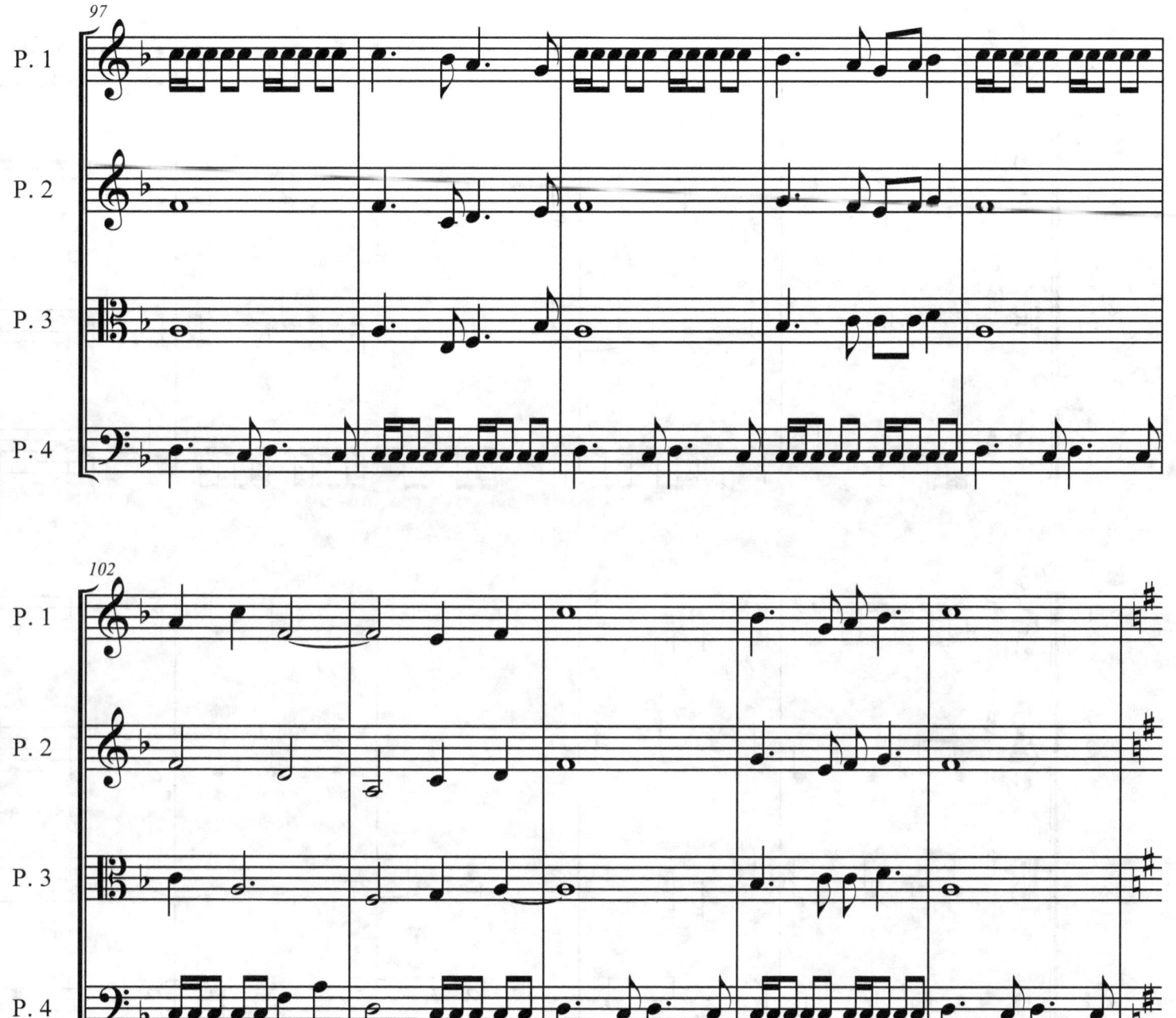

13

Y

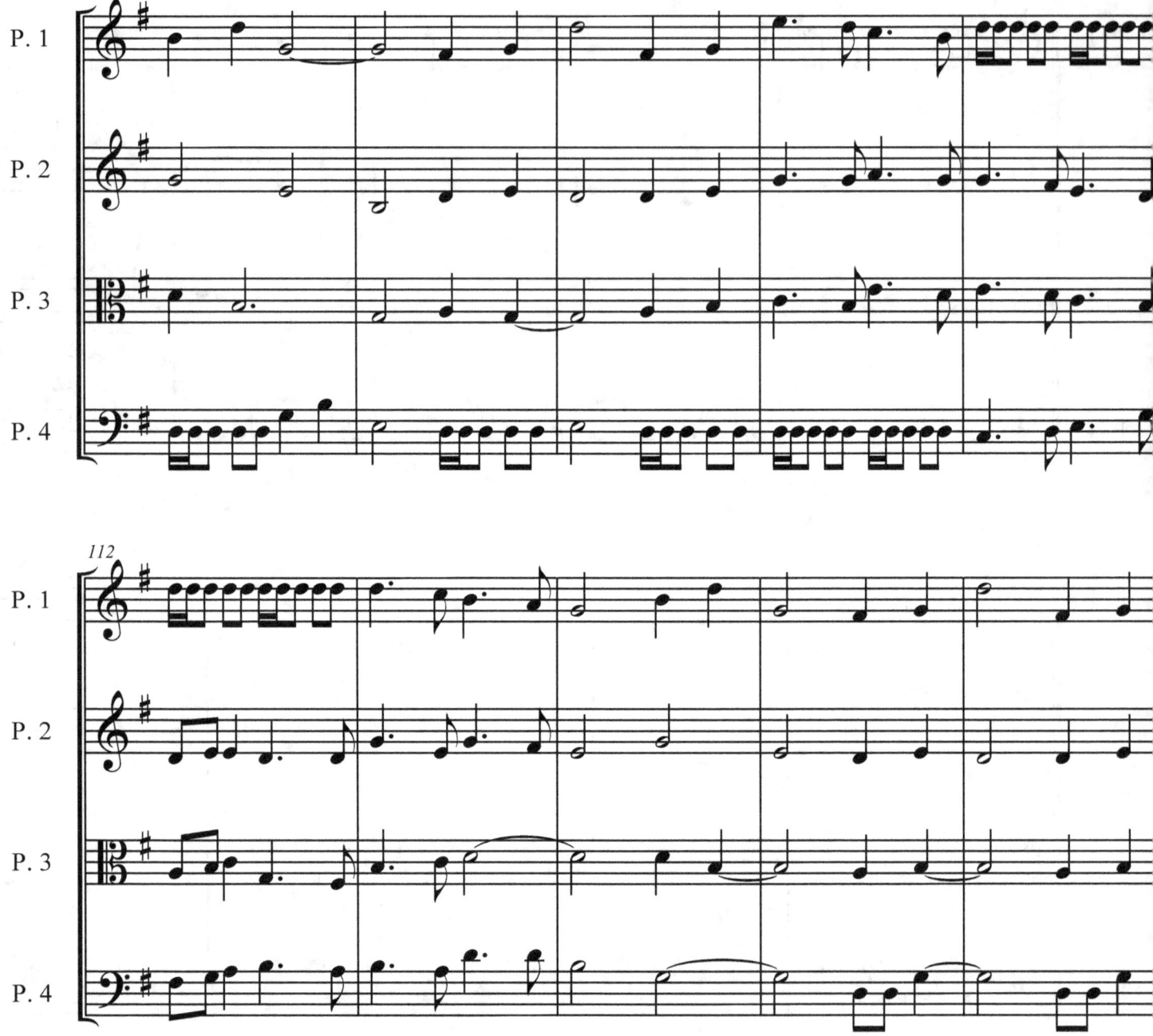

Y

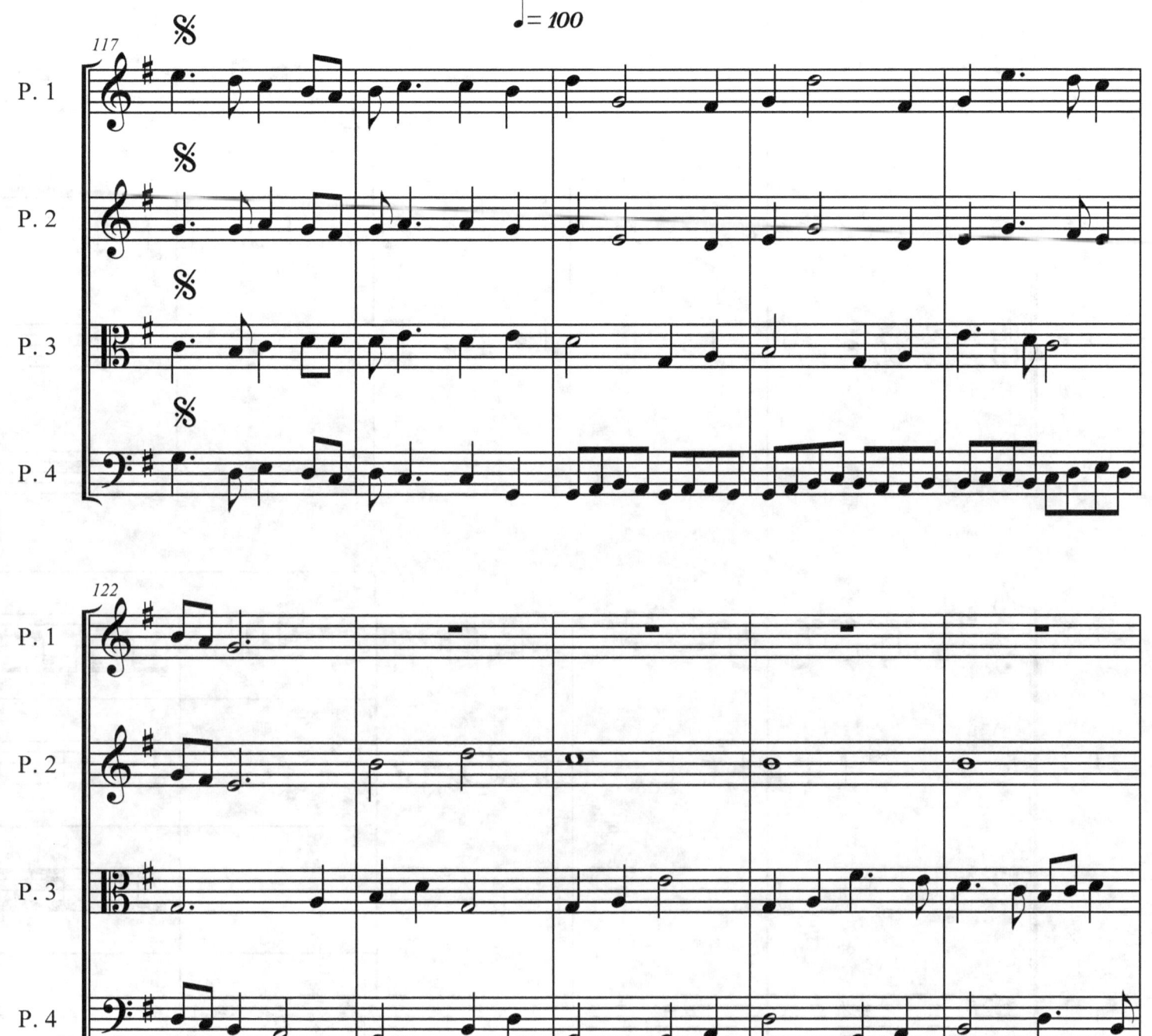

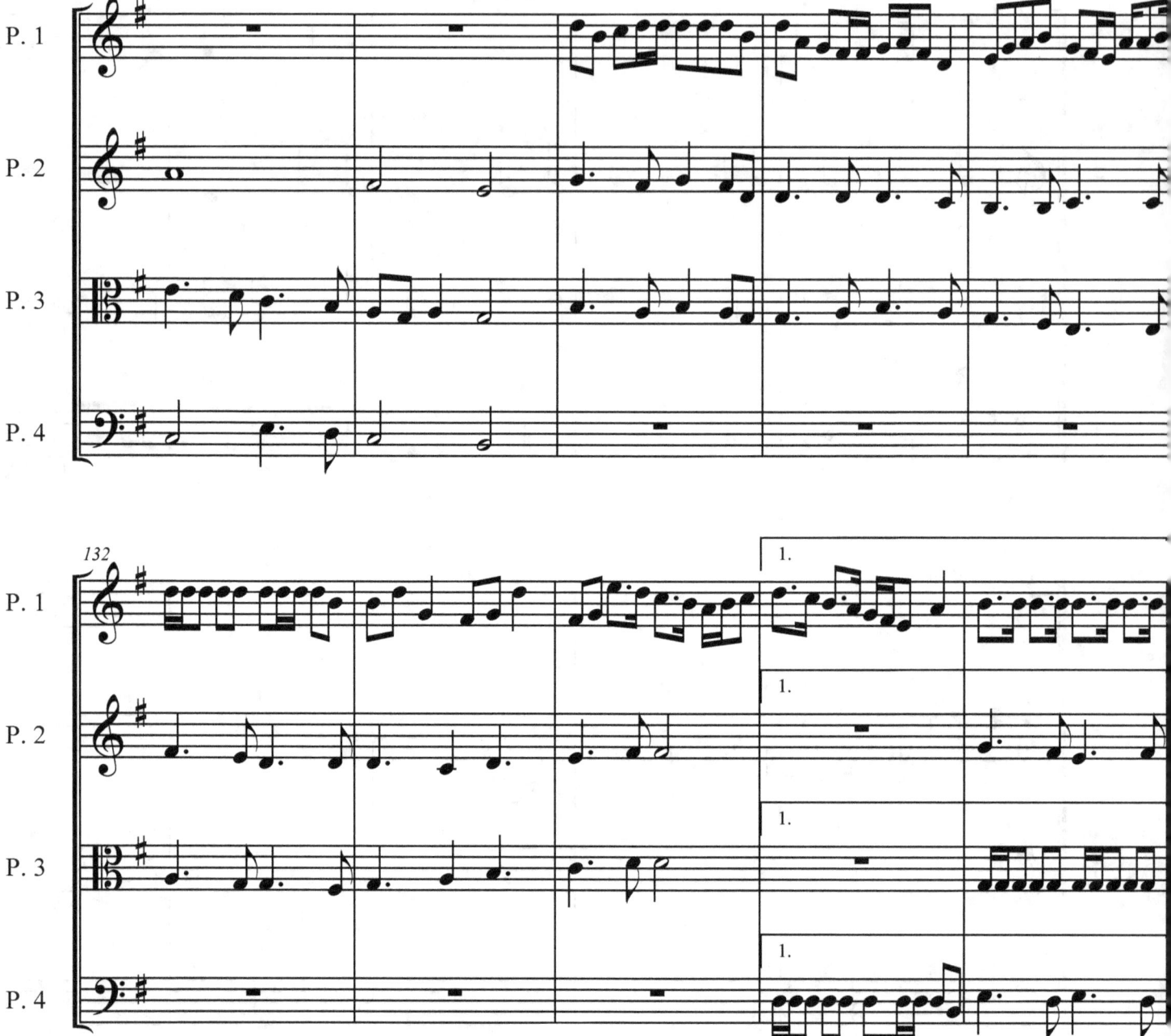

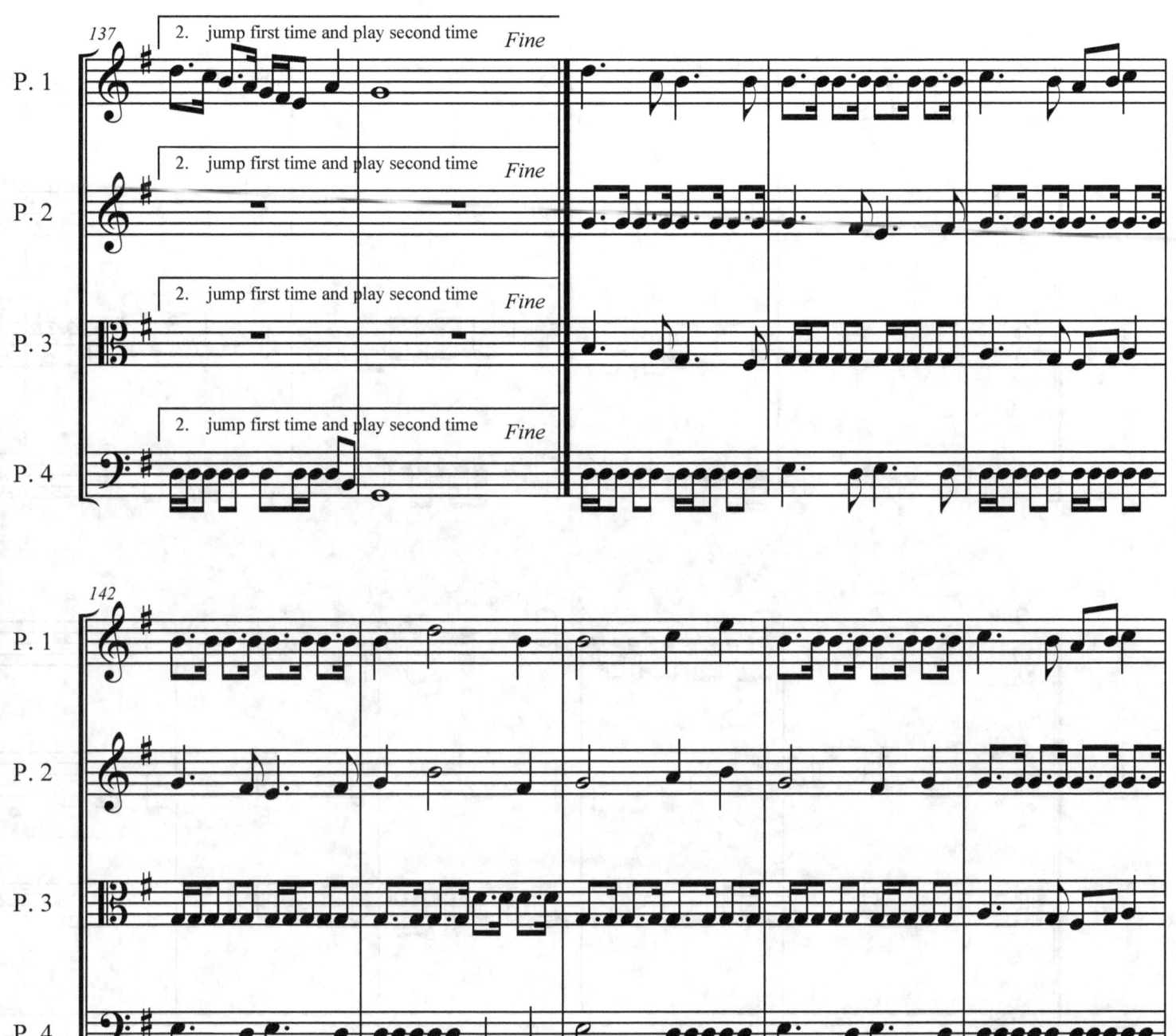

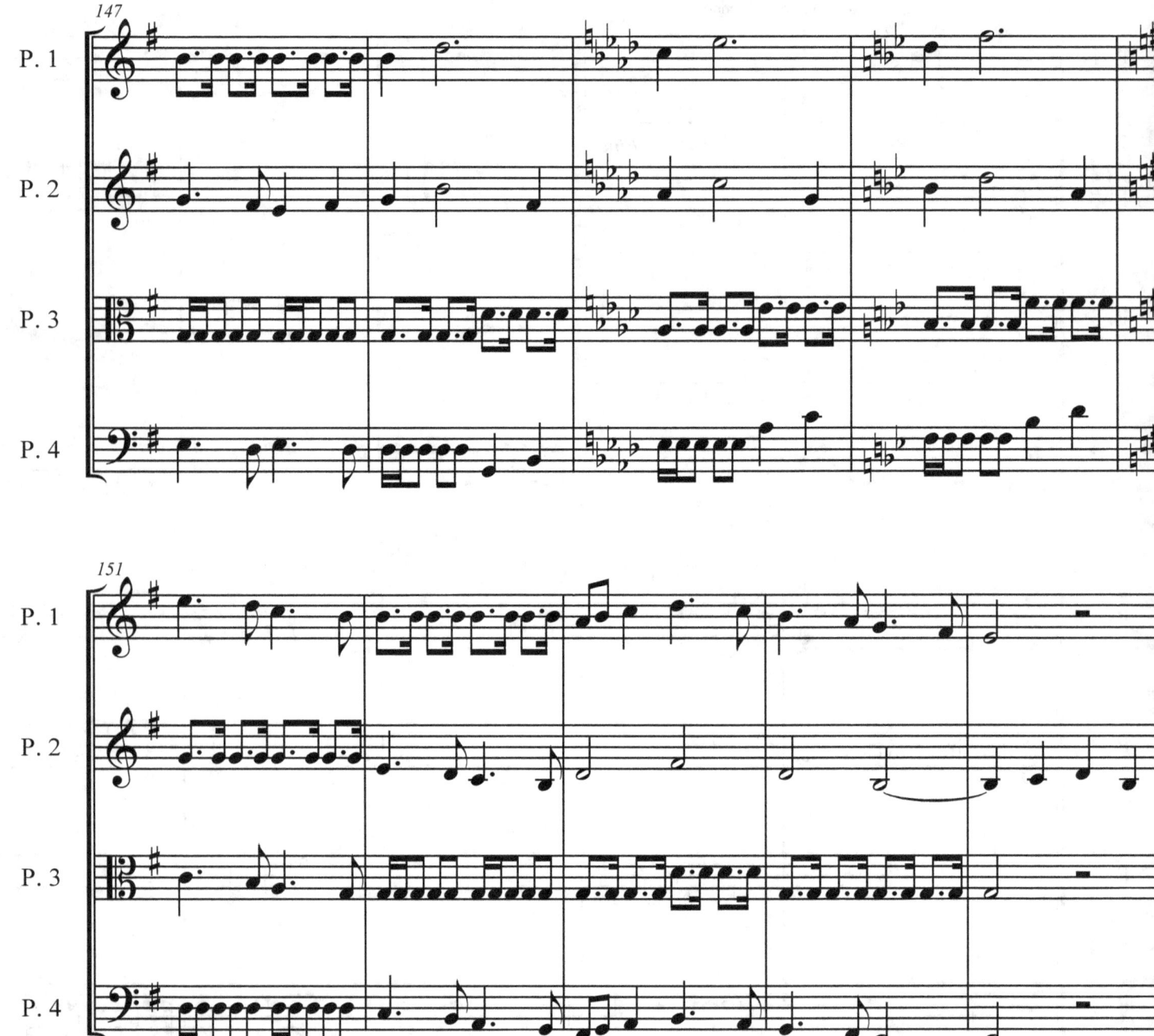

Y

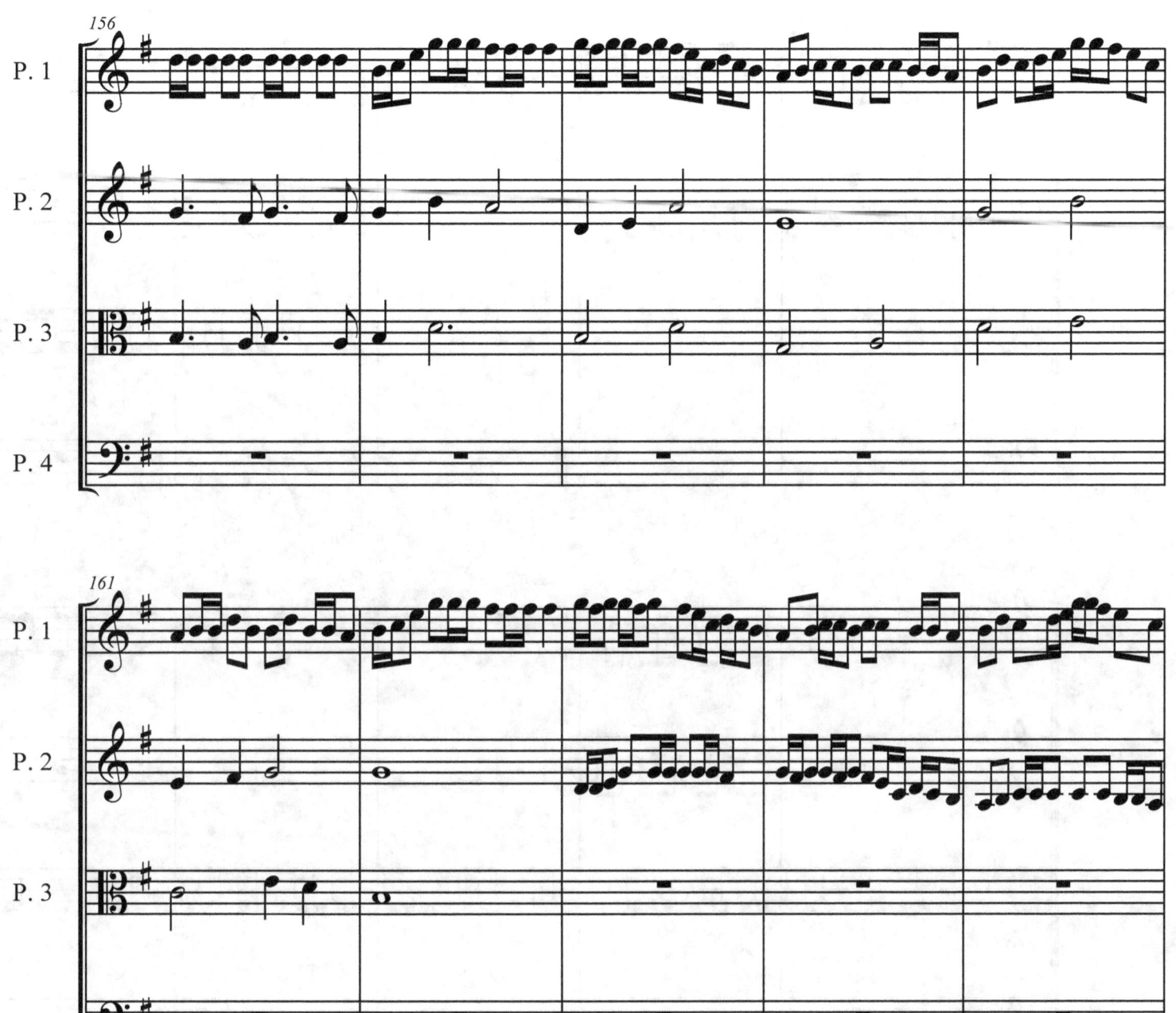

Y

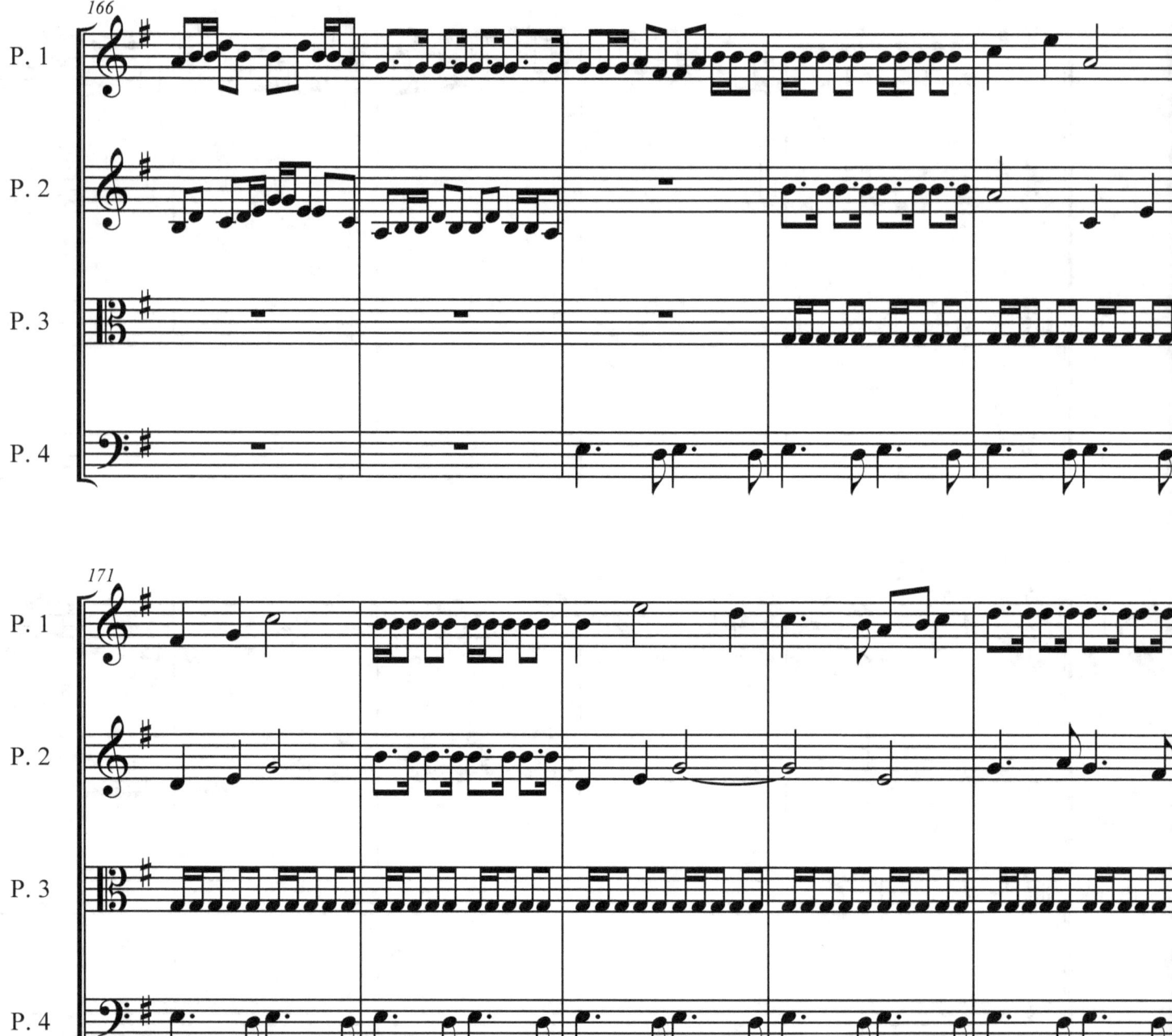

20

Y

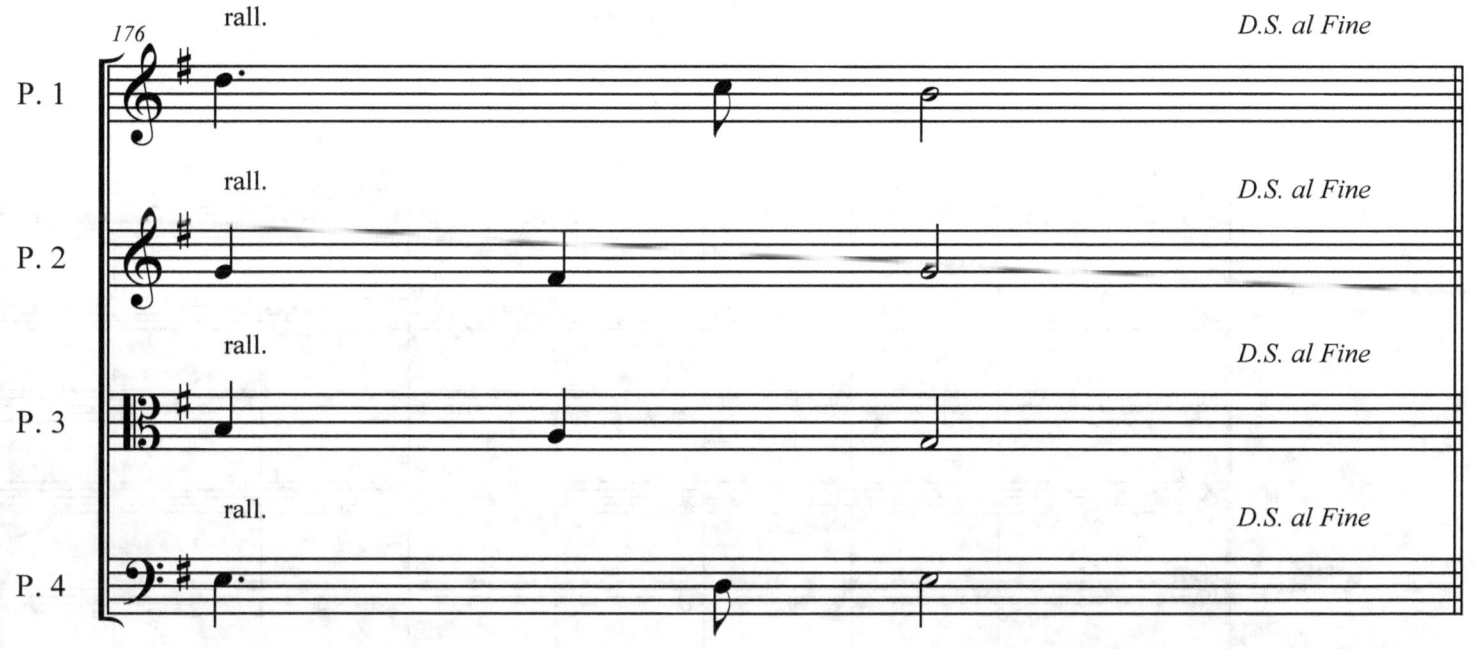

Y sym 1

Joost de Groot

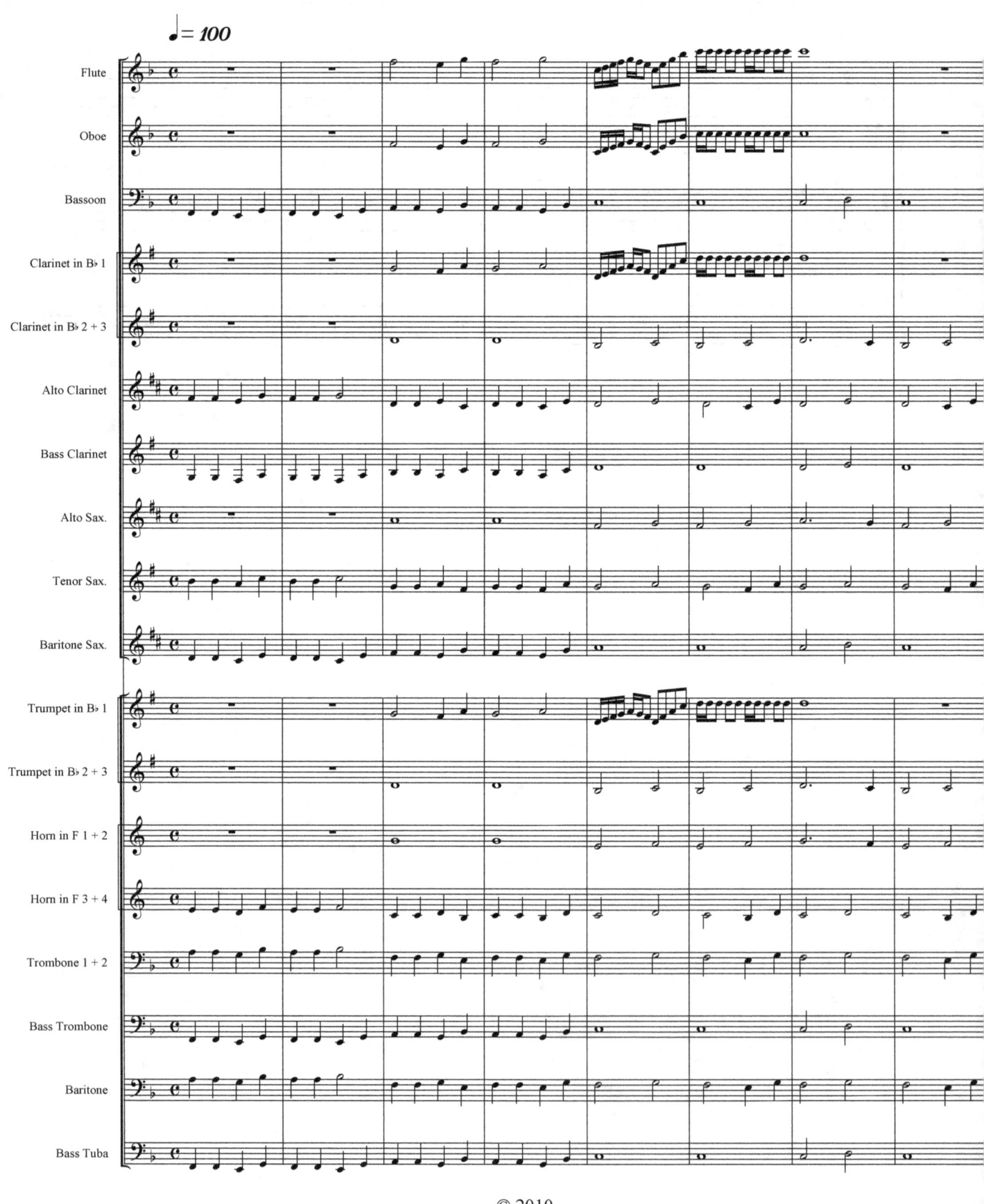

© 2010

Y

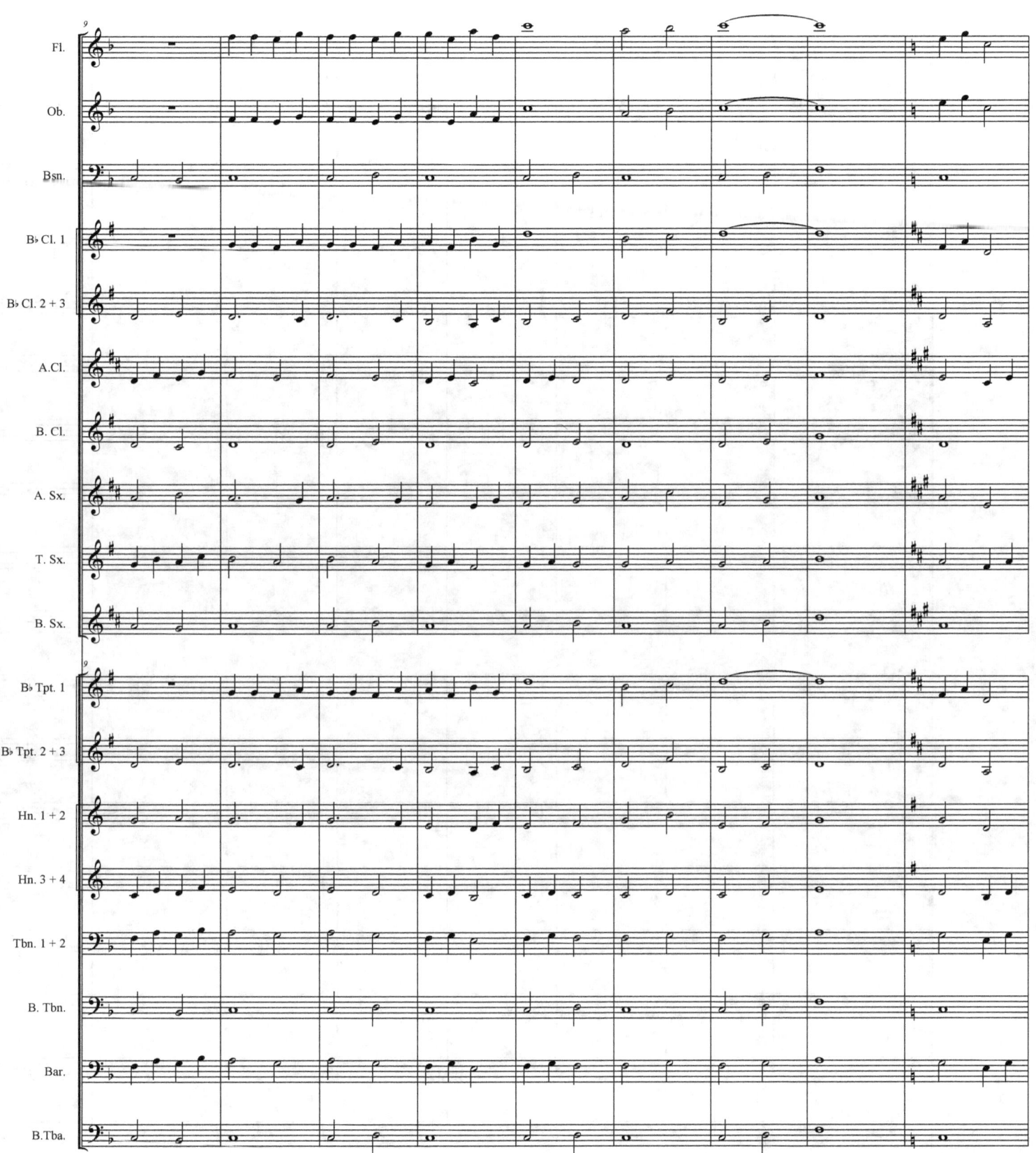

23

Y

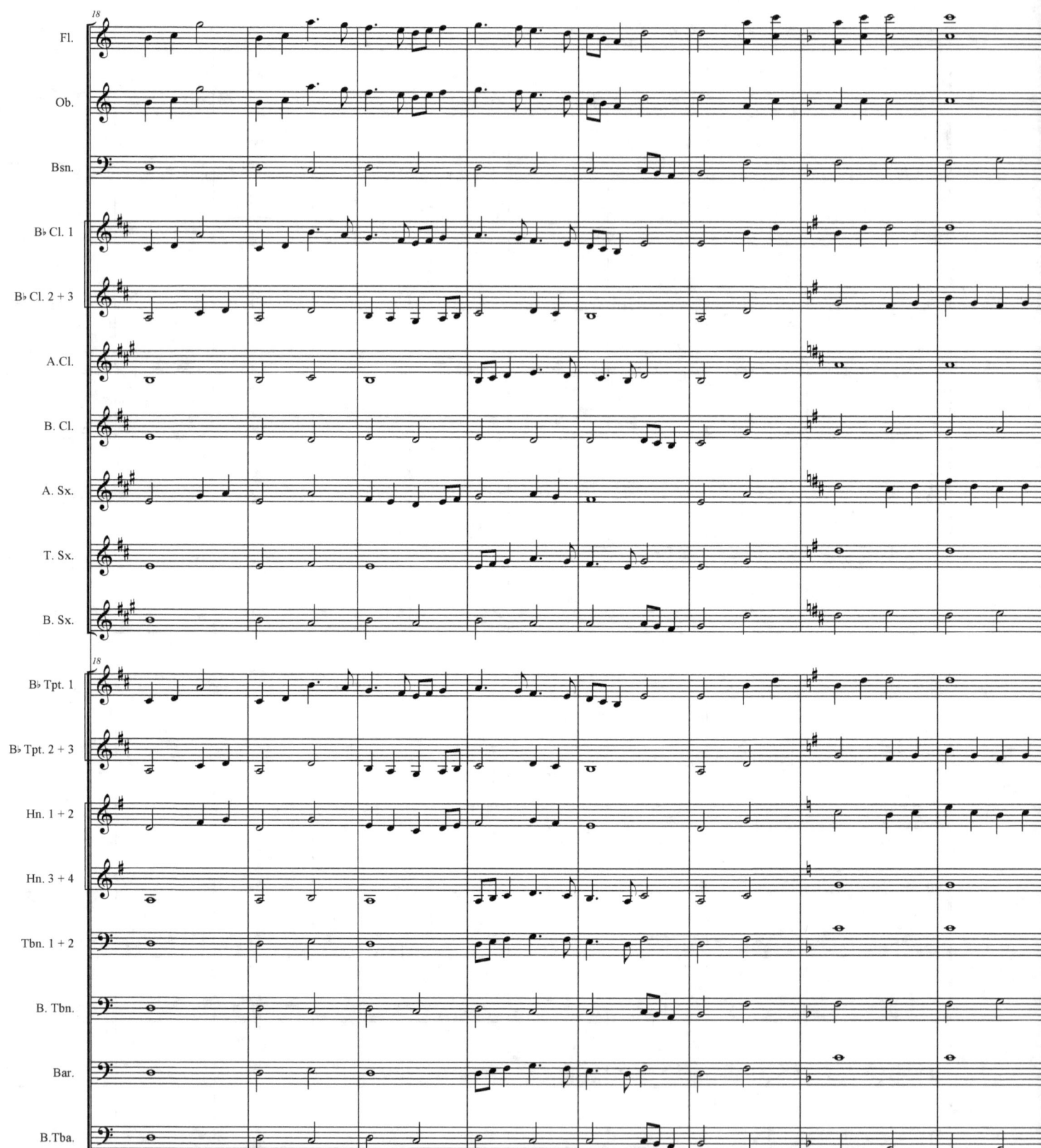

24

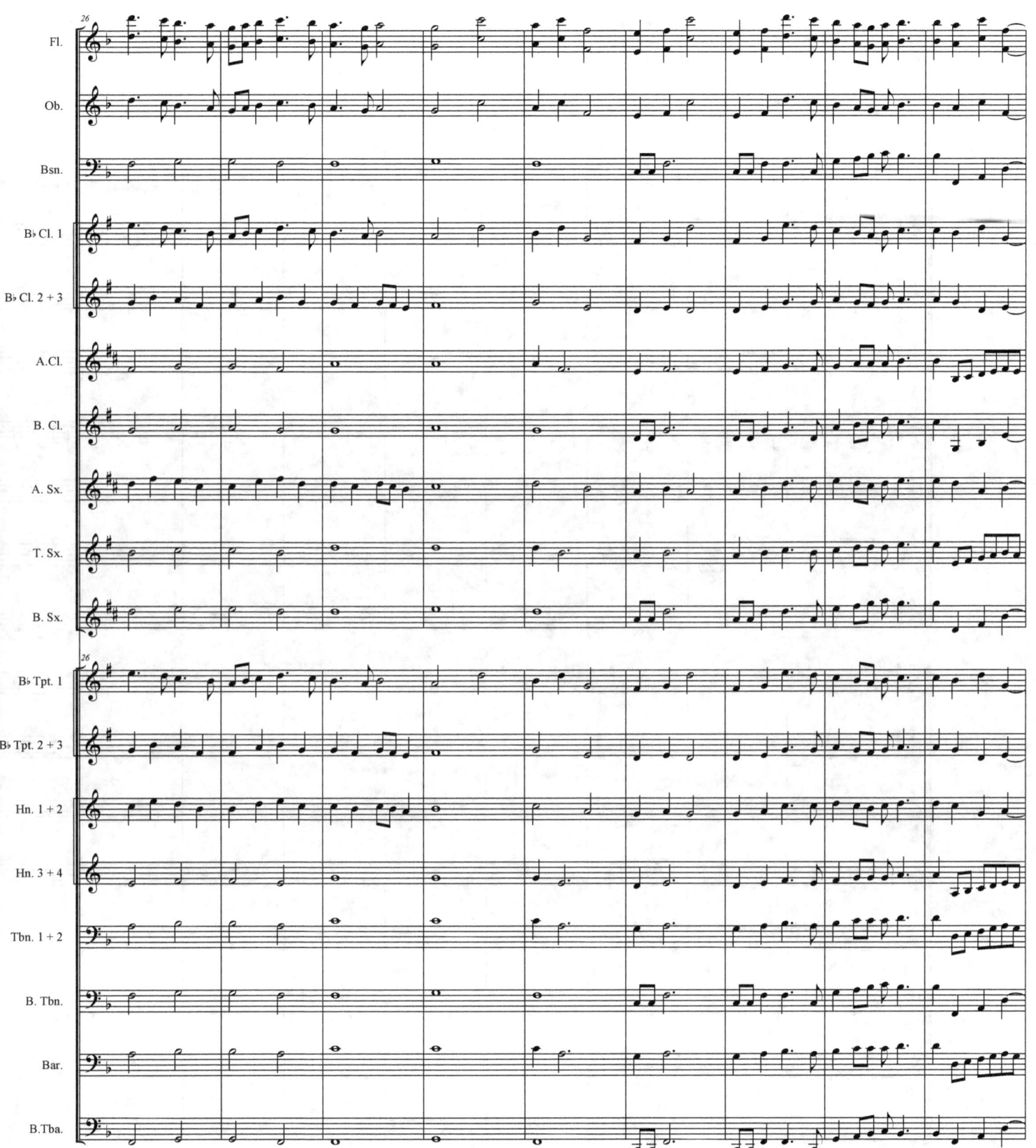

Y

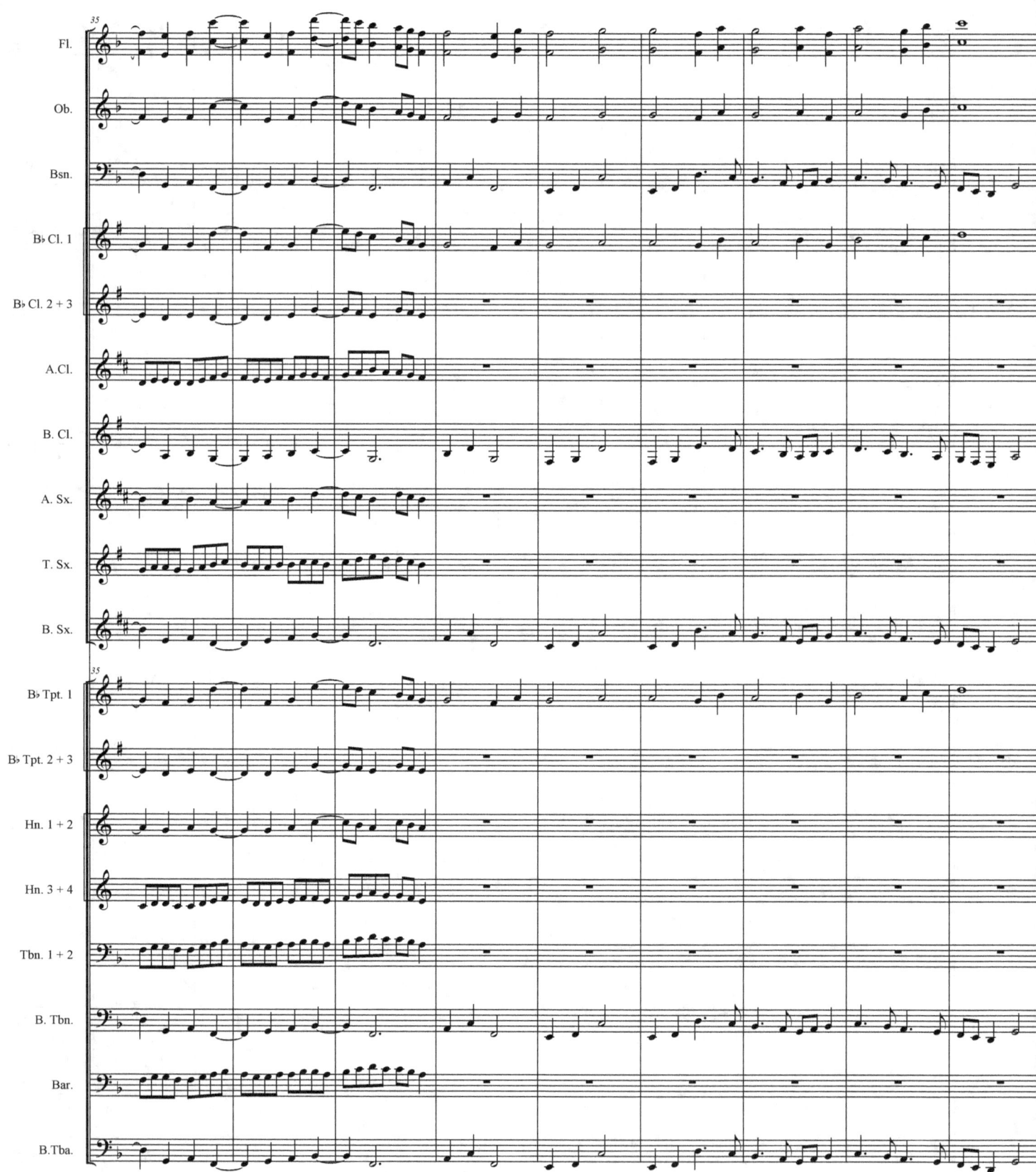

Y

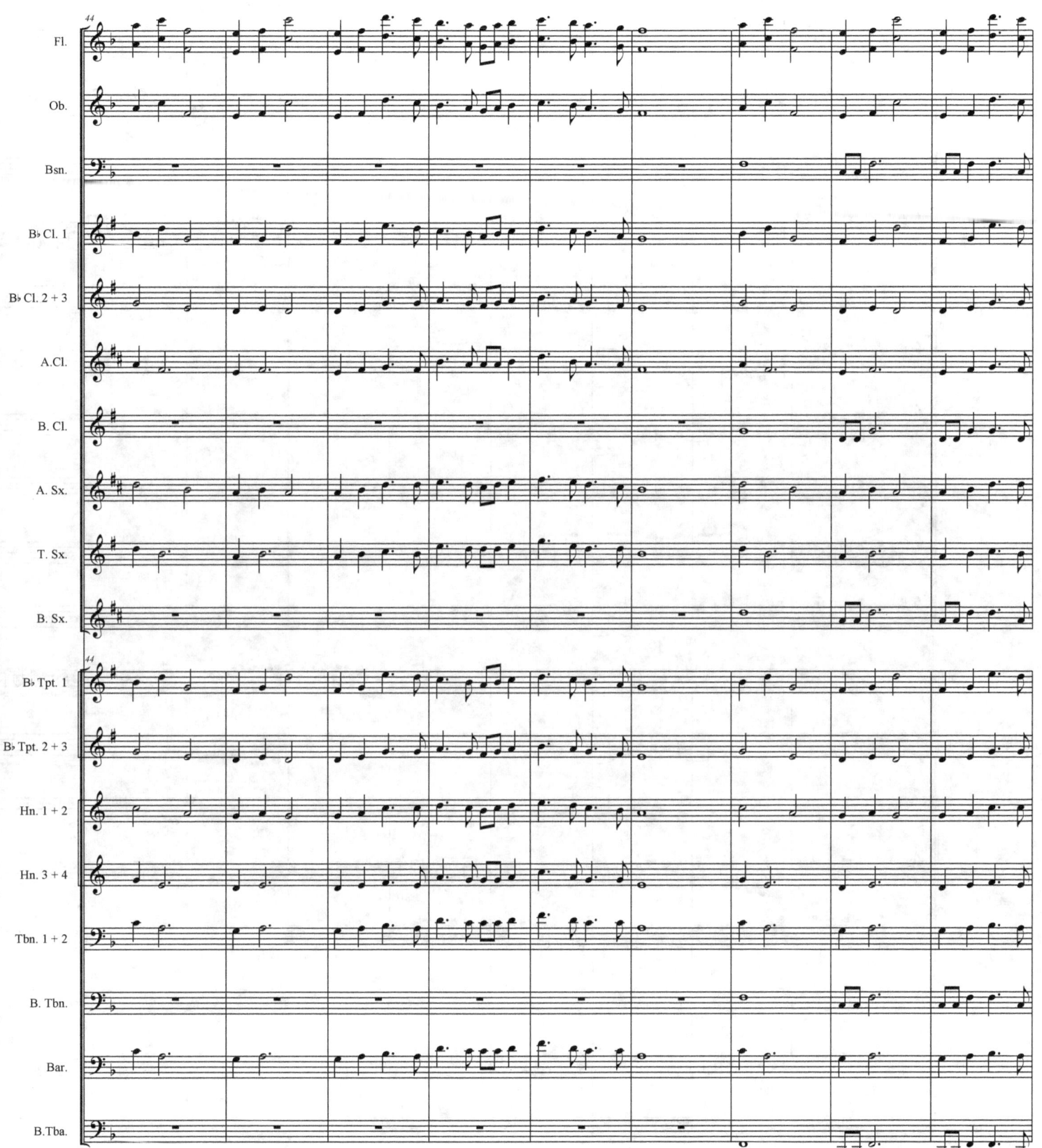

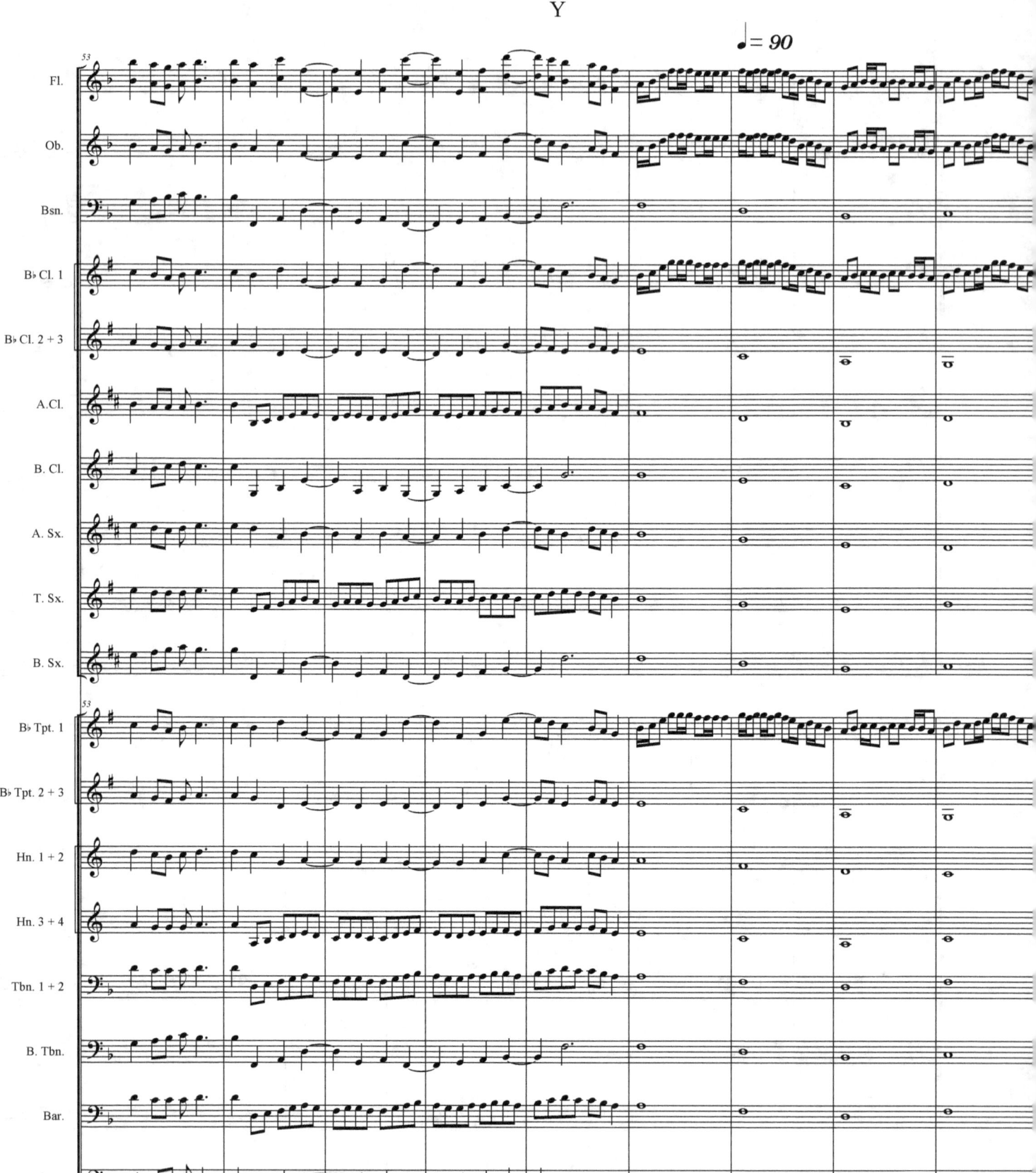

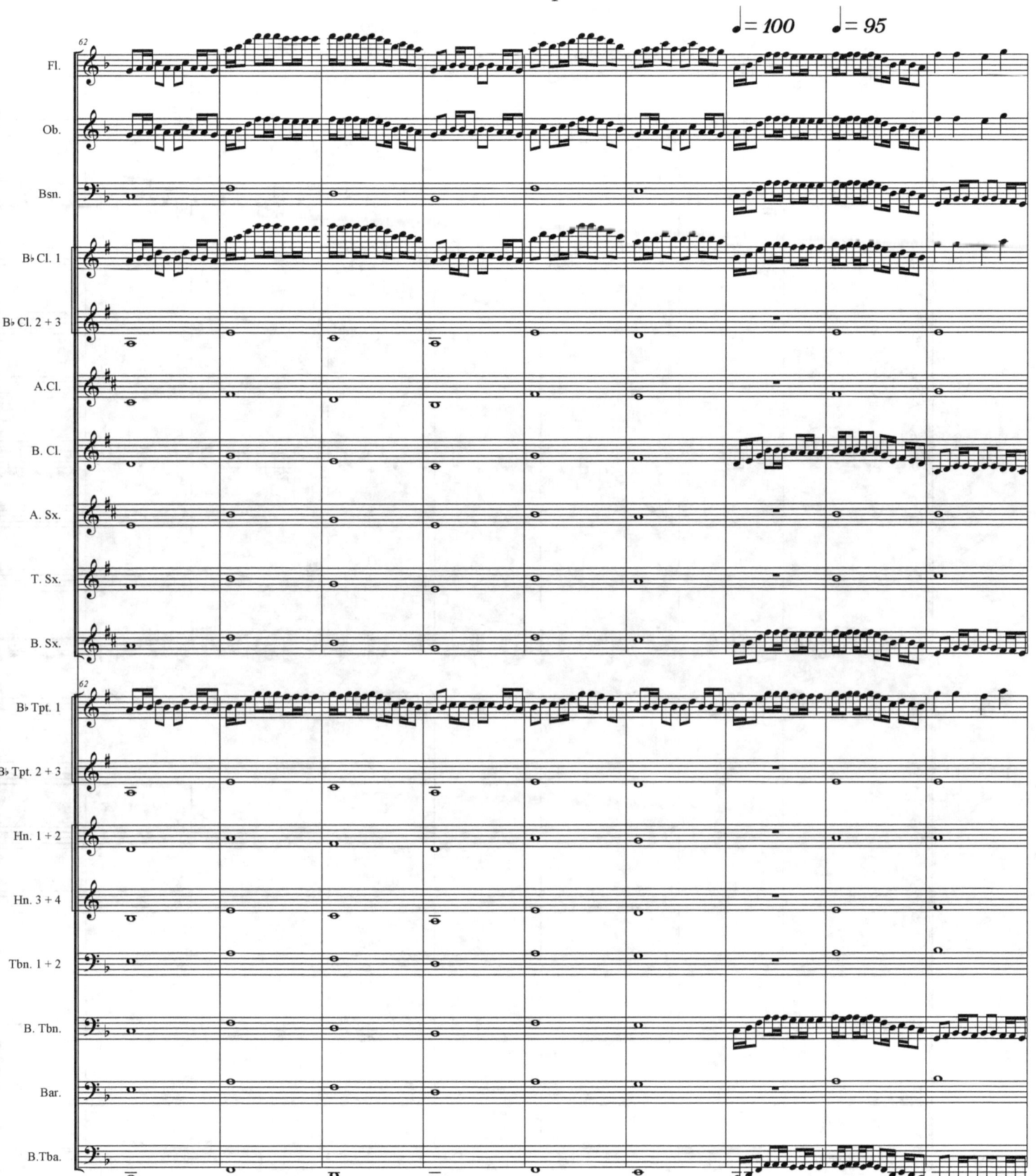

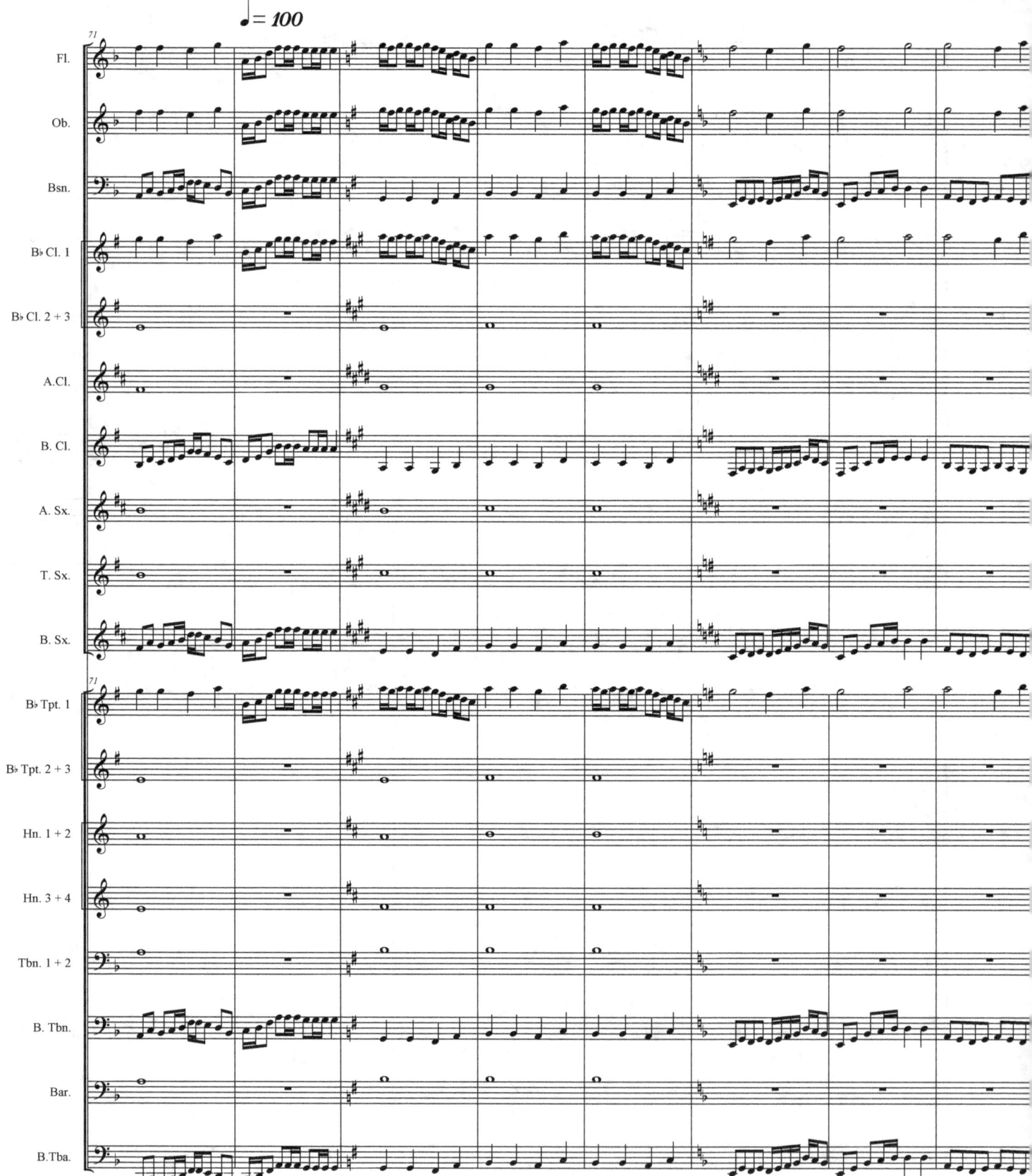

Y

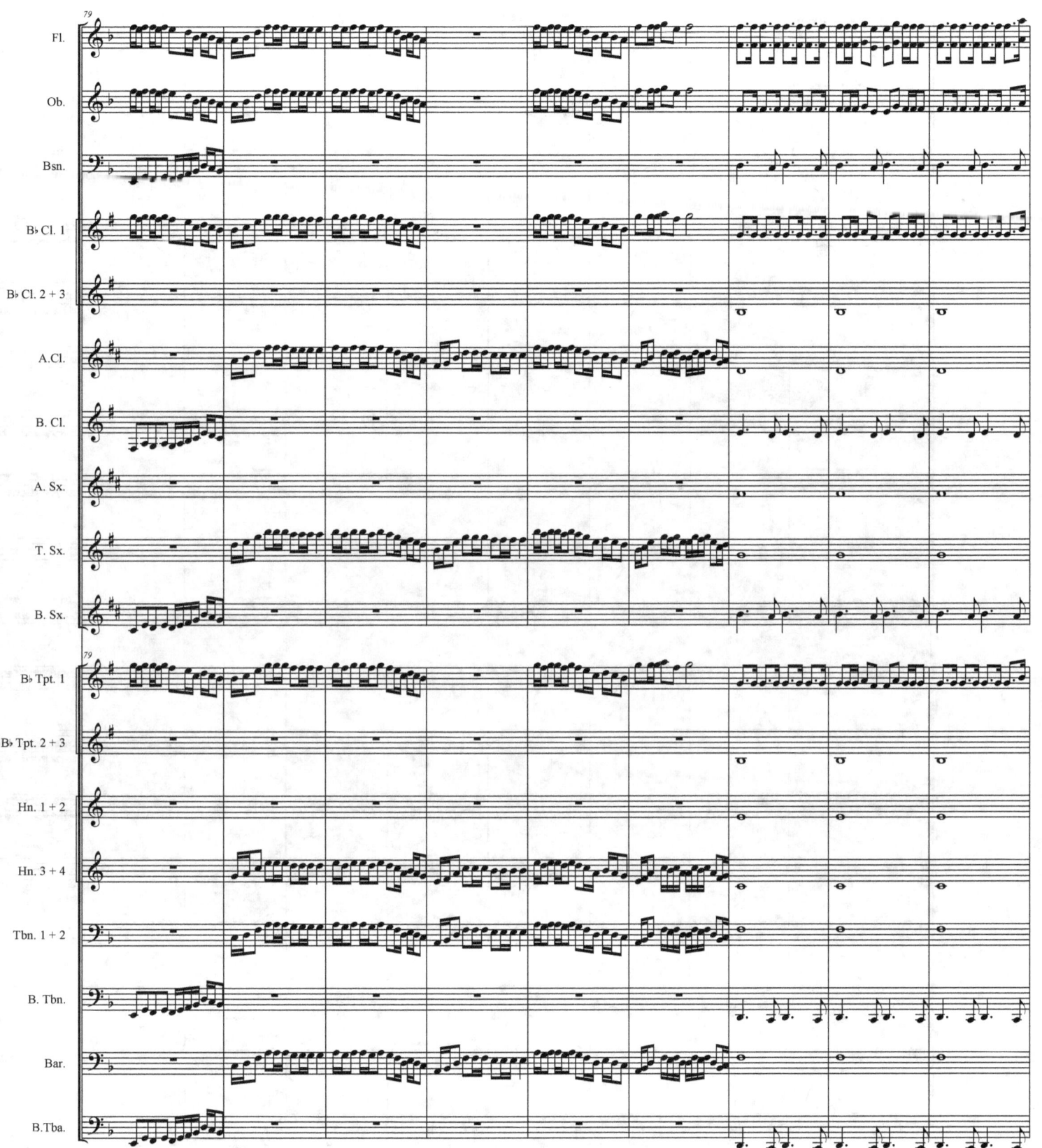

Y

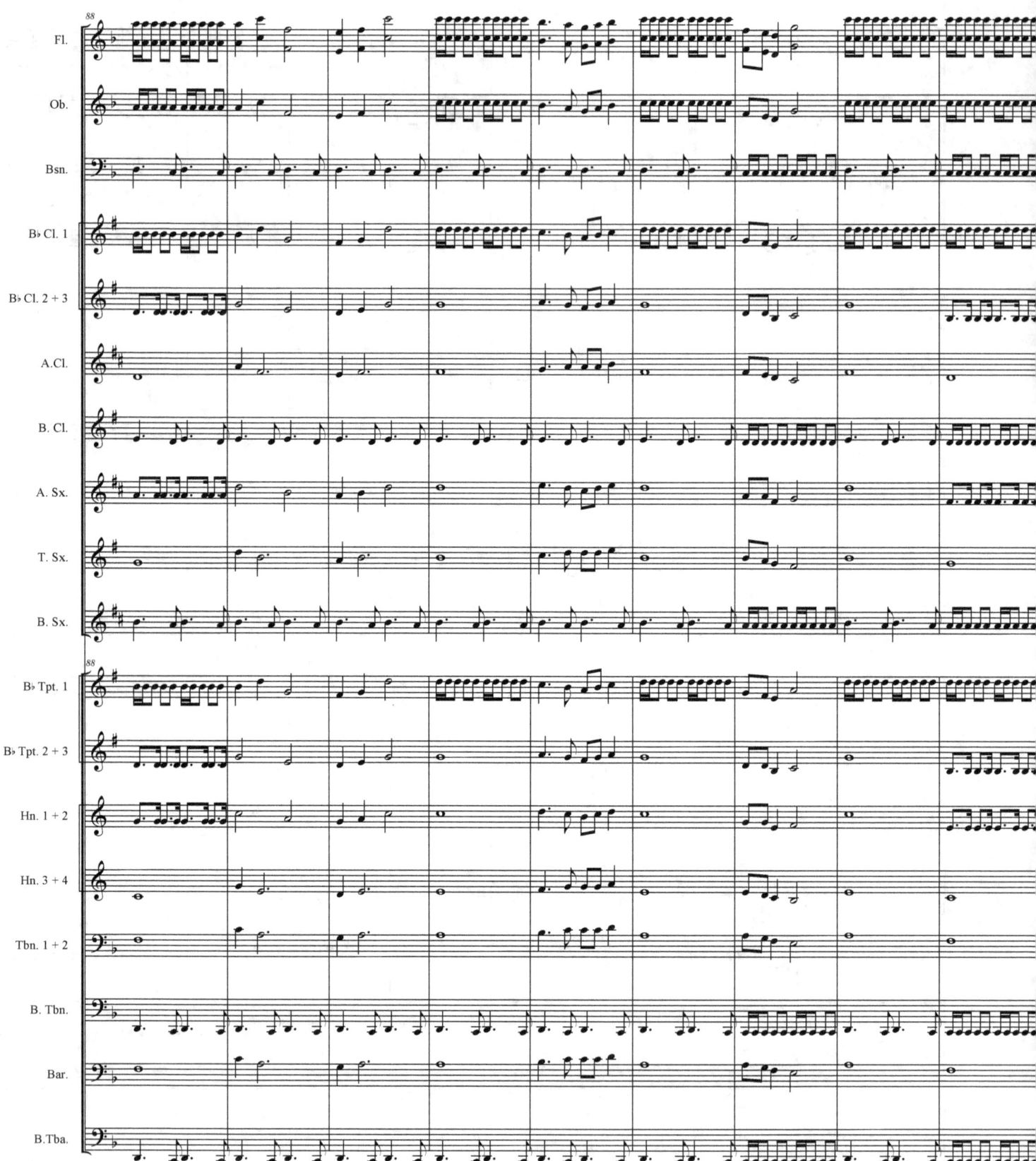

32

Y

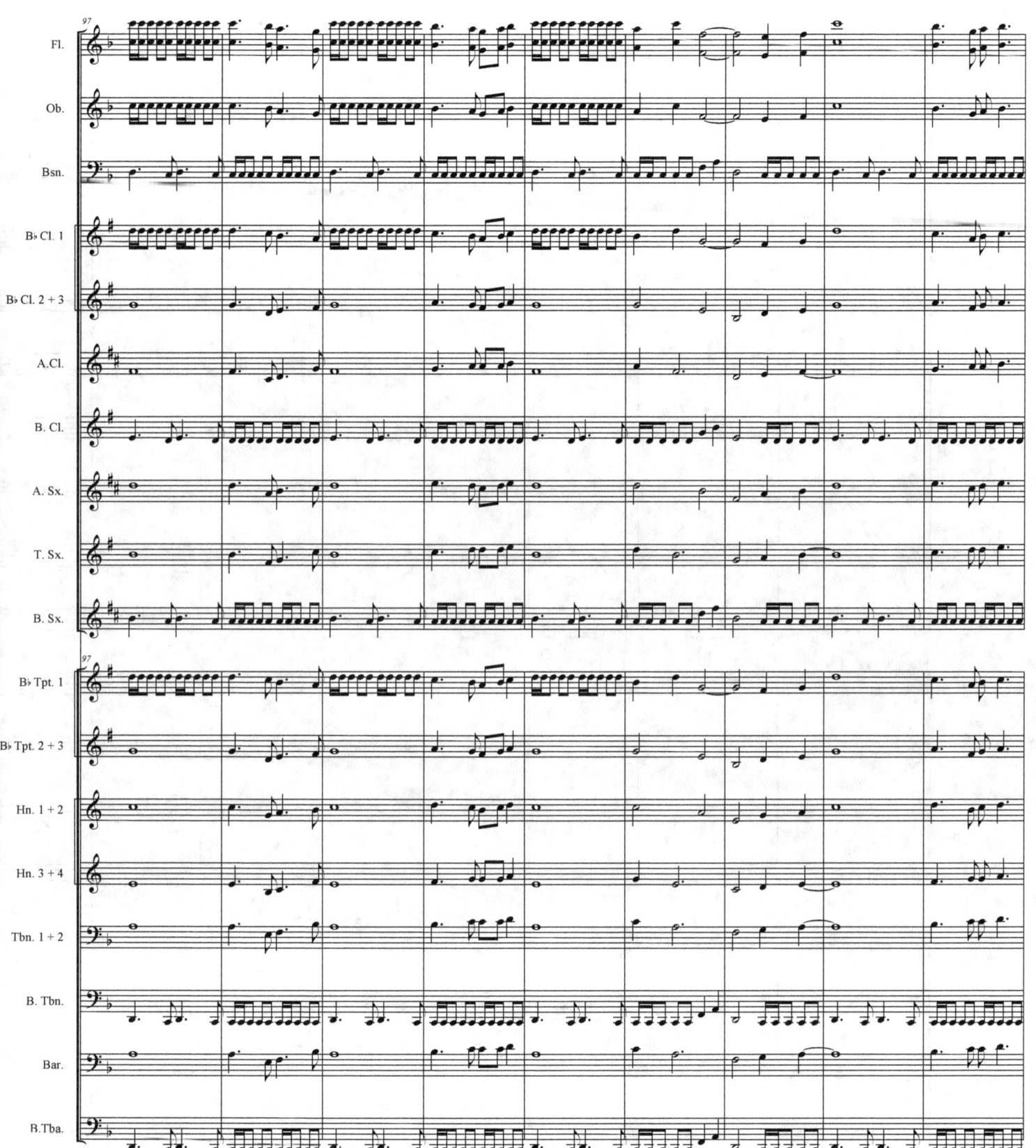

33

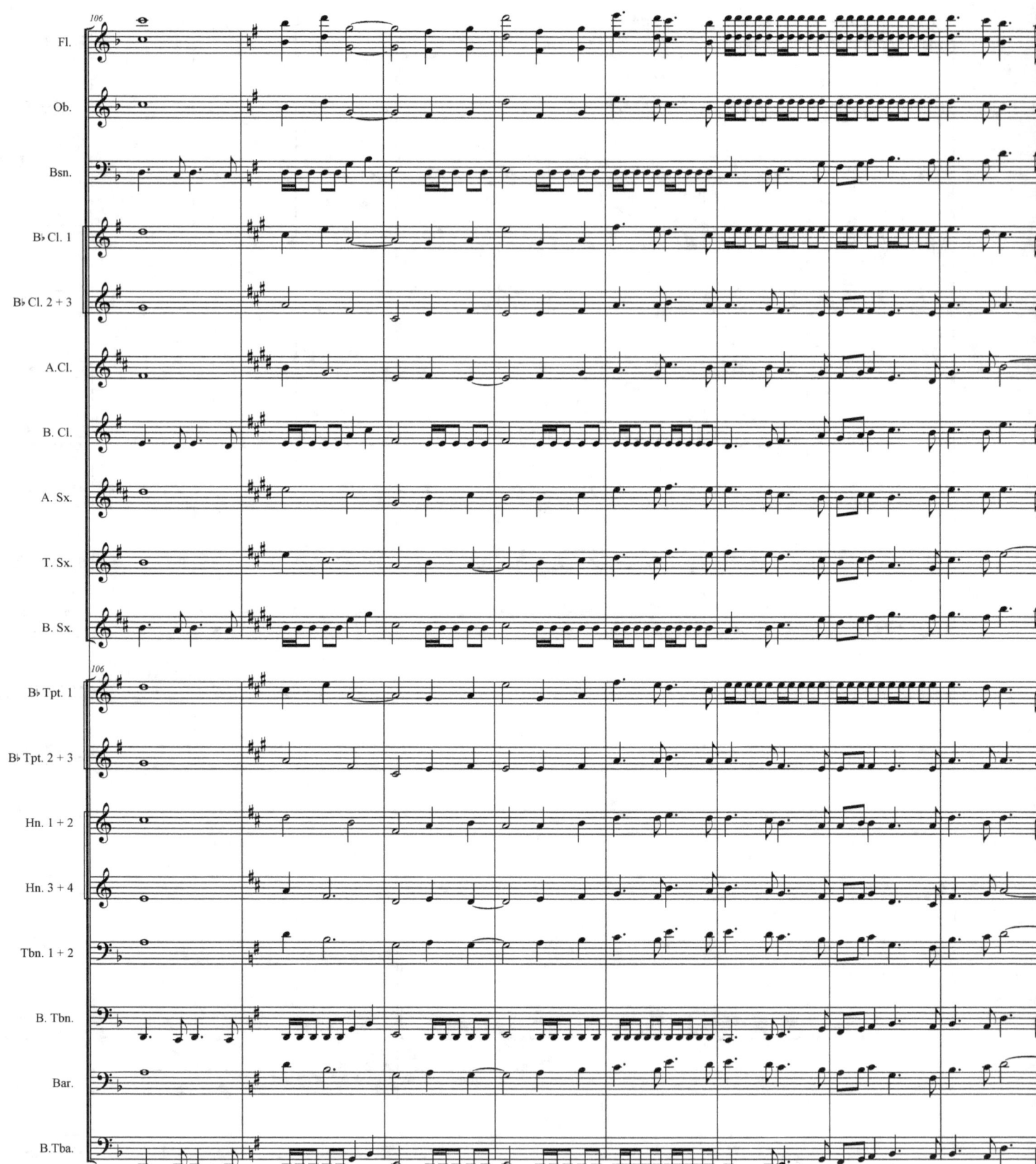

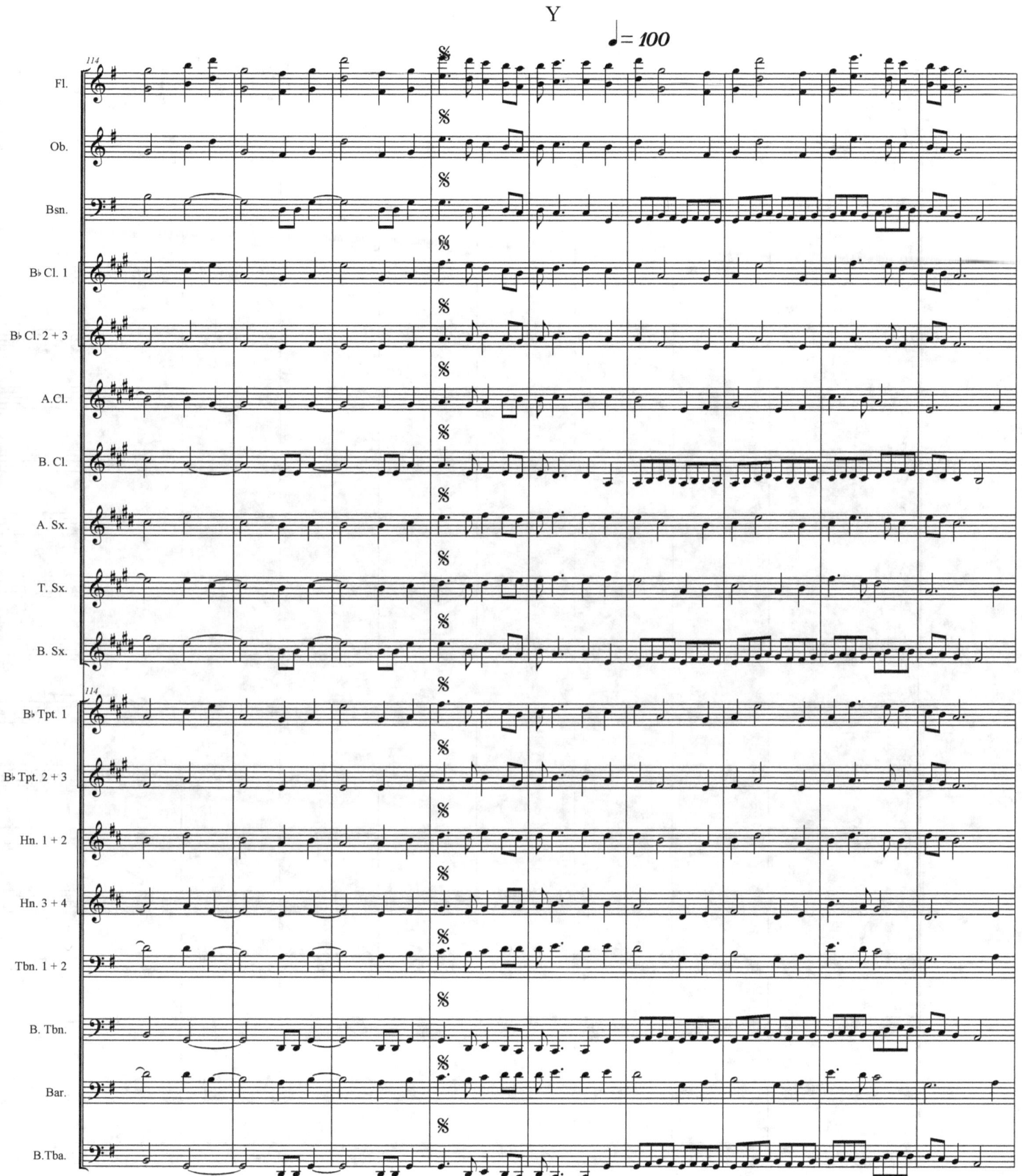

Y

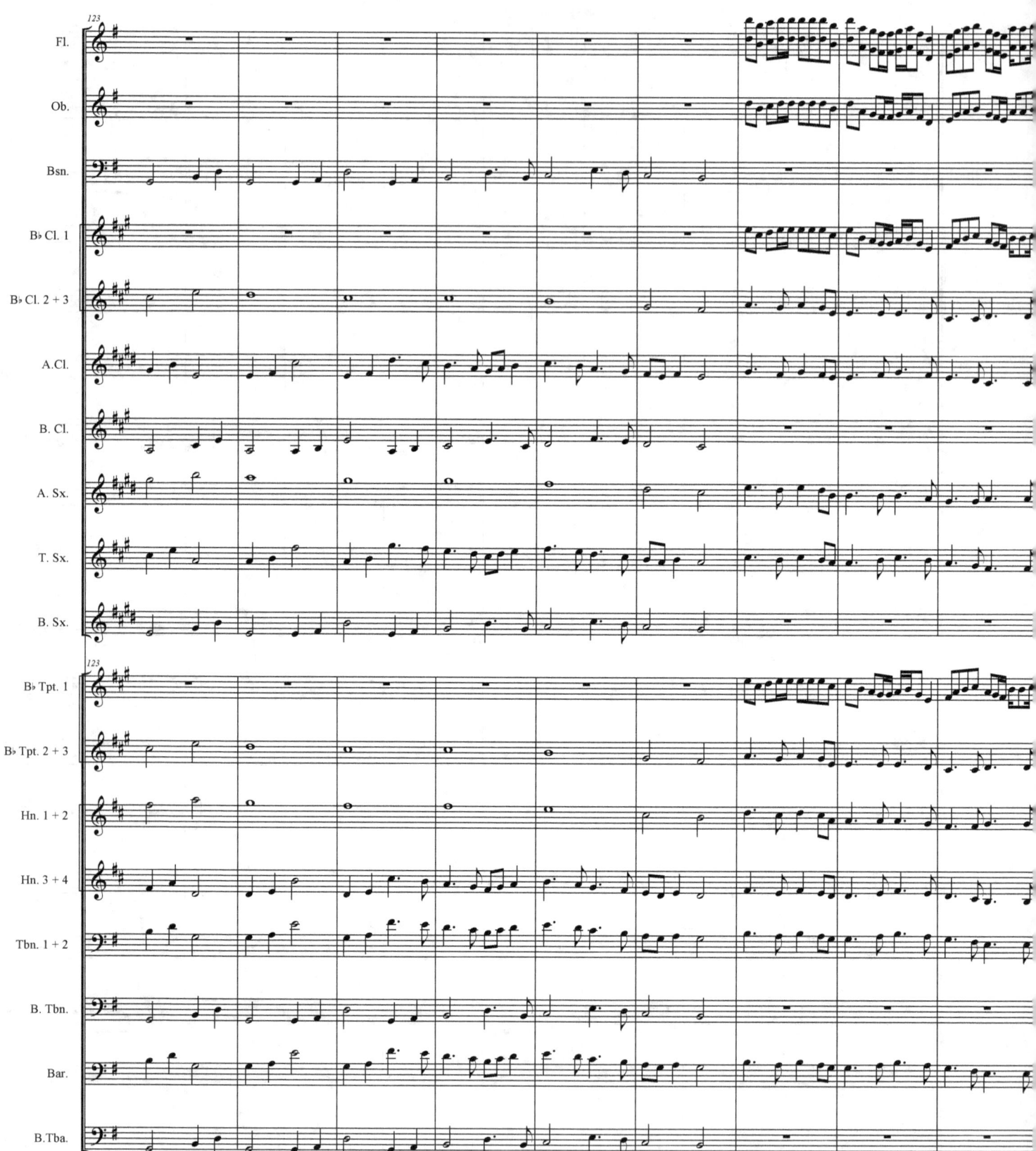

36

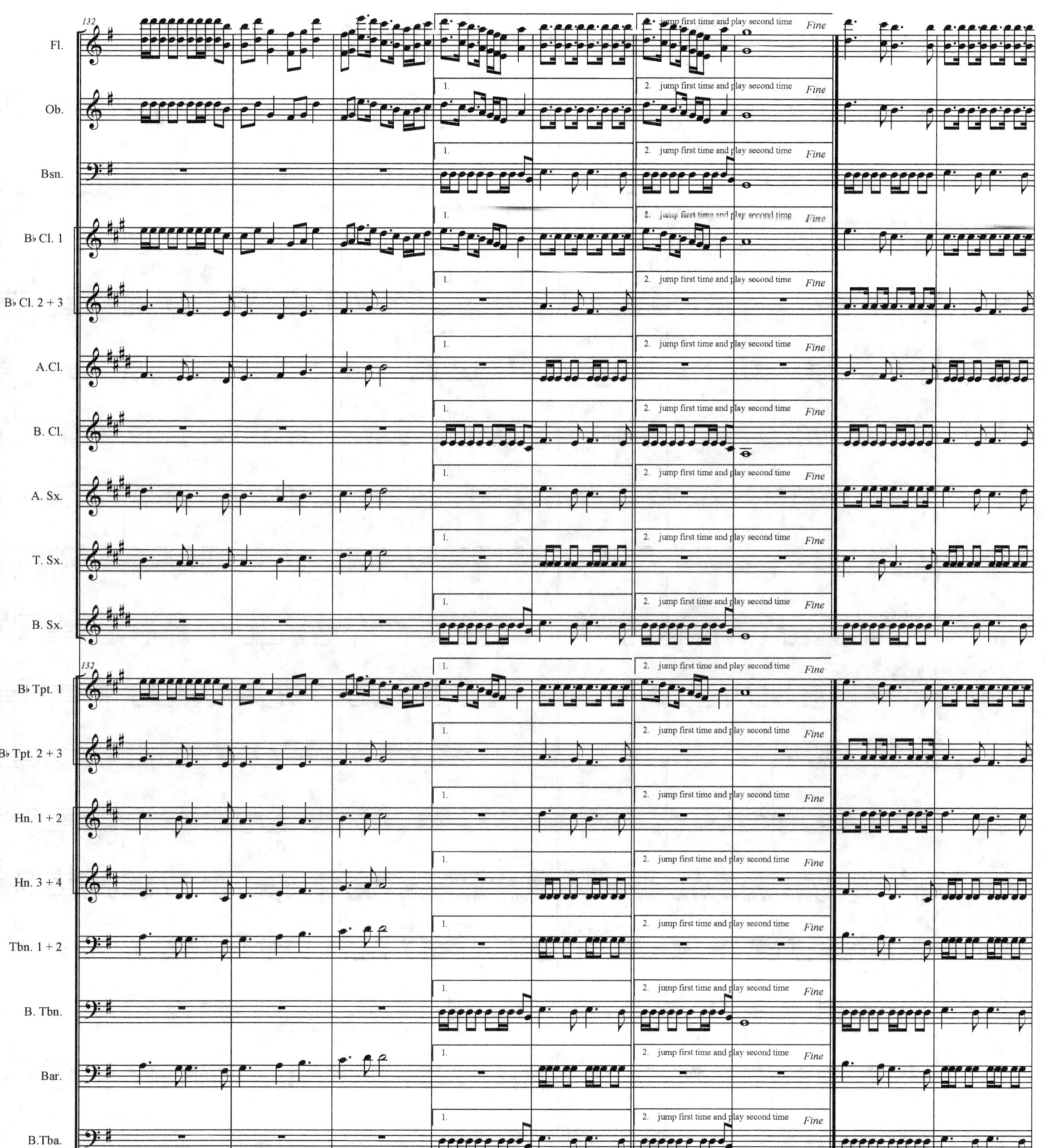

Y

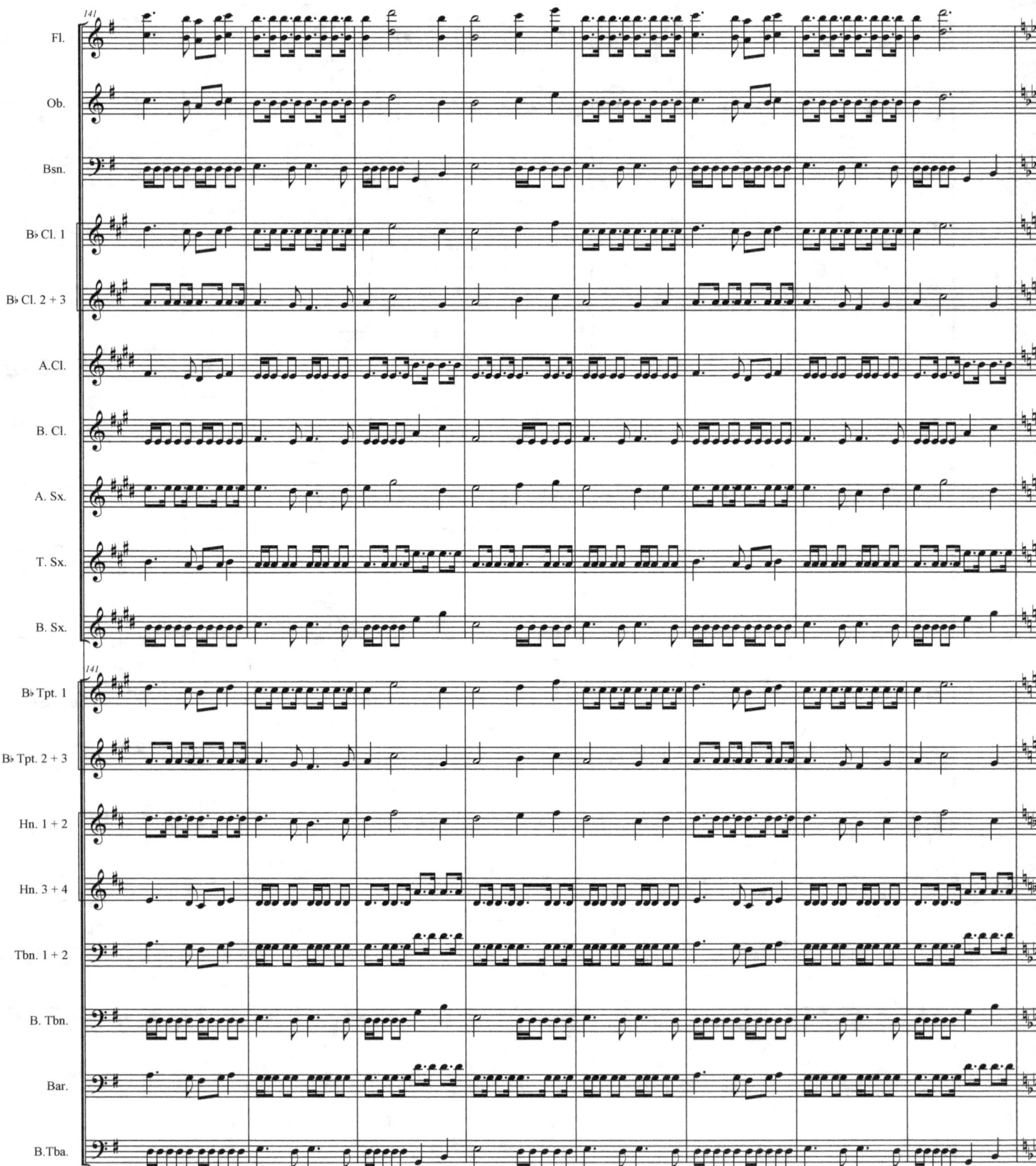

Y

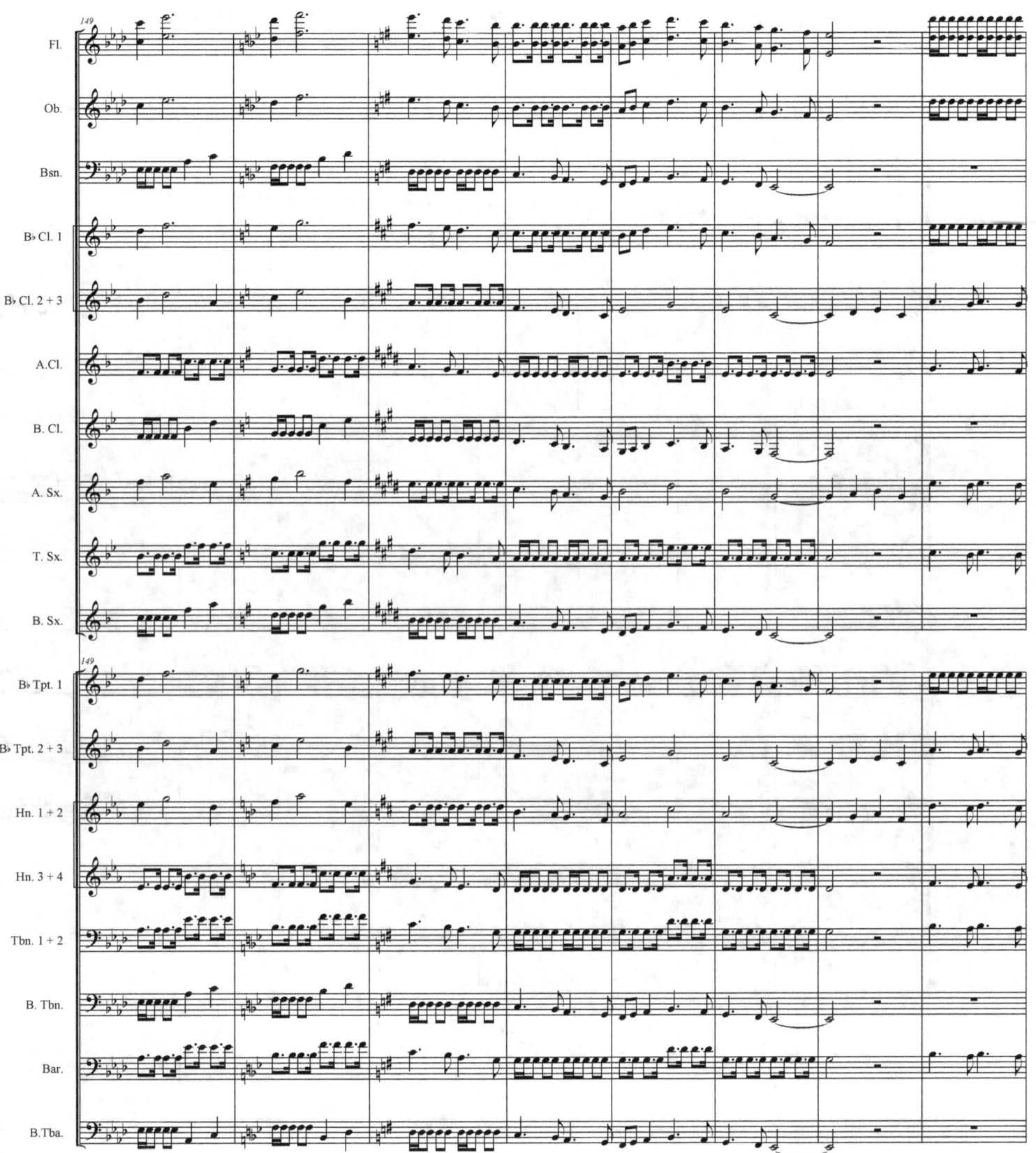

39

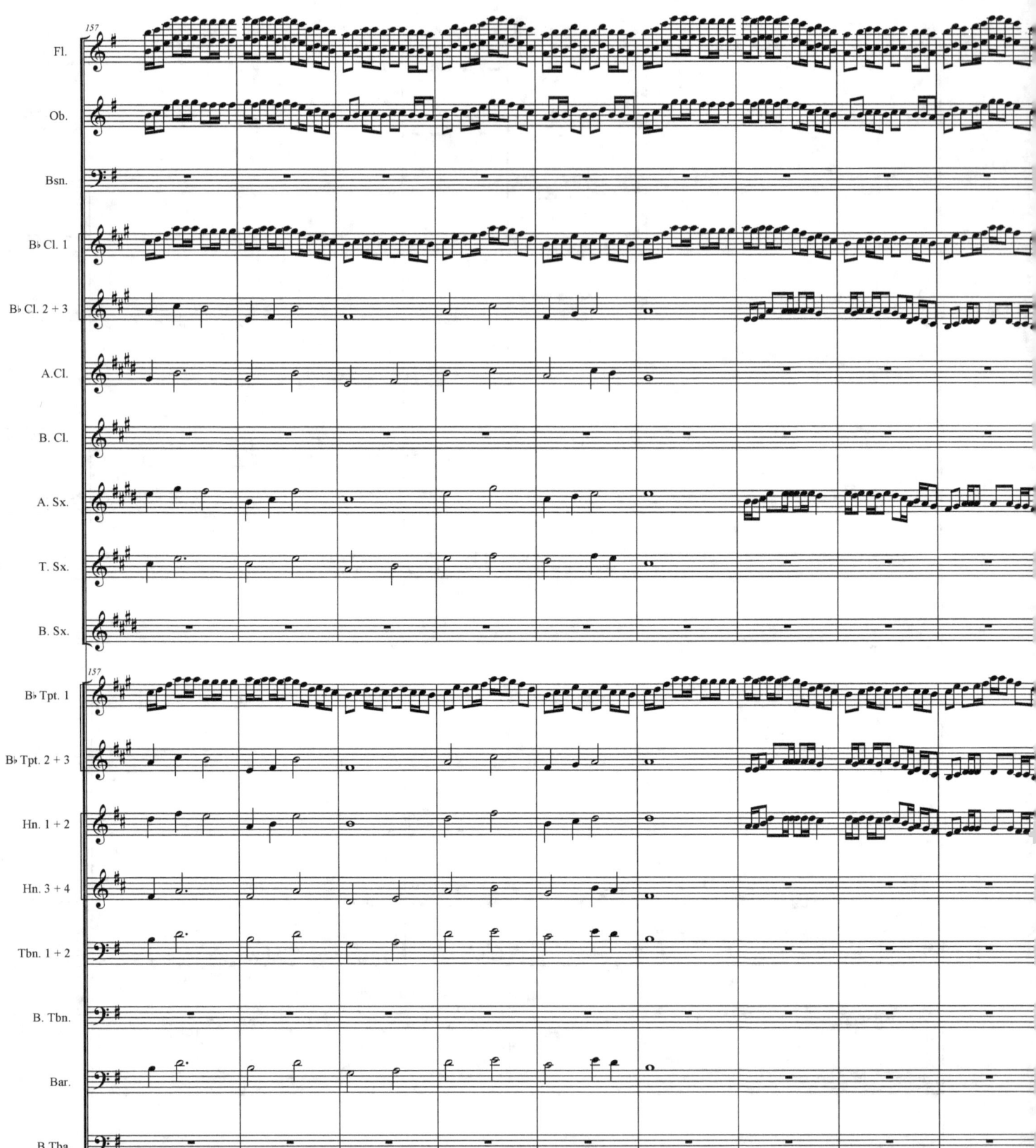

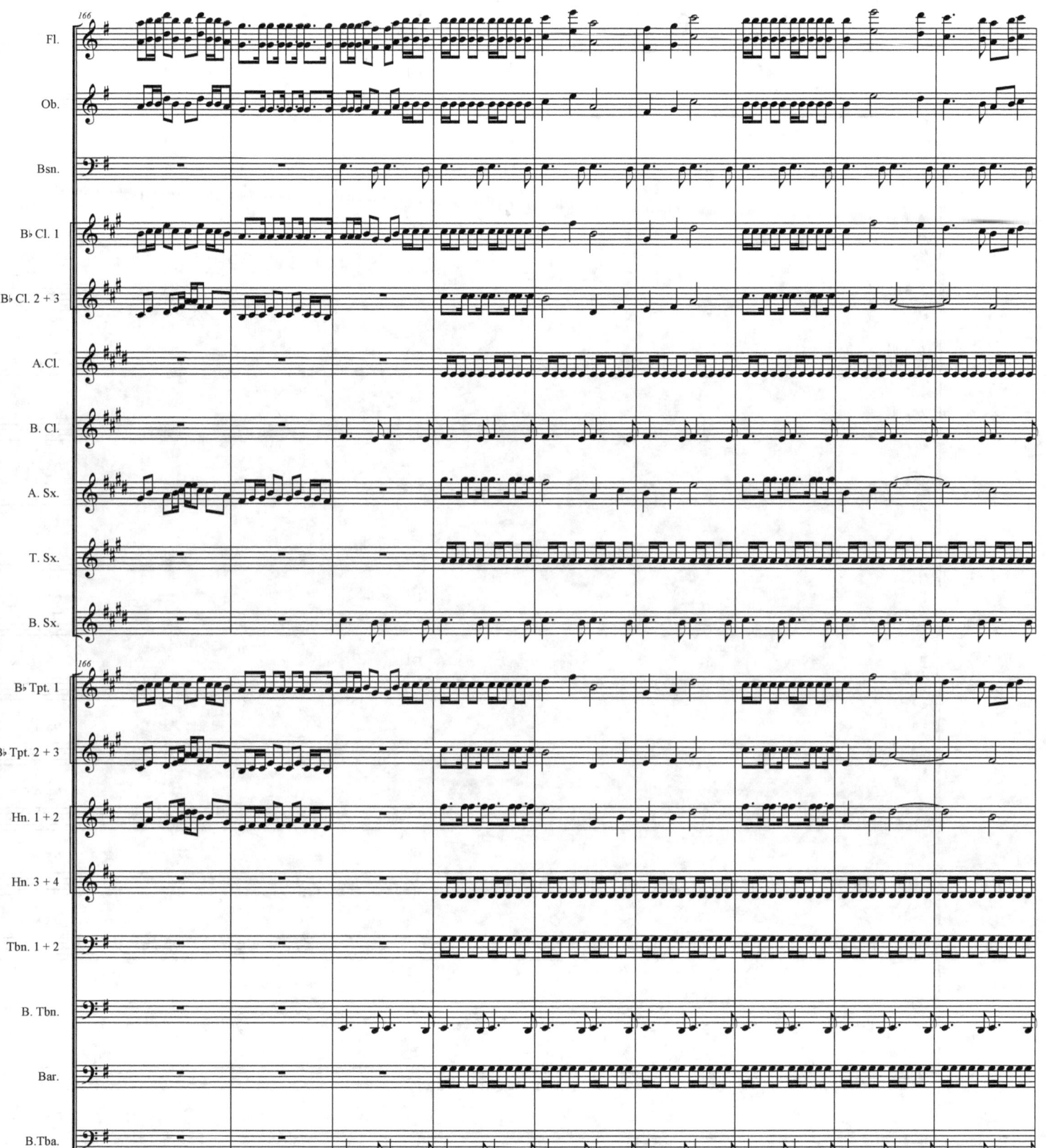

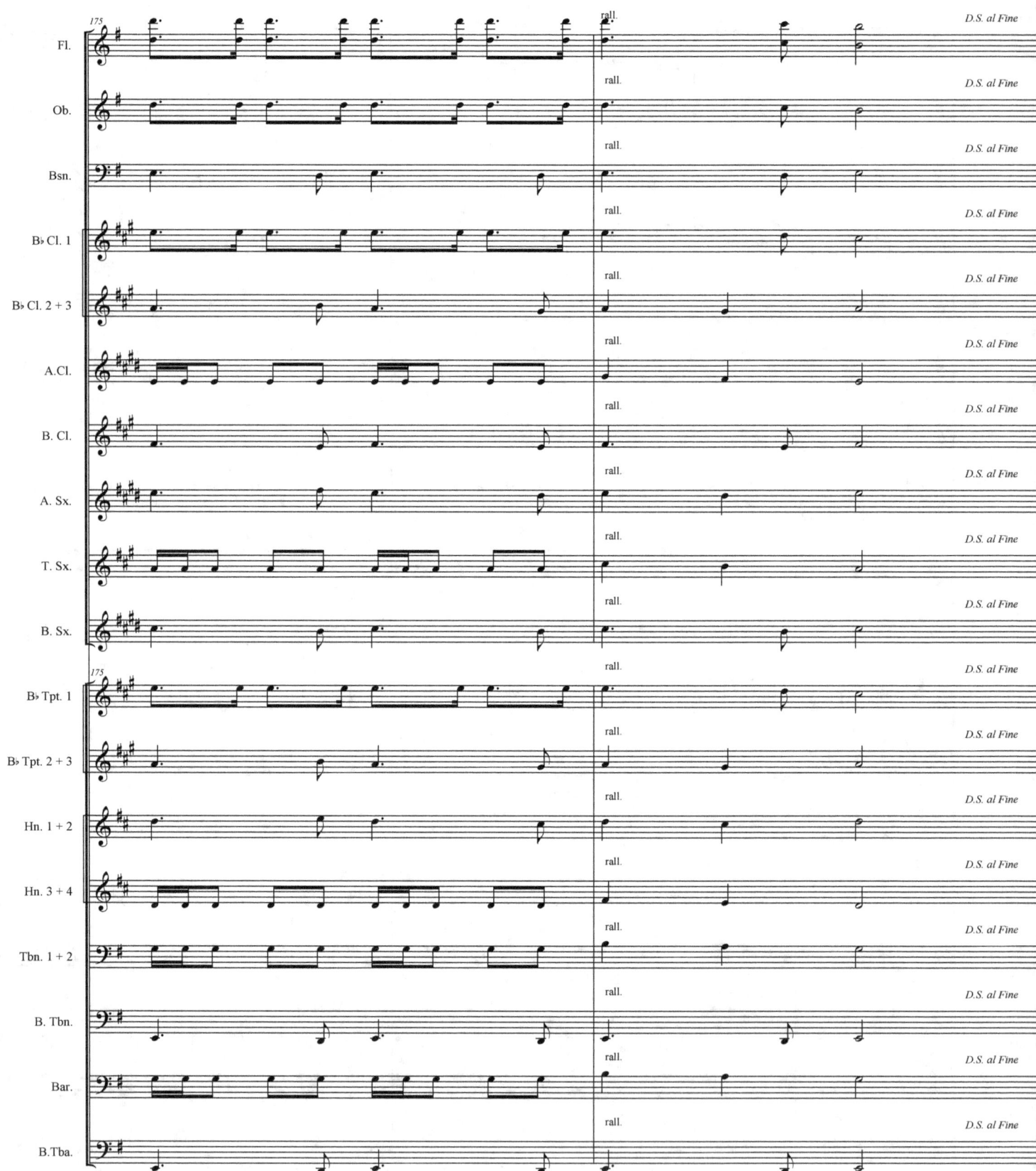

Part 1: C Flute

Y sym 1

Joost de Groot

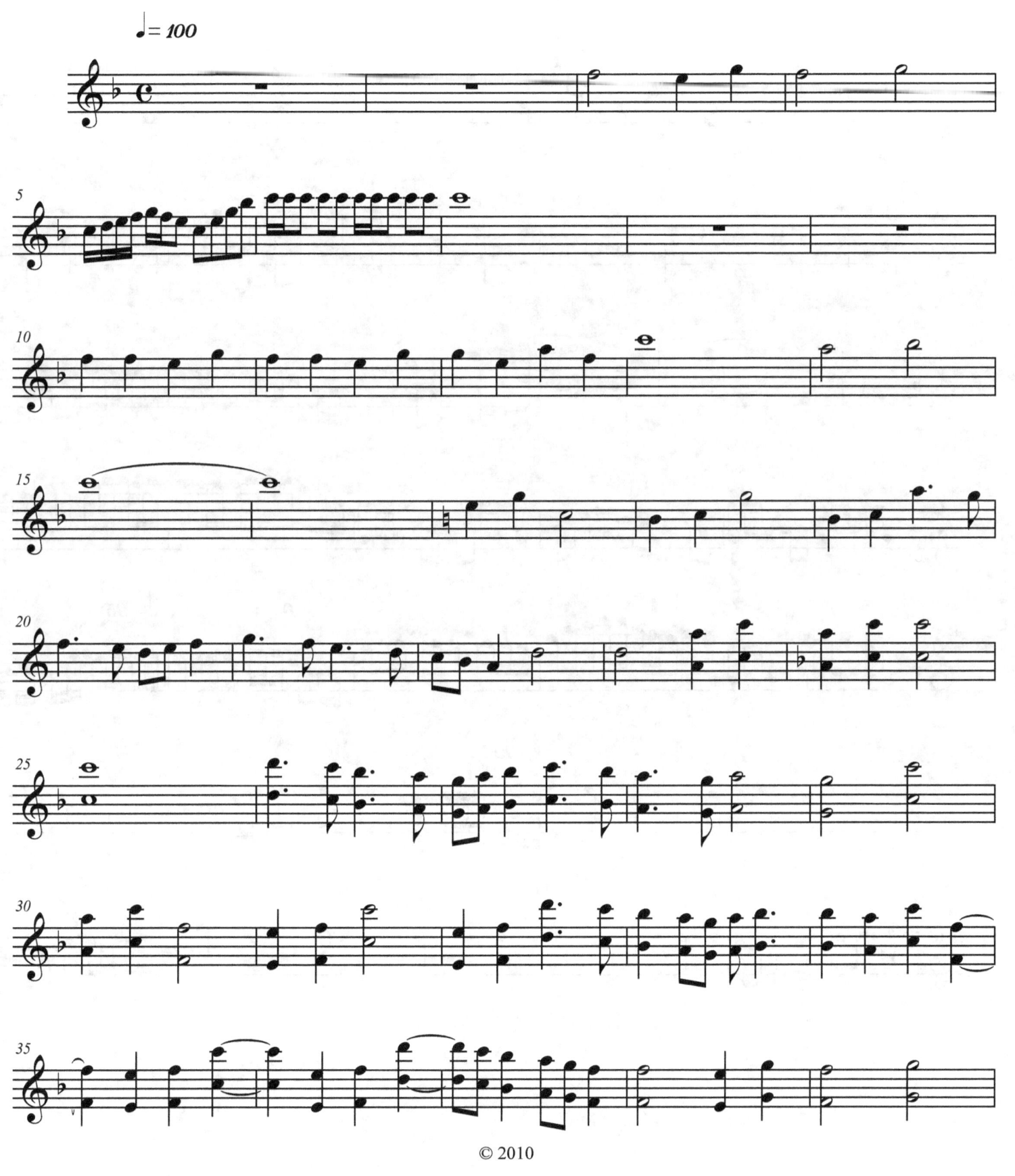

© 2010

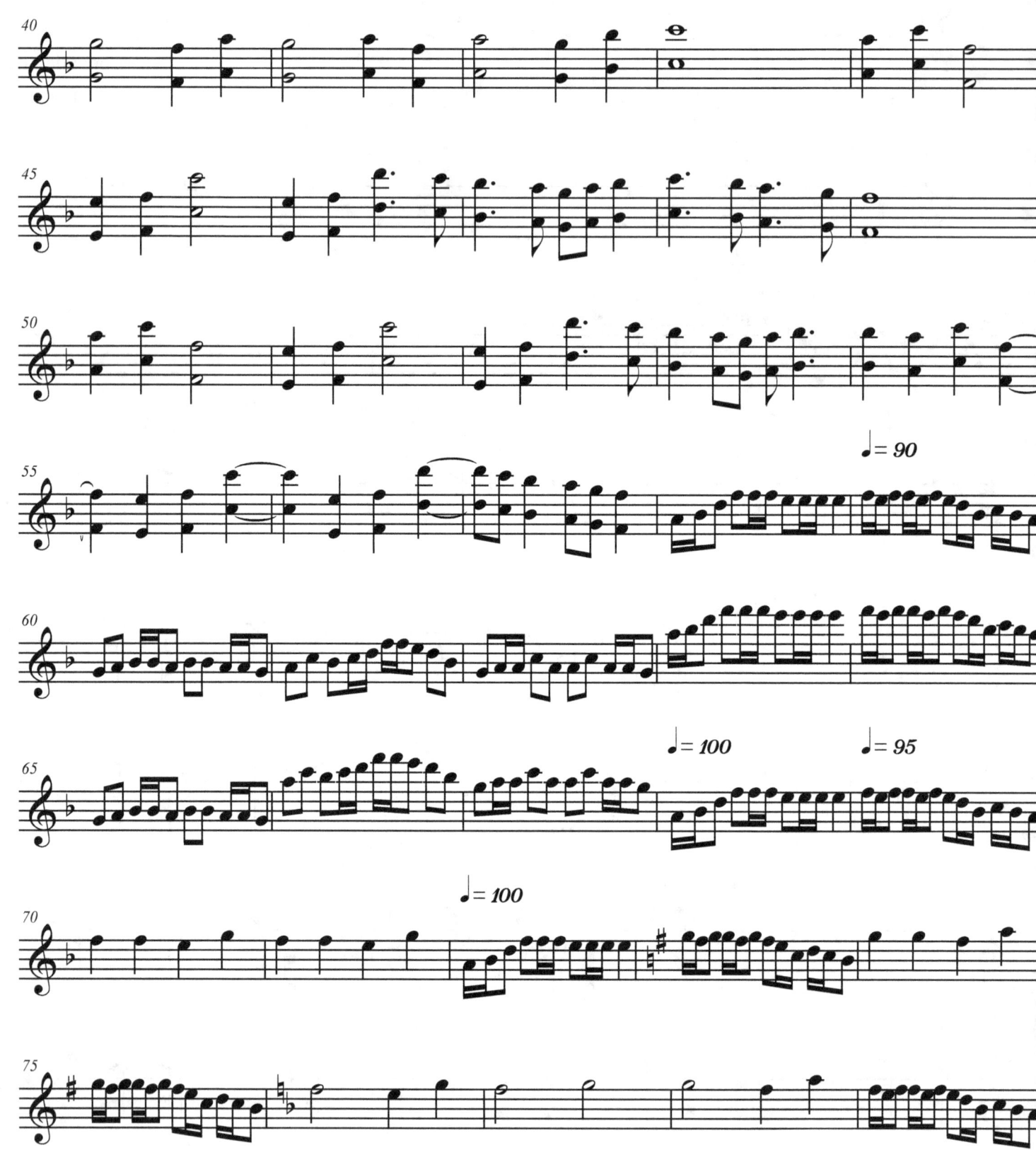

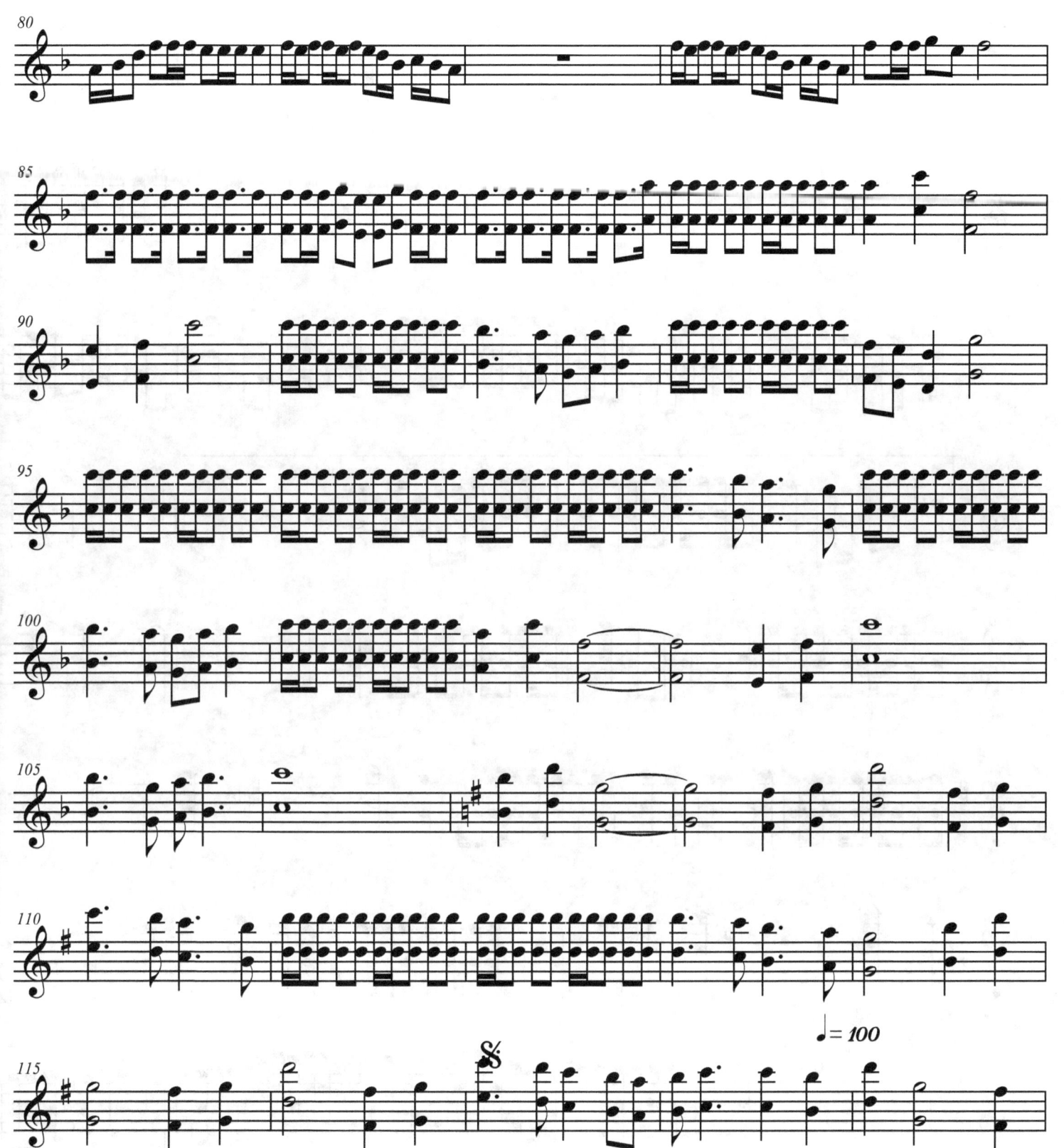

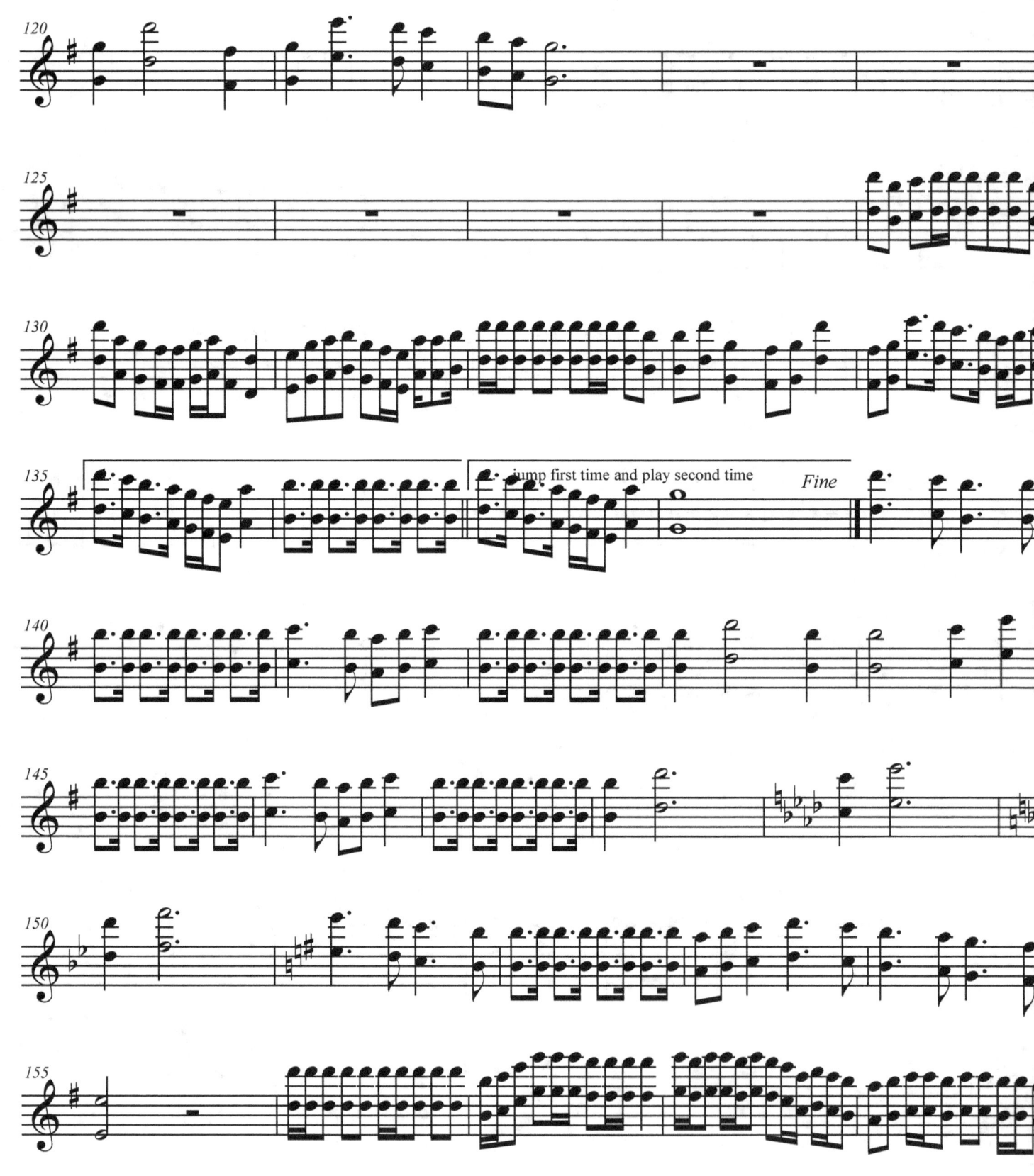

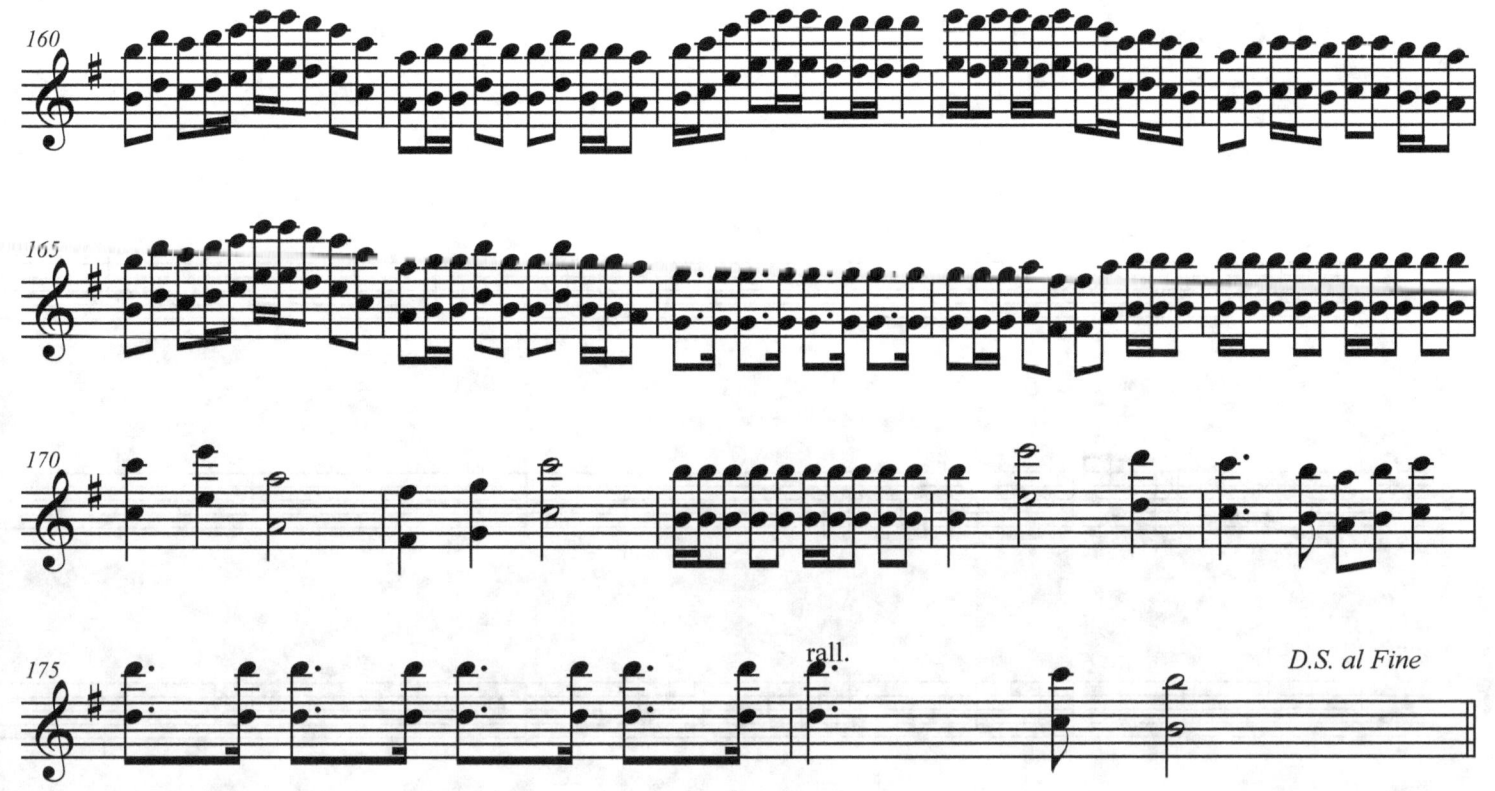

Part 1: C Oboe

Y sym 1

Joost de Groot

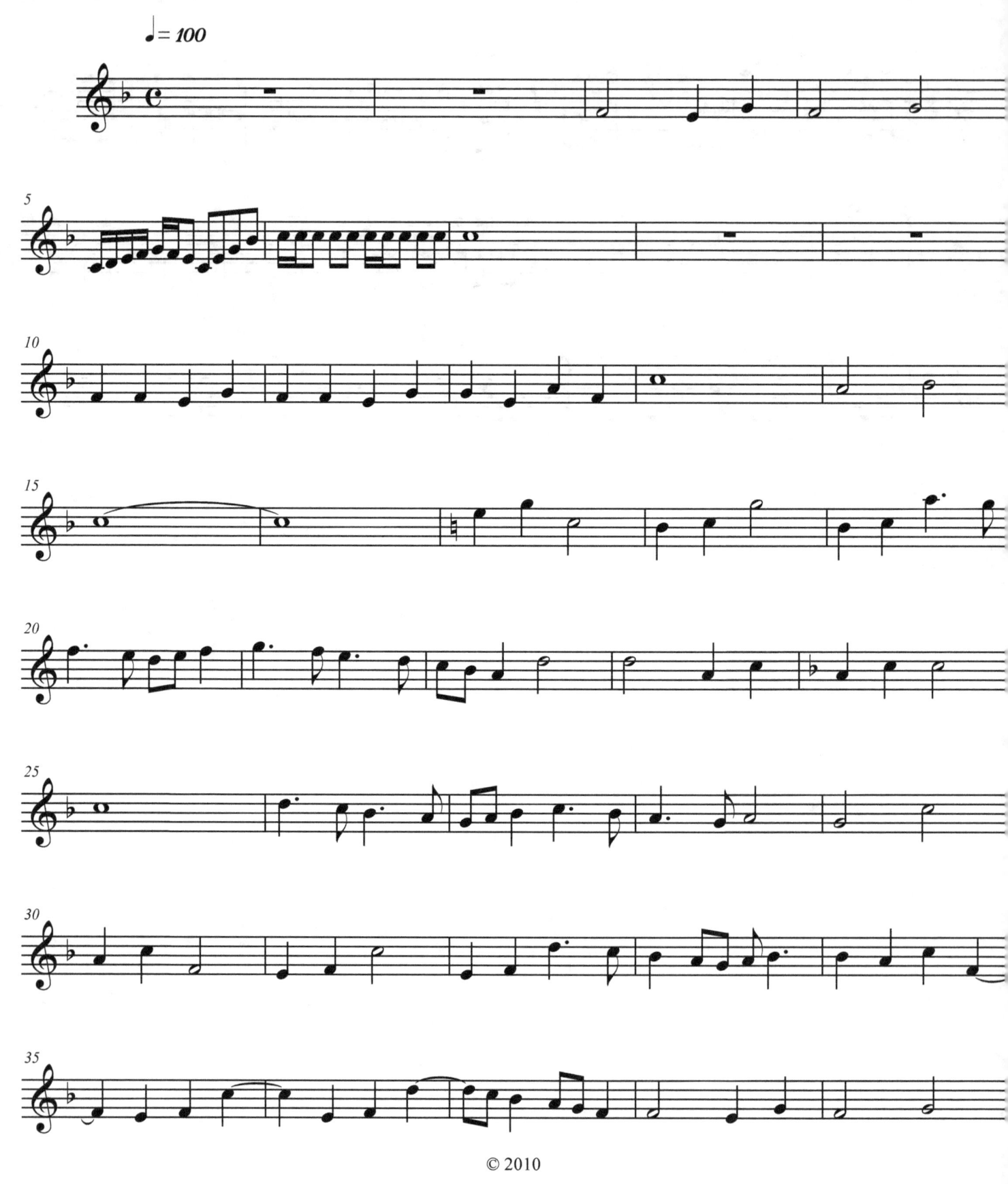

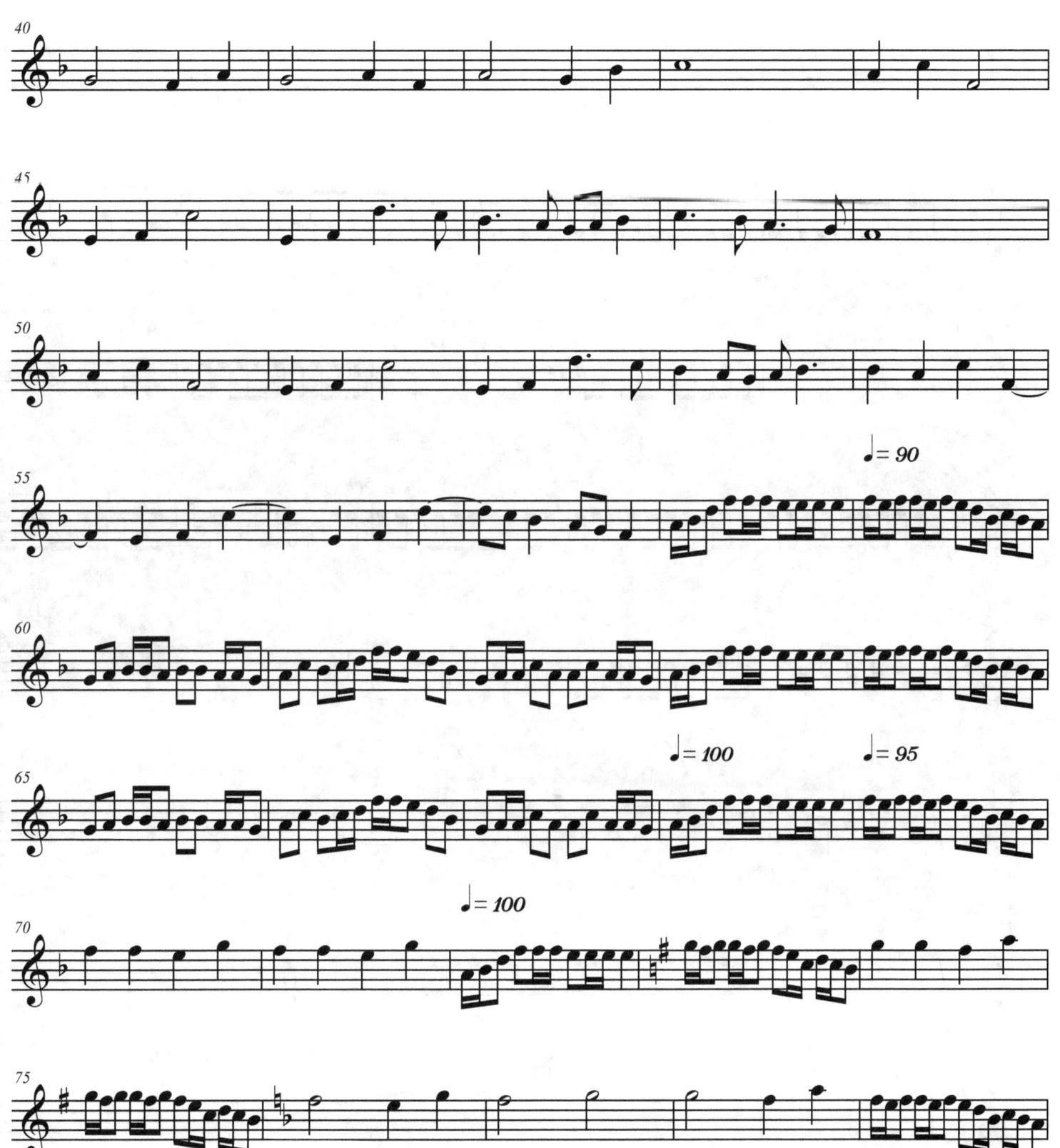

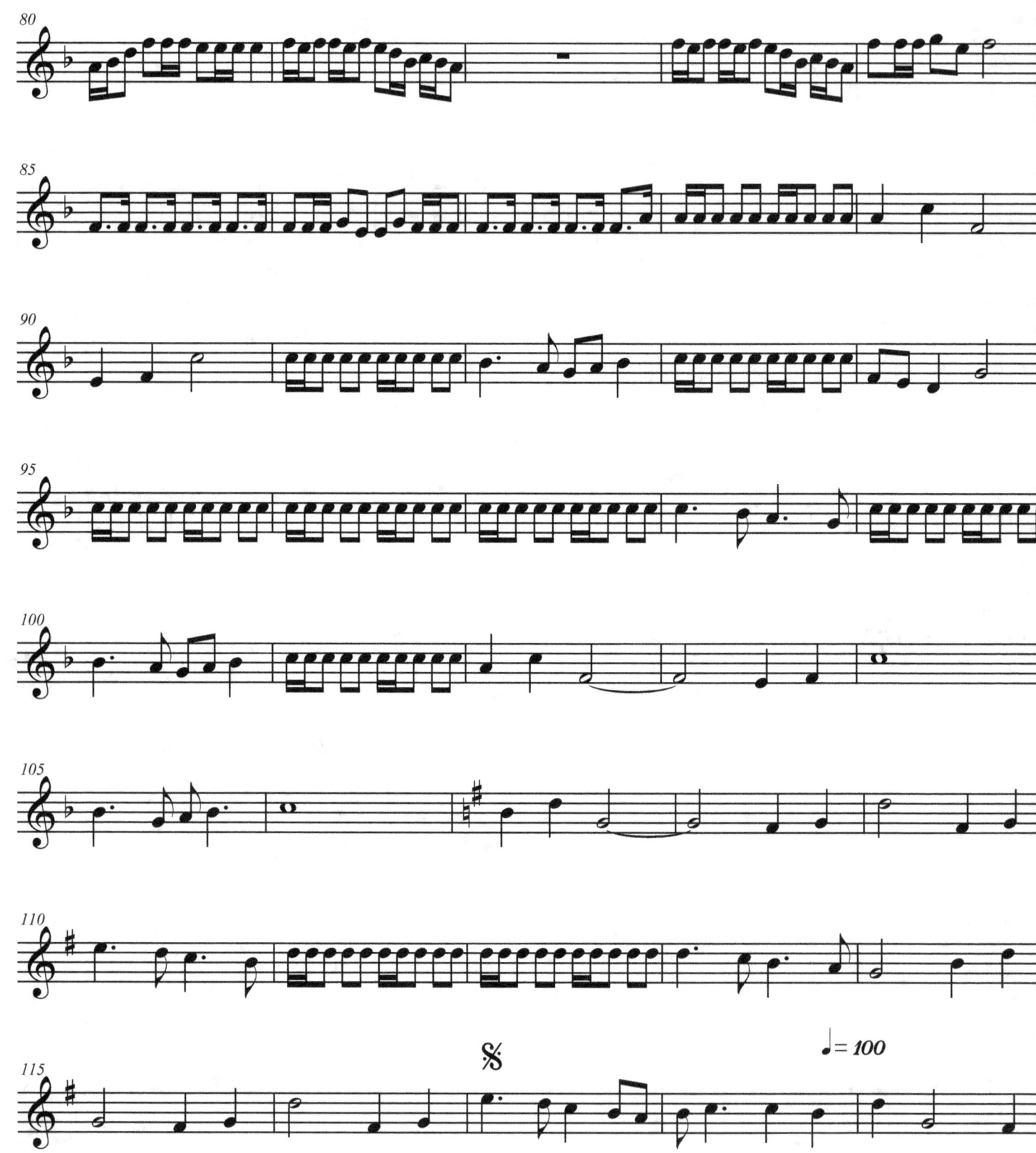

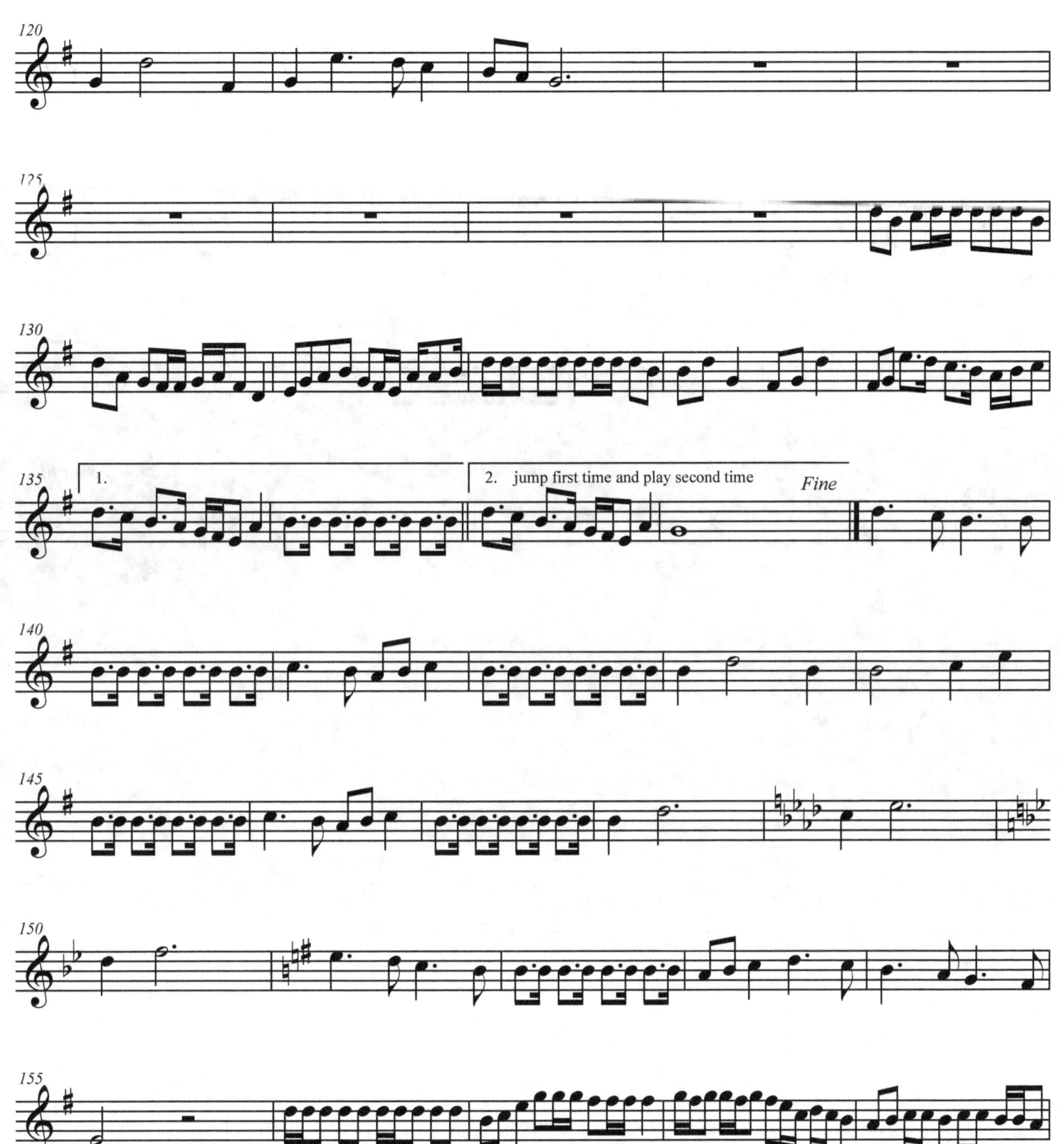

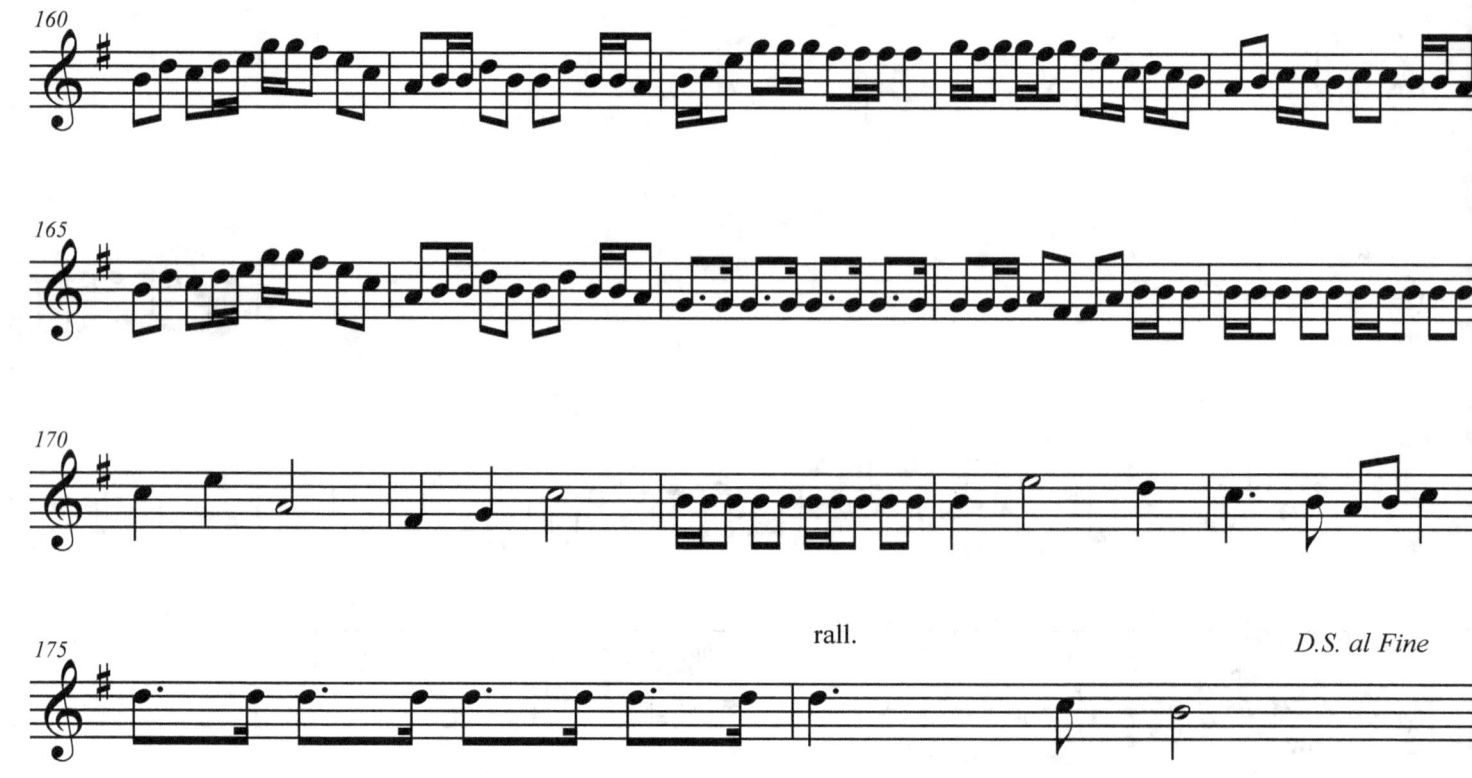

Y sym 1

Part 4: C Bassoon

Joost de Groot

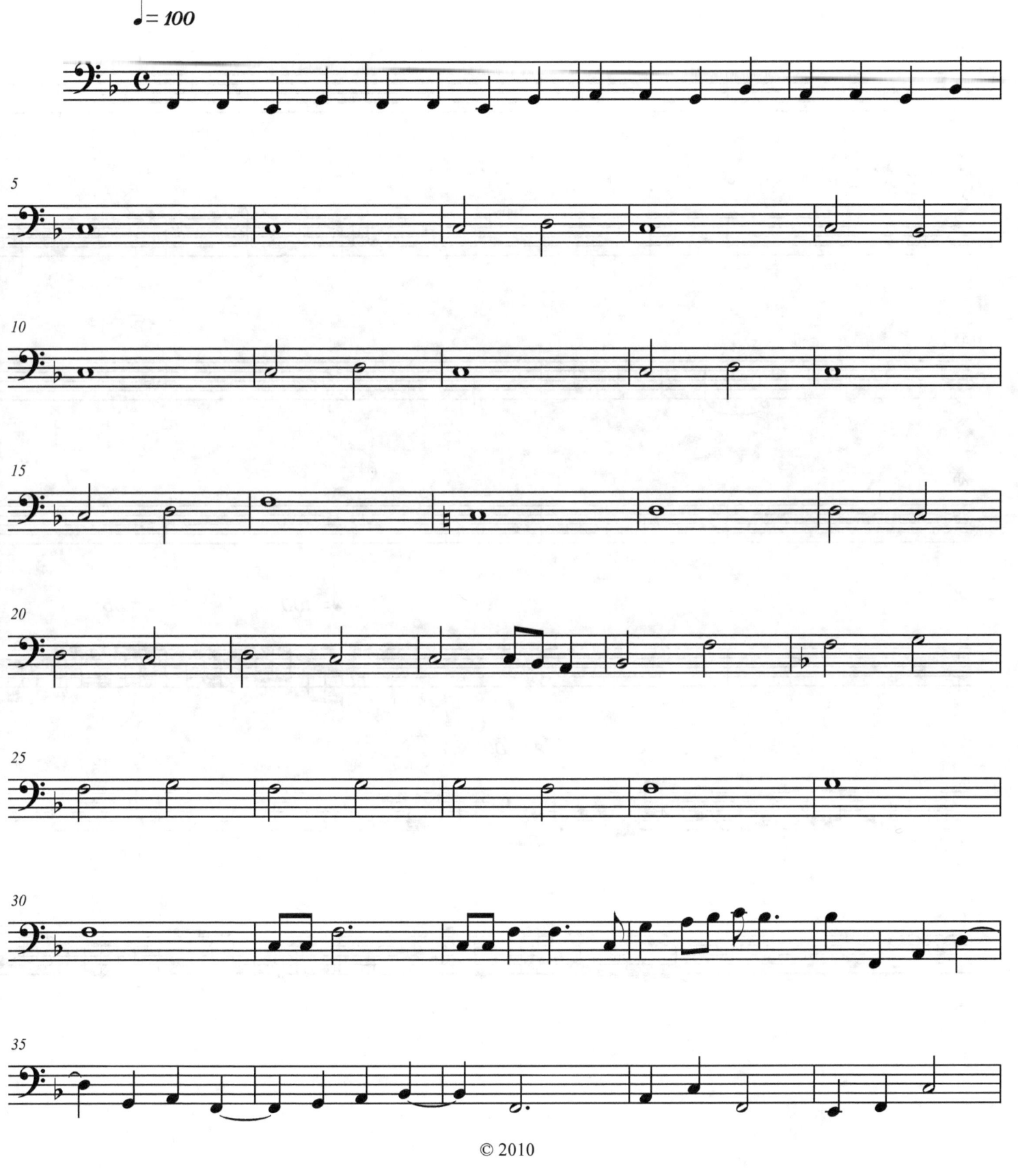

© 2010

Y

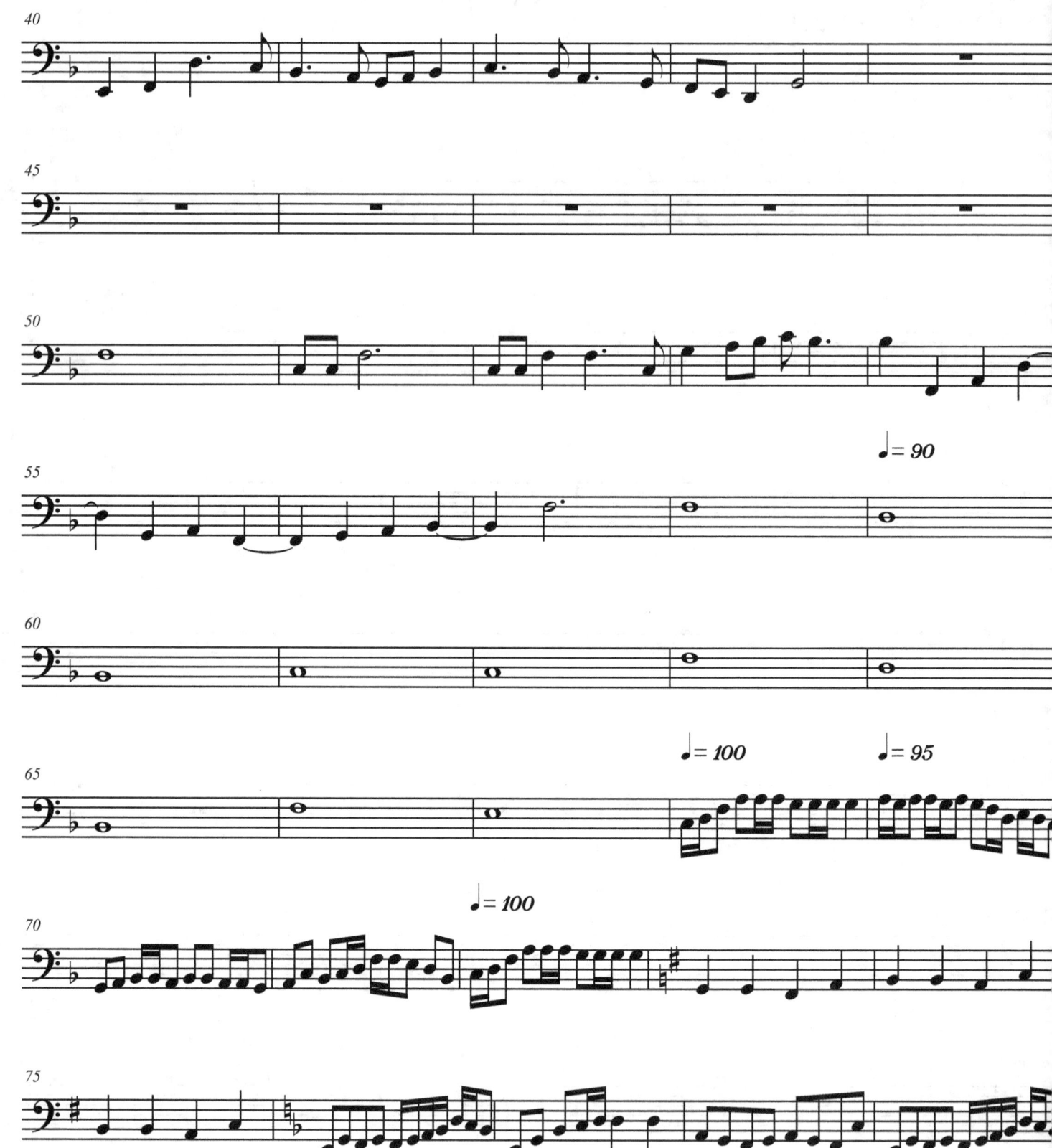

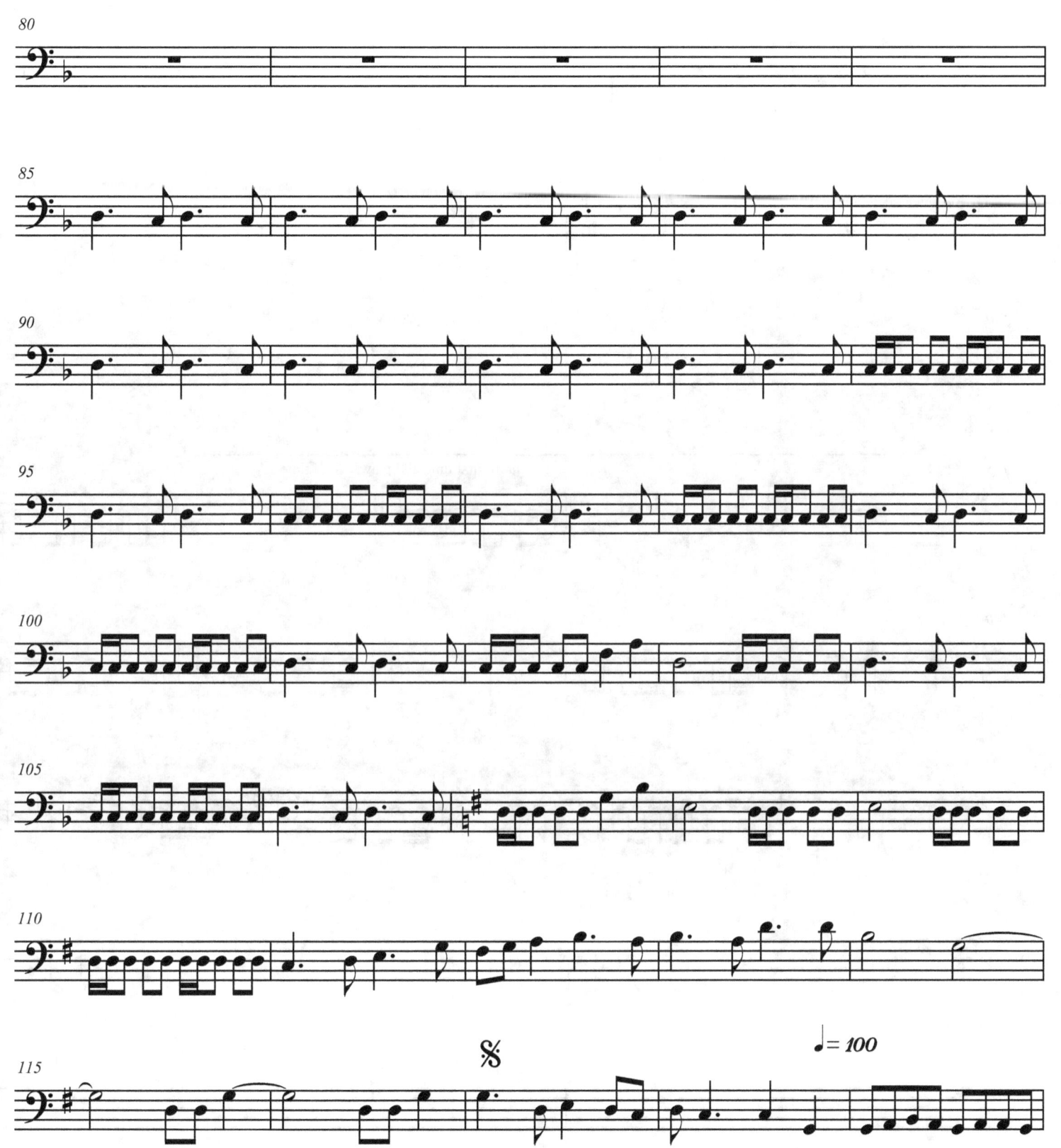

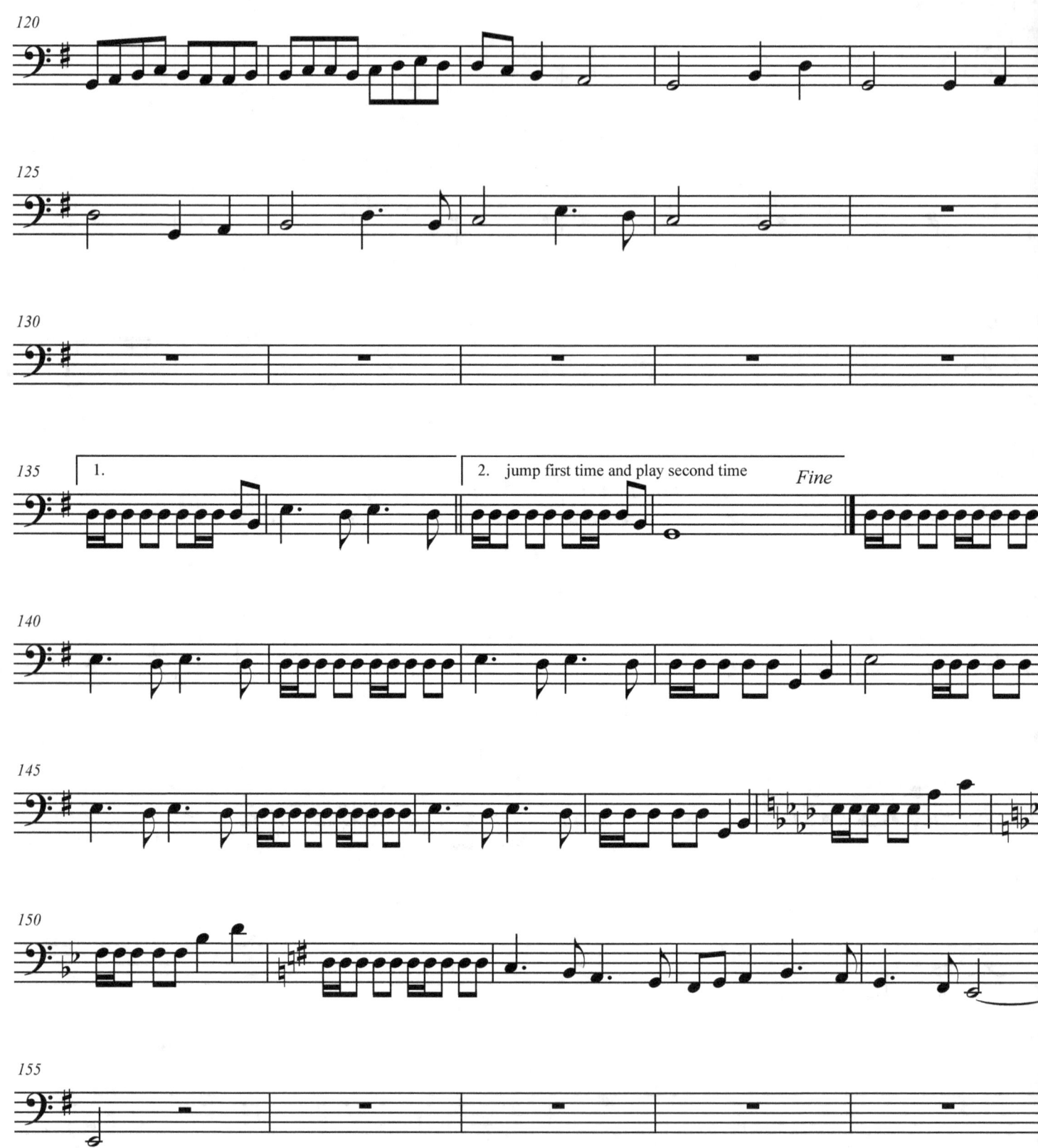

Y

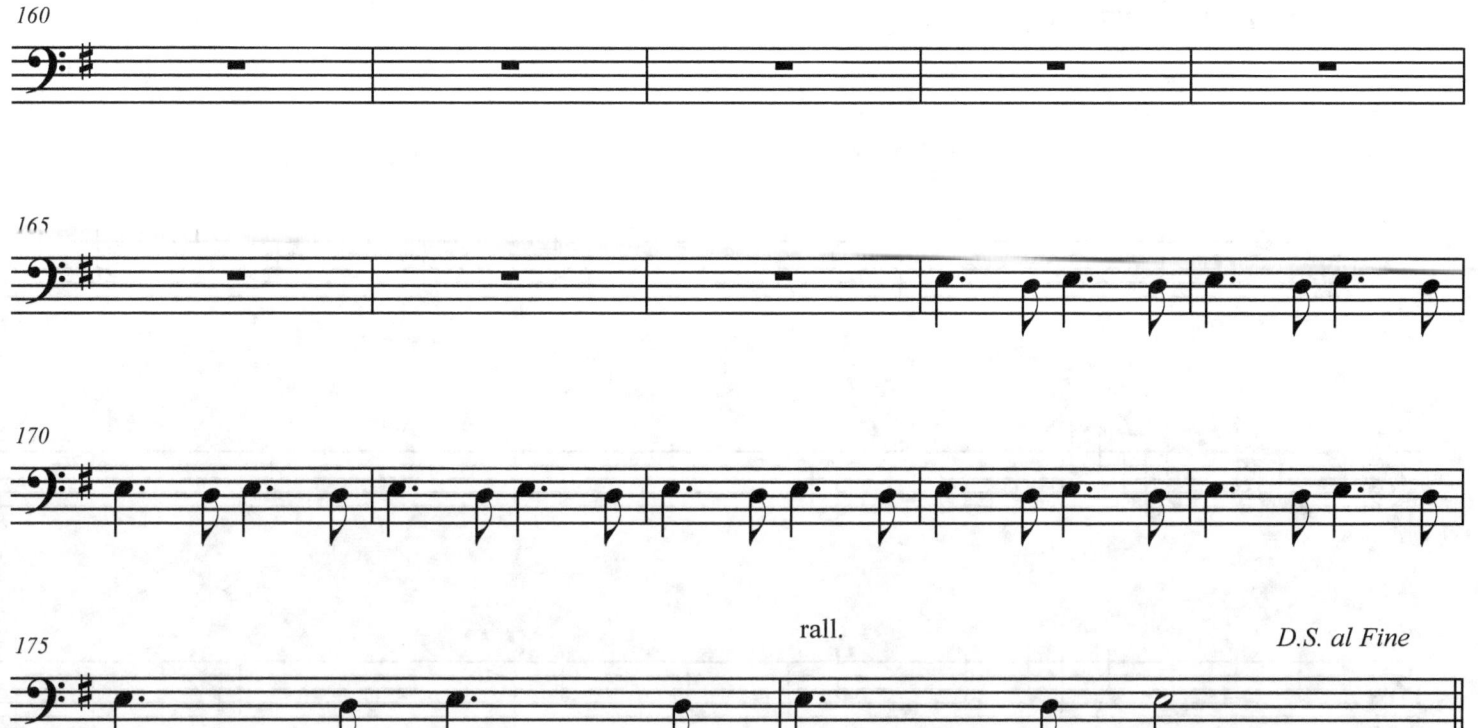

Part 1: Bes Clarinet 1

Y sym 1

Joost de Groot

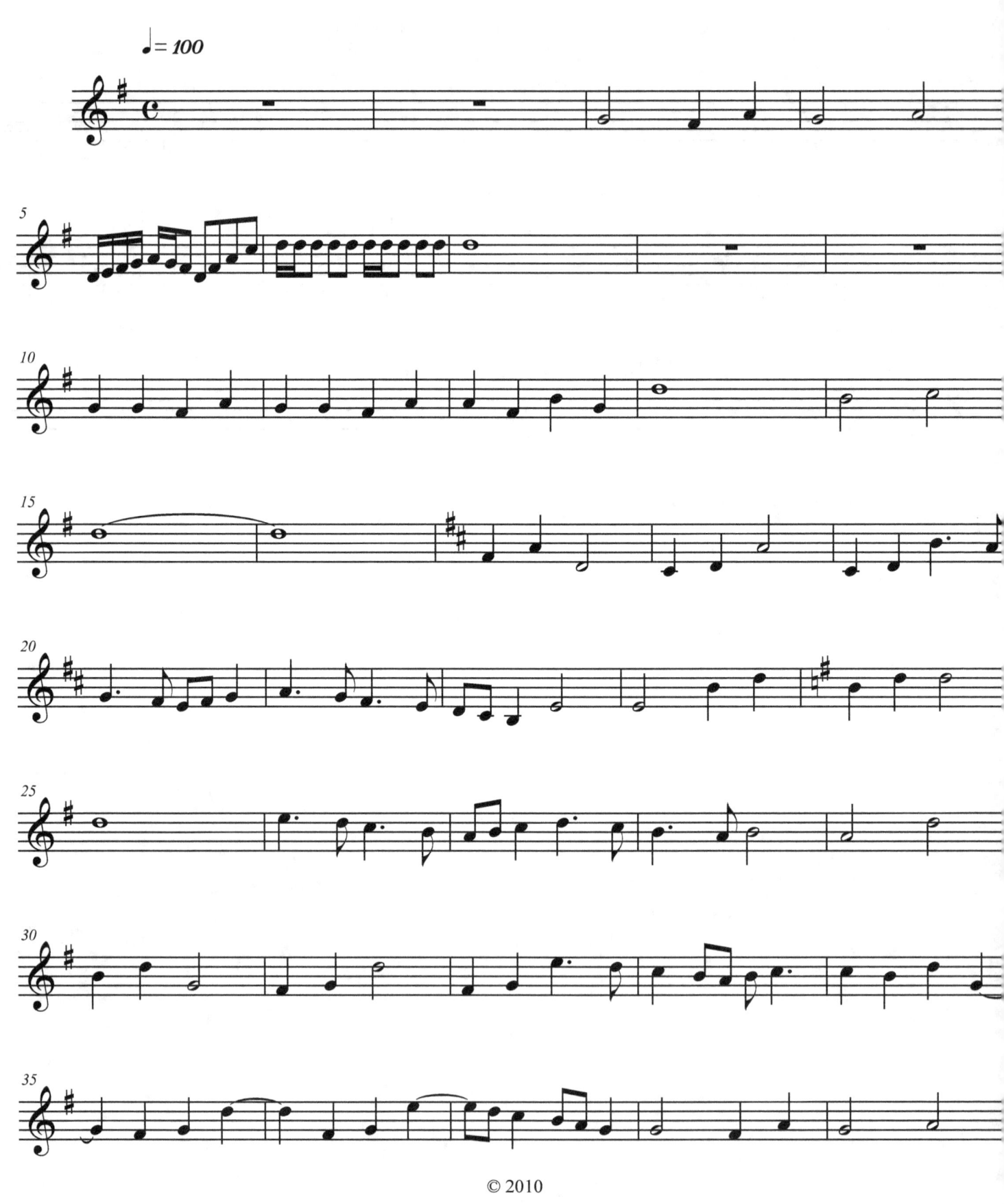

© 2010

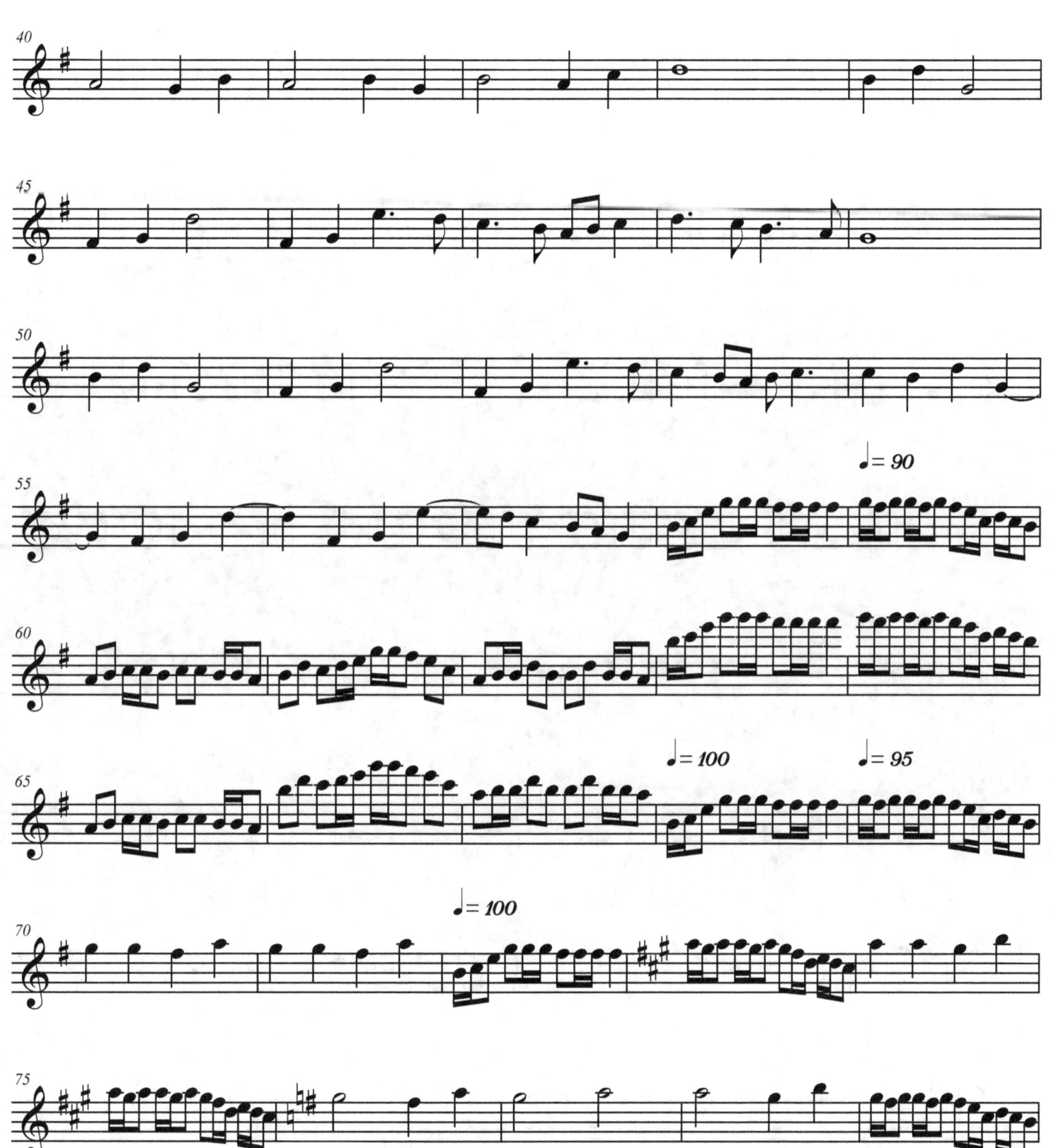

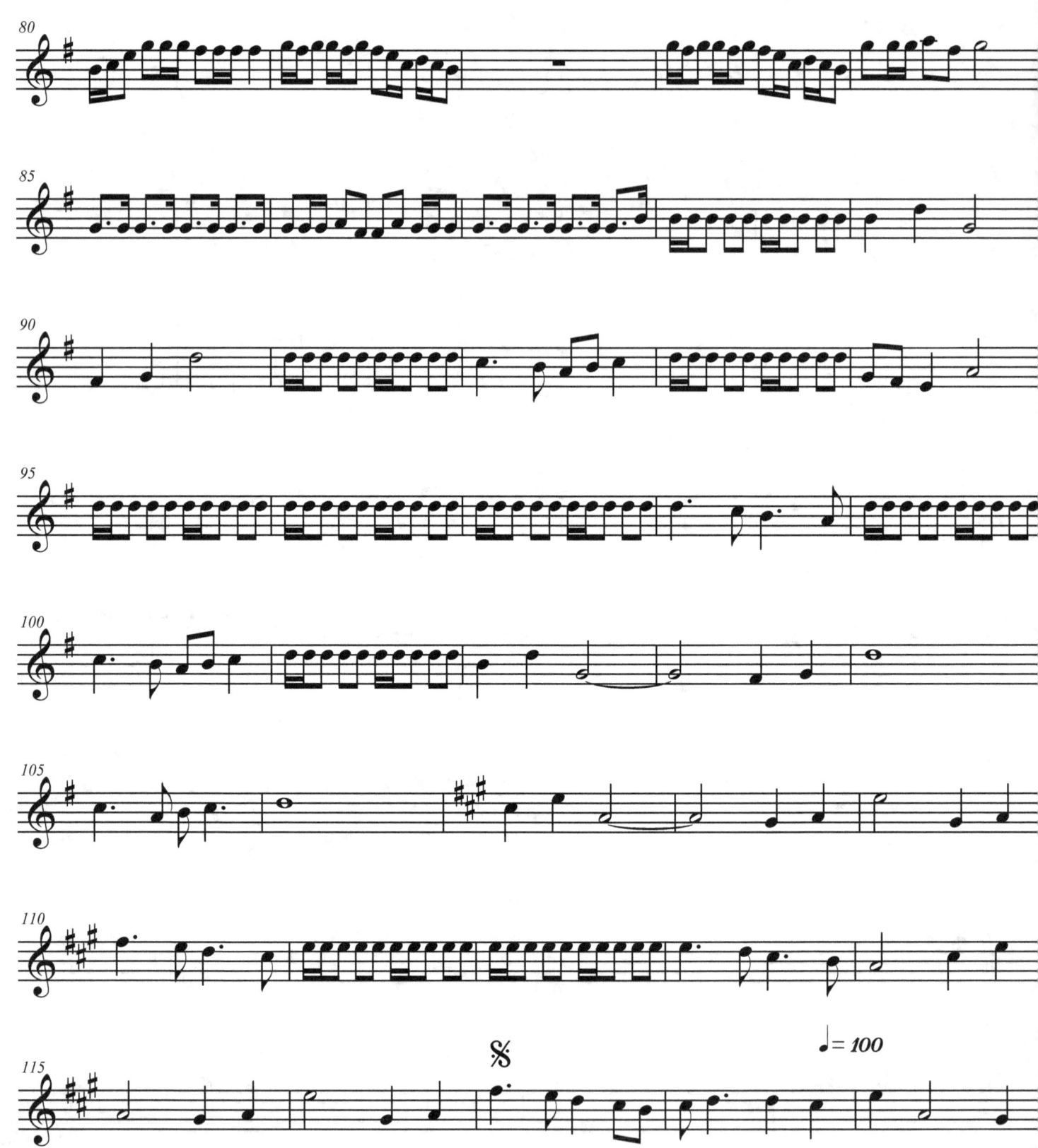

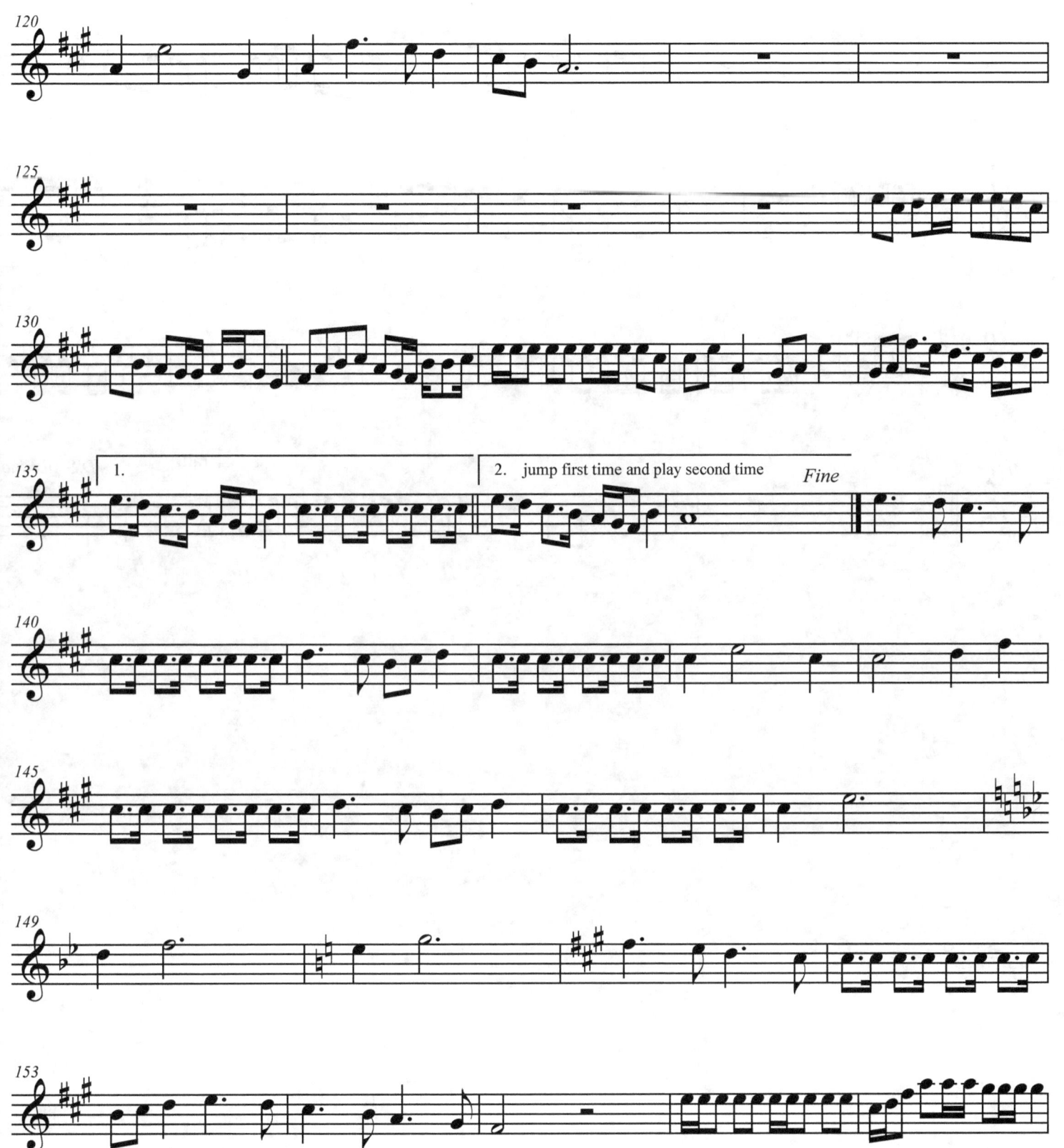

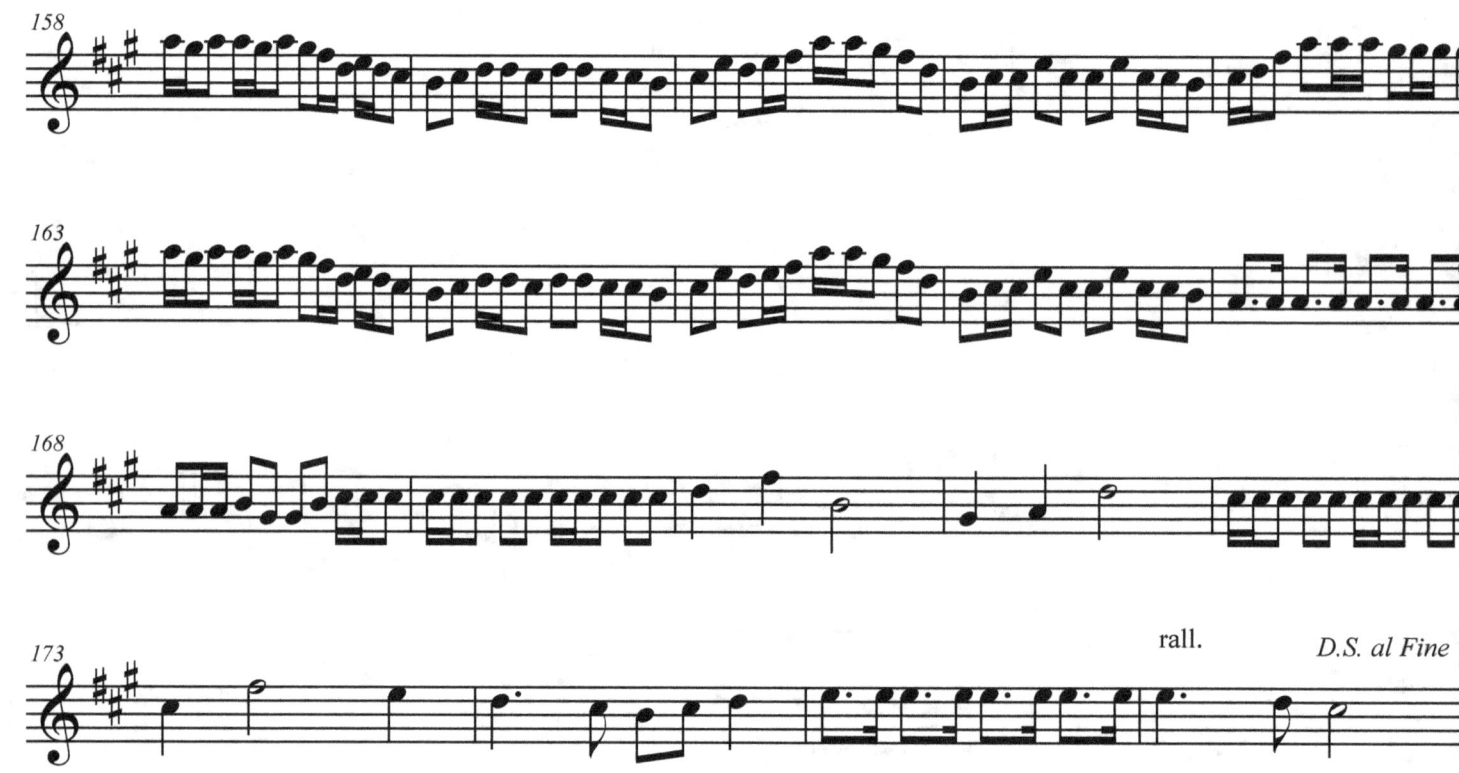

Y sym 1

Part 2: Bes Clarinet 2 + 3

Joost de Groot

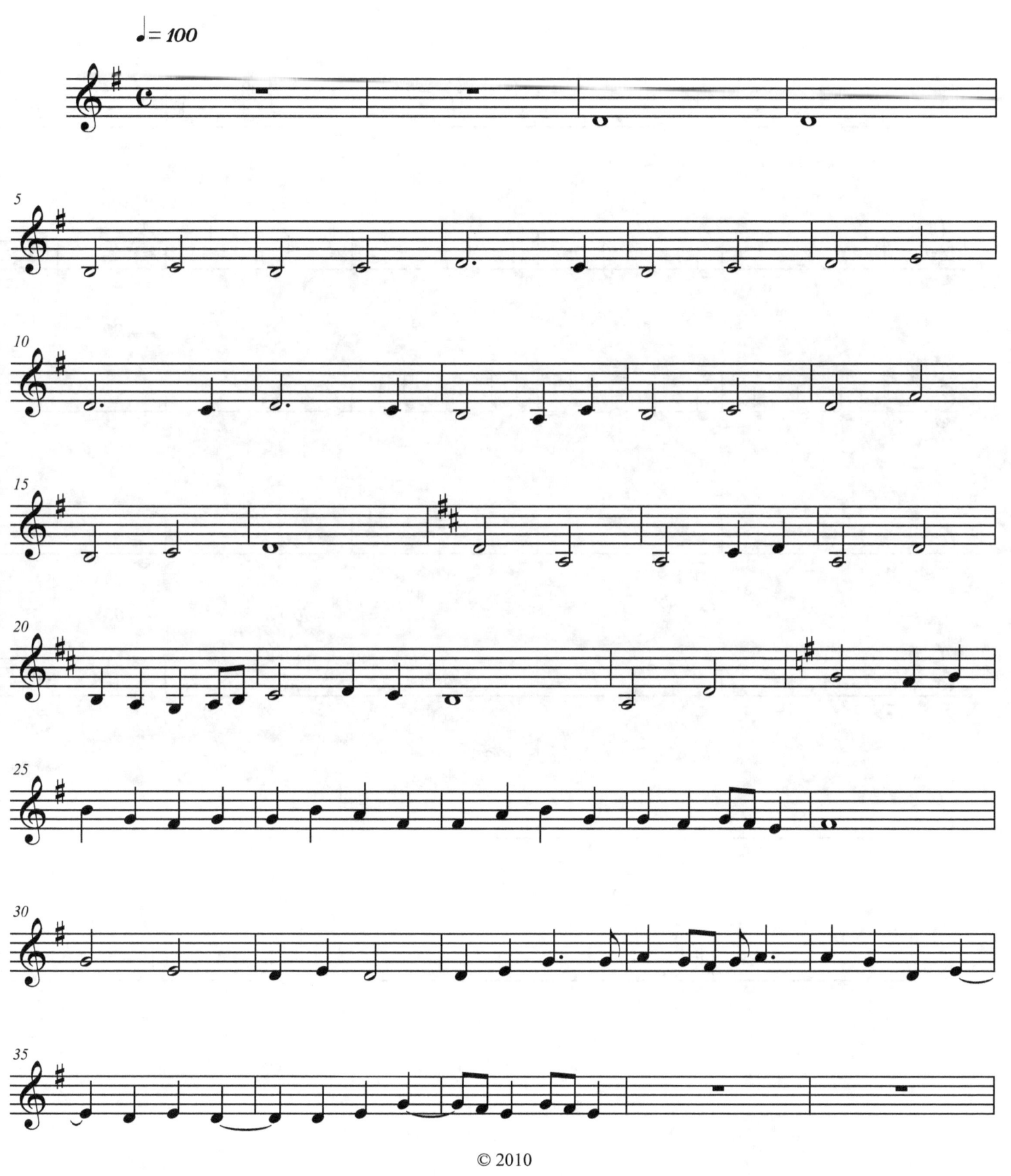

© 2010

Y

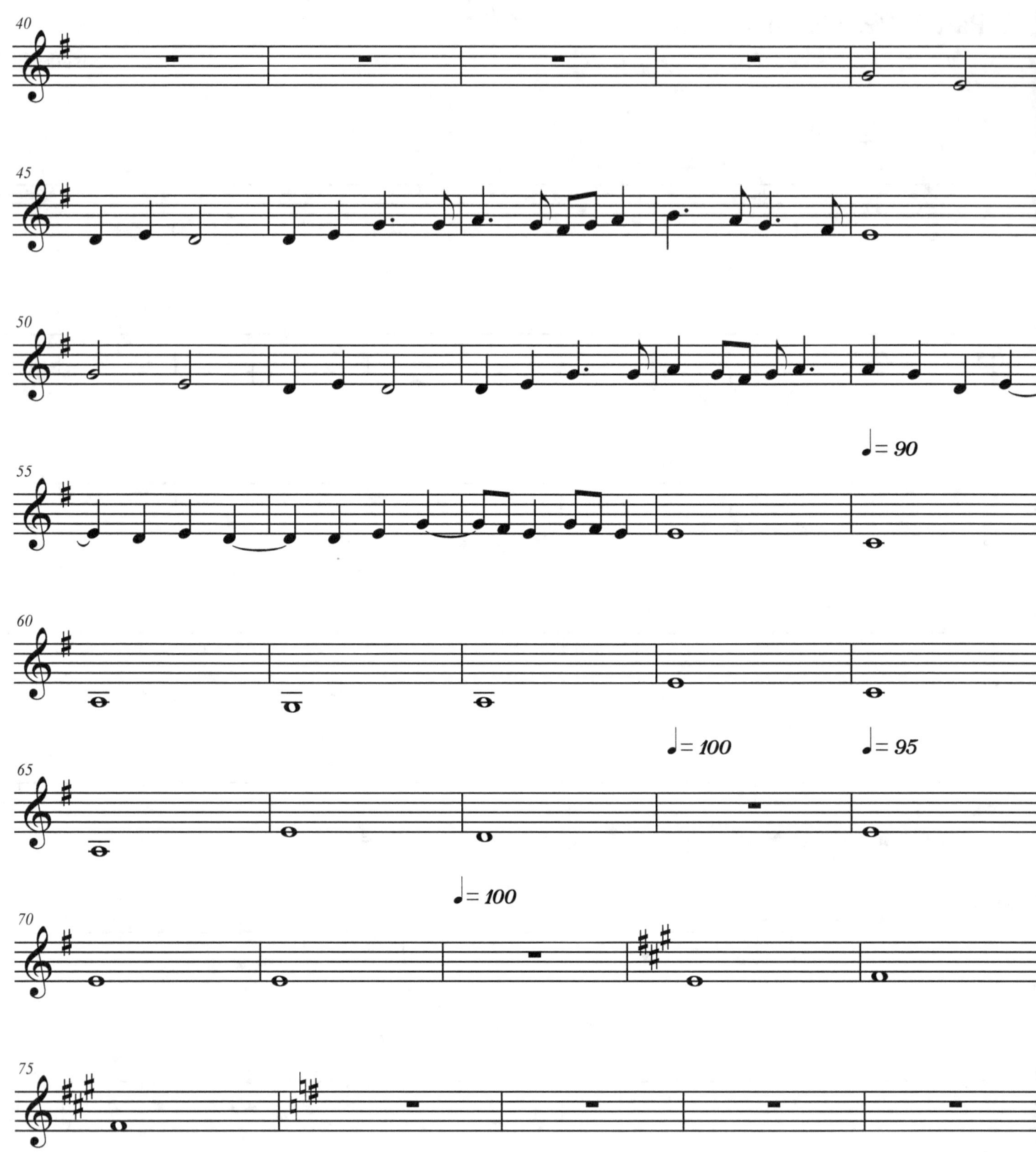

Y

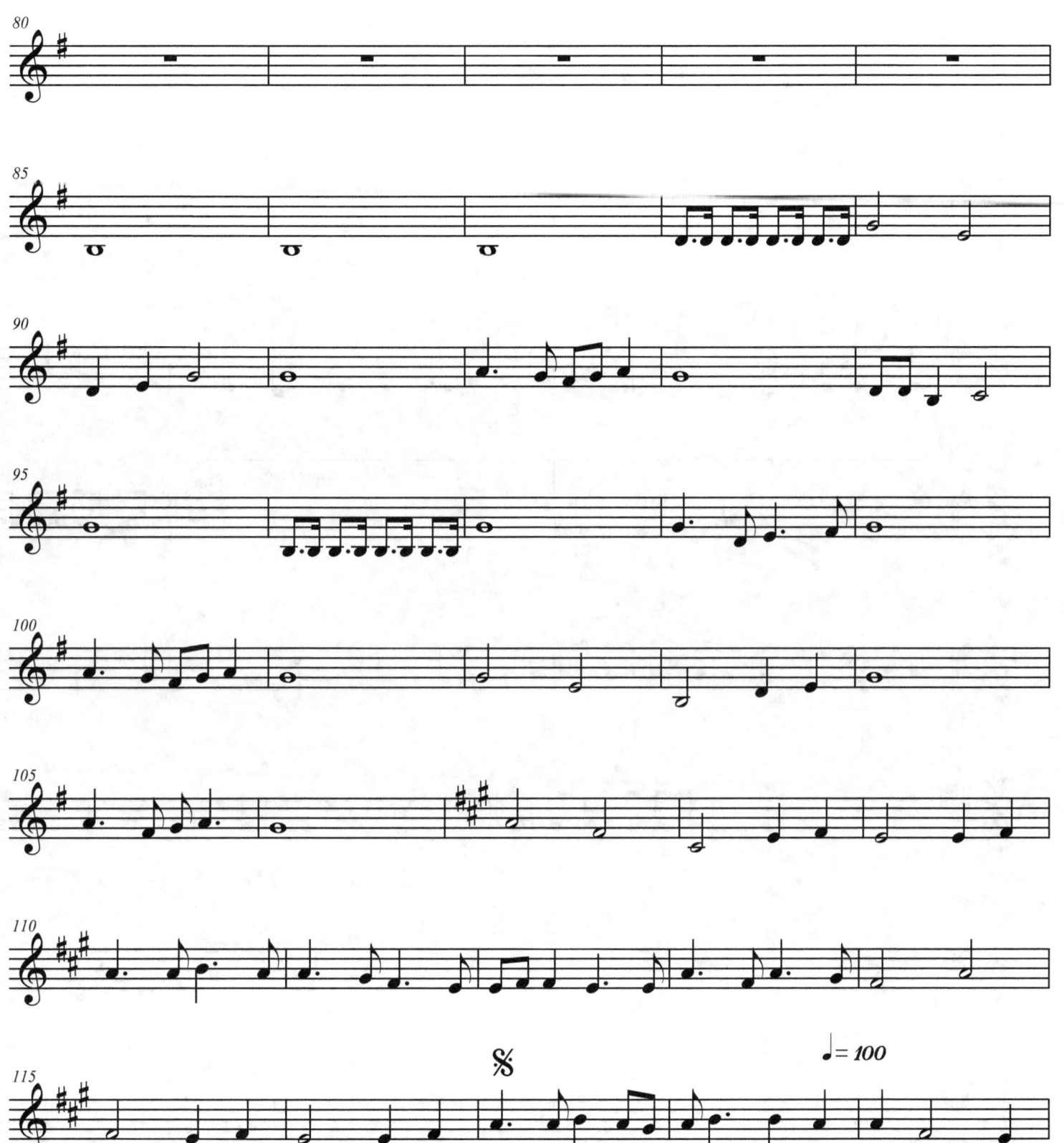

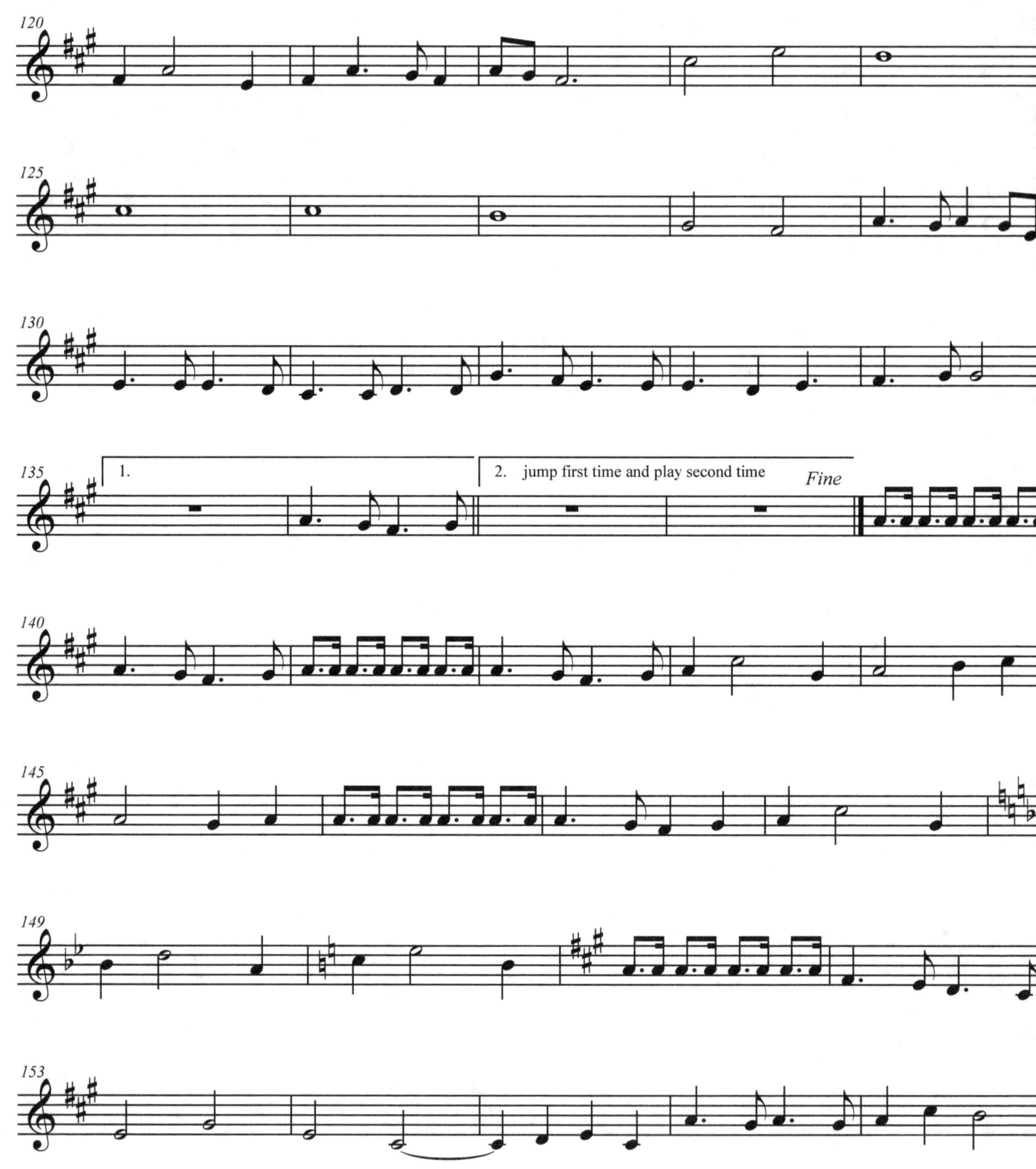

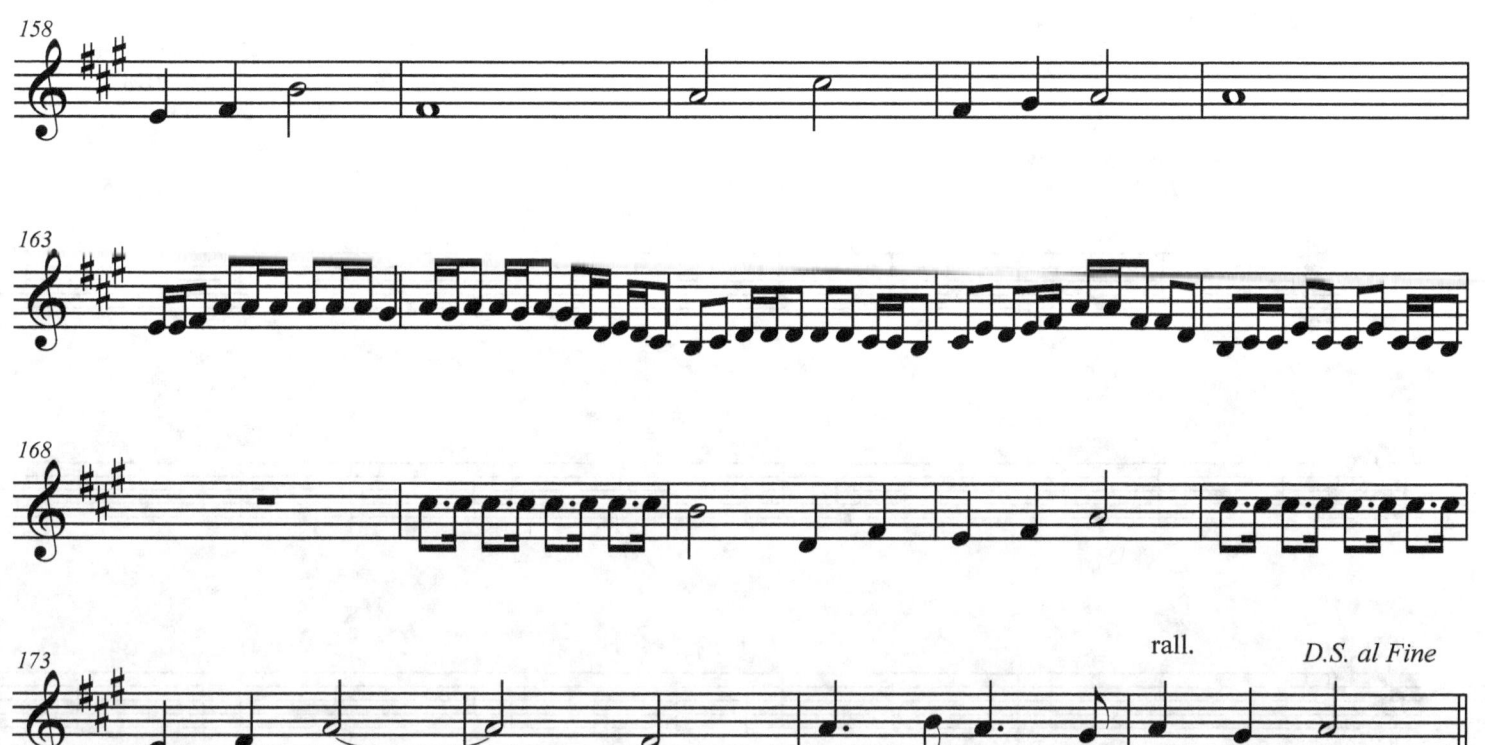

Part 3: Es Alto Clarinet

Y sym 1

Joost de Groot

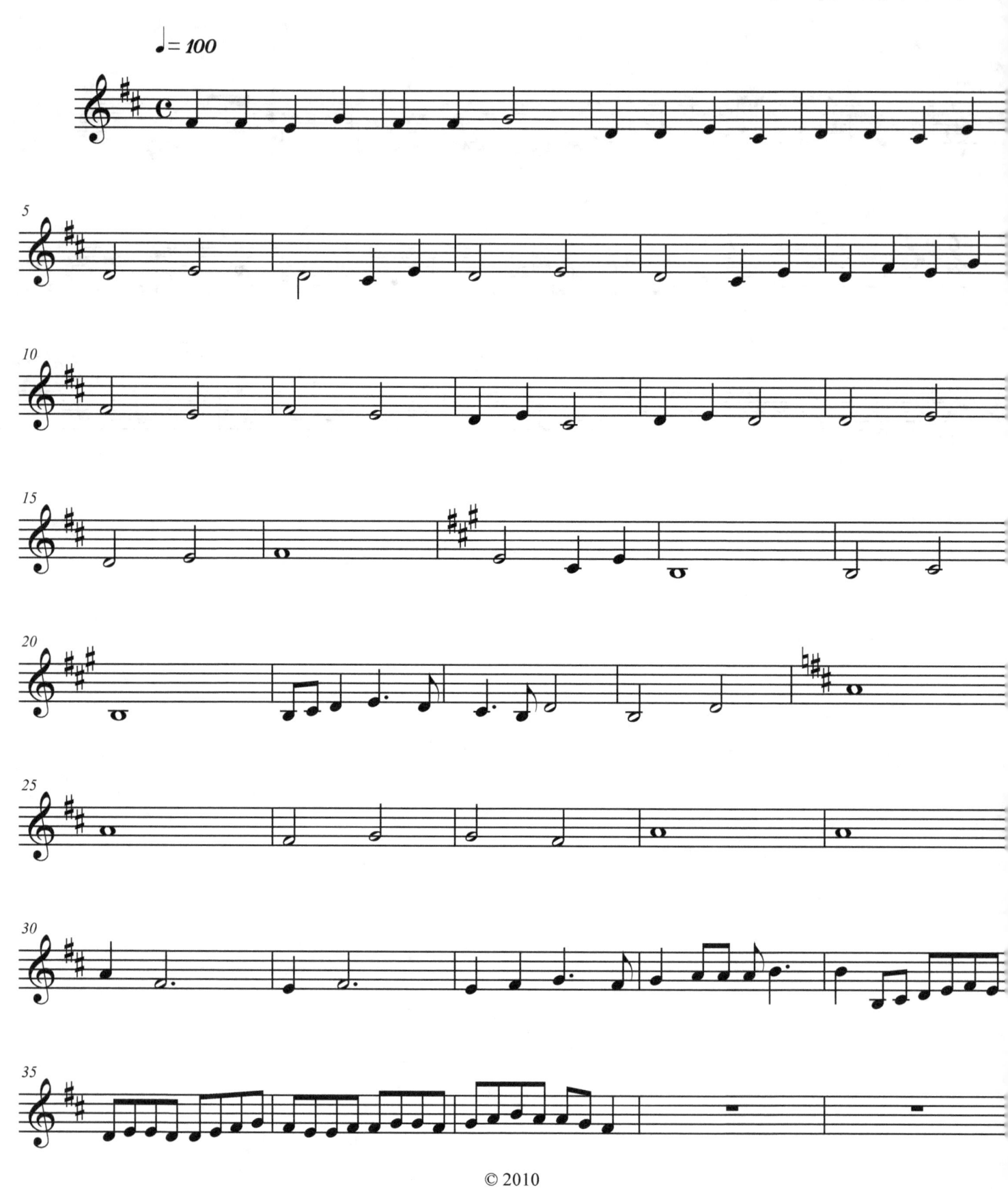

Y

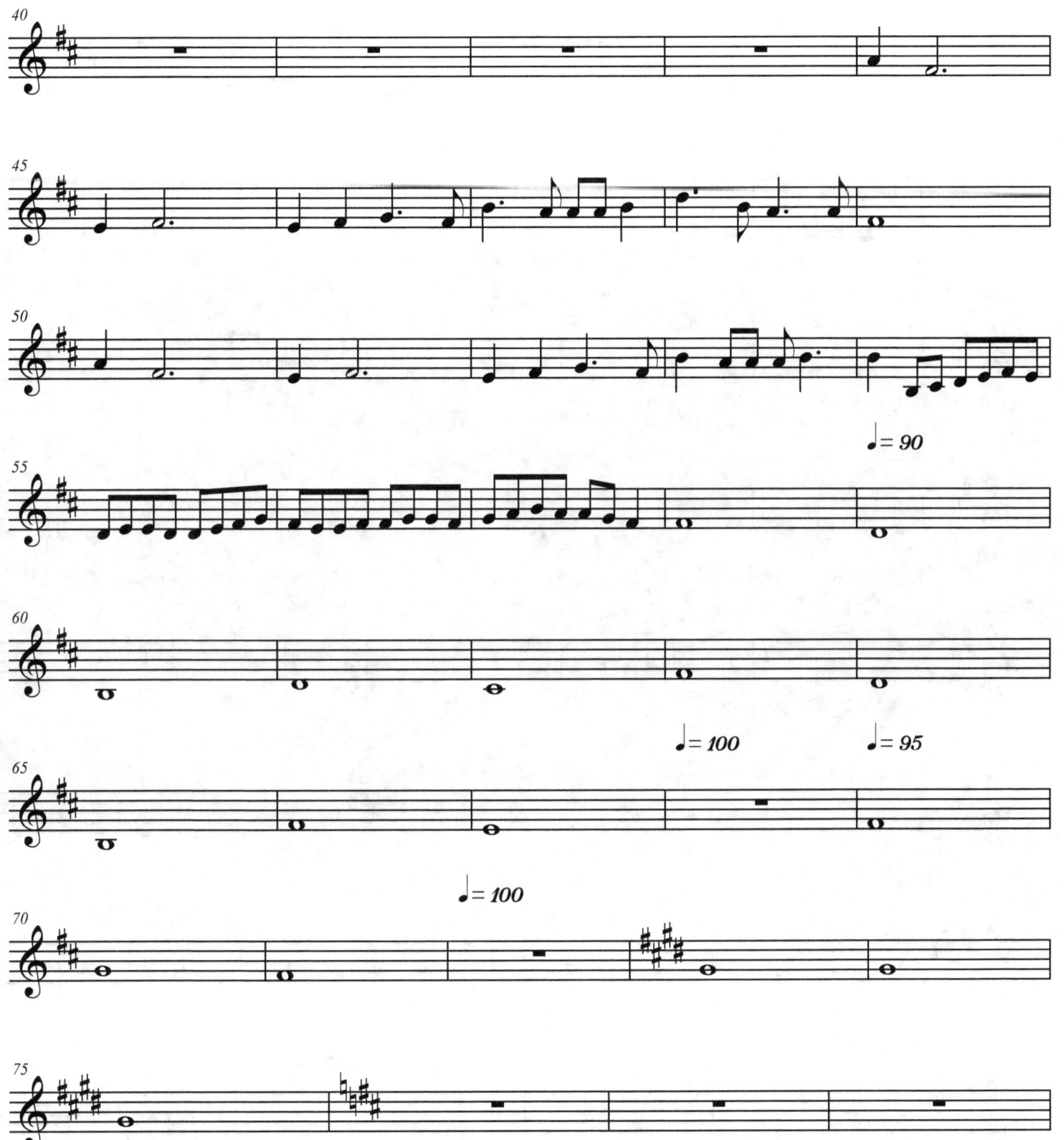

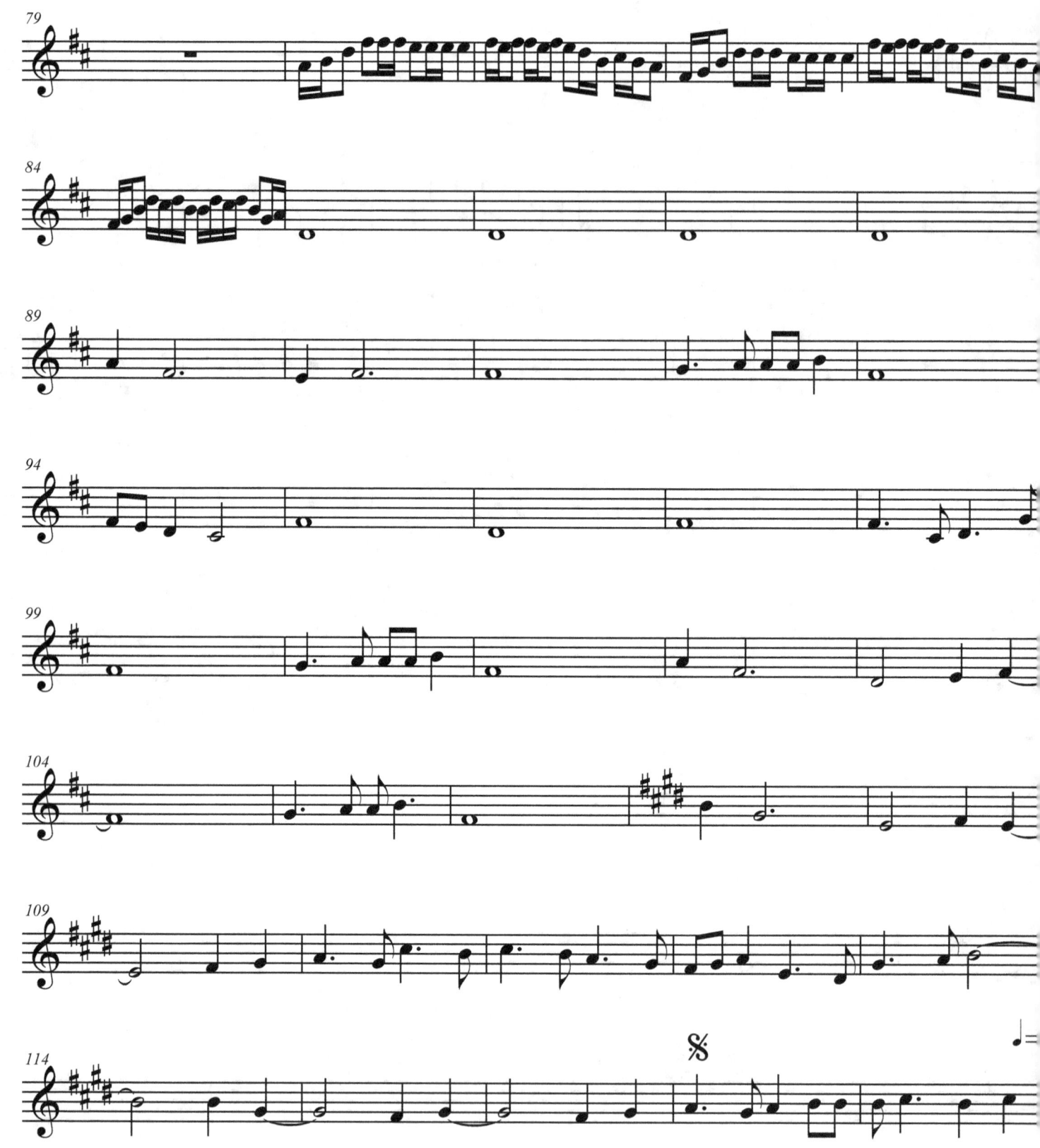

Y

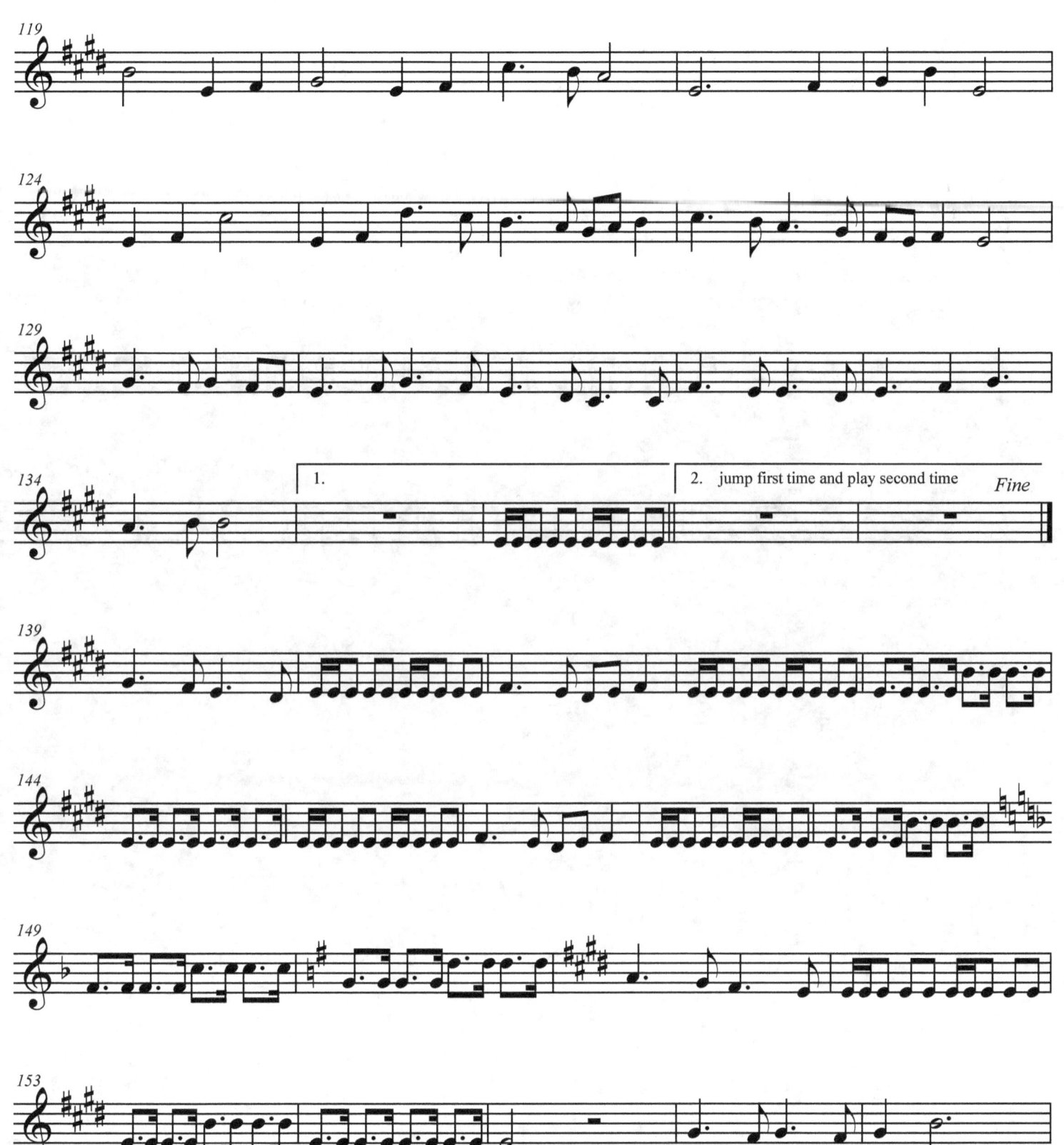

Y

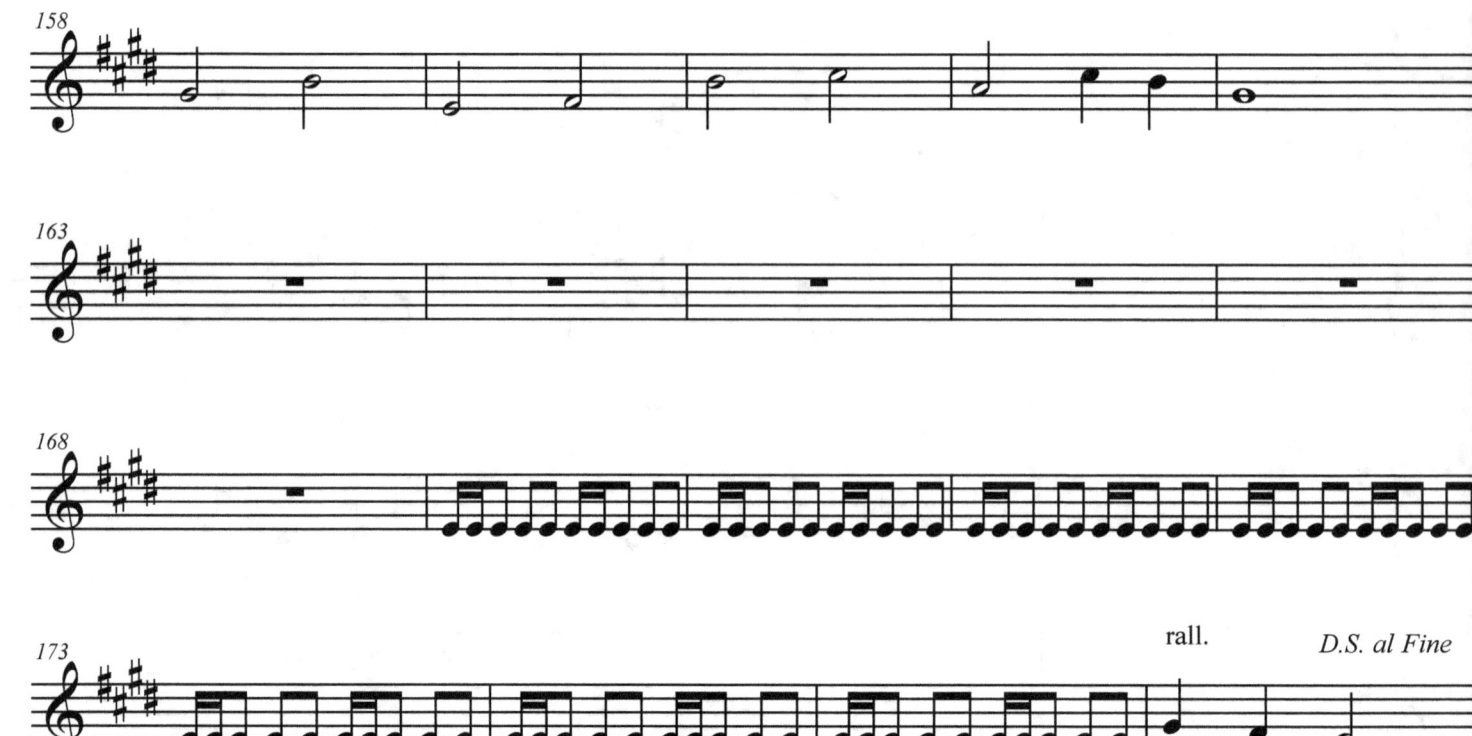

Y sym 1

Part 4: Bes Bass Clarinet

Joost de Groot

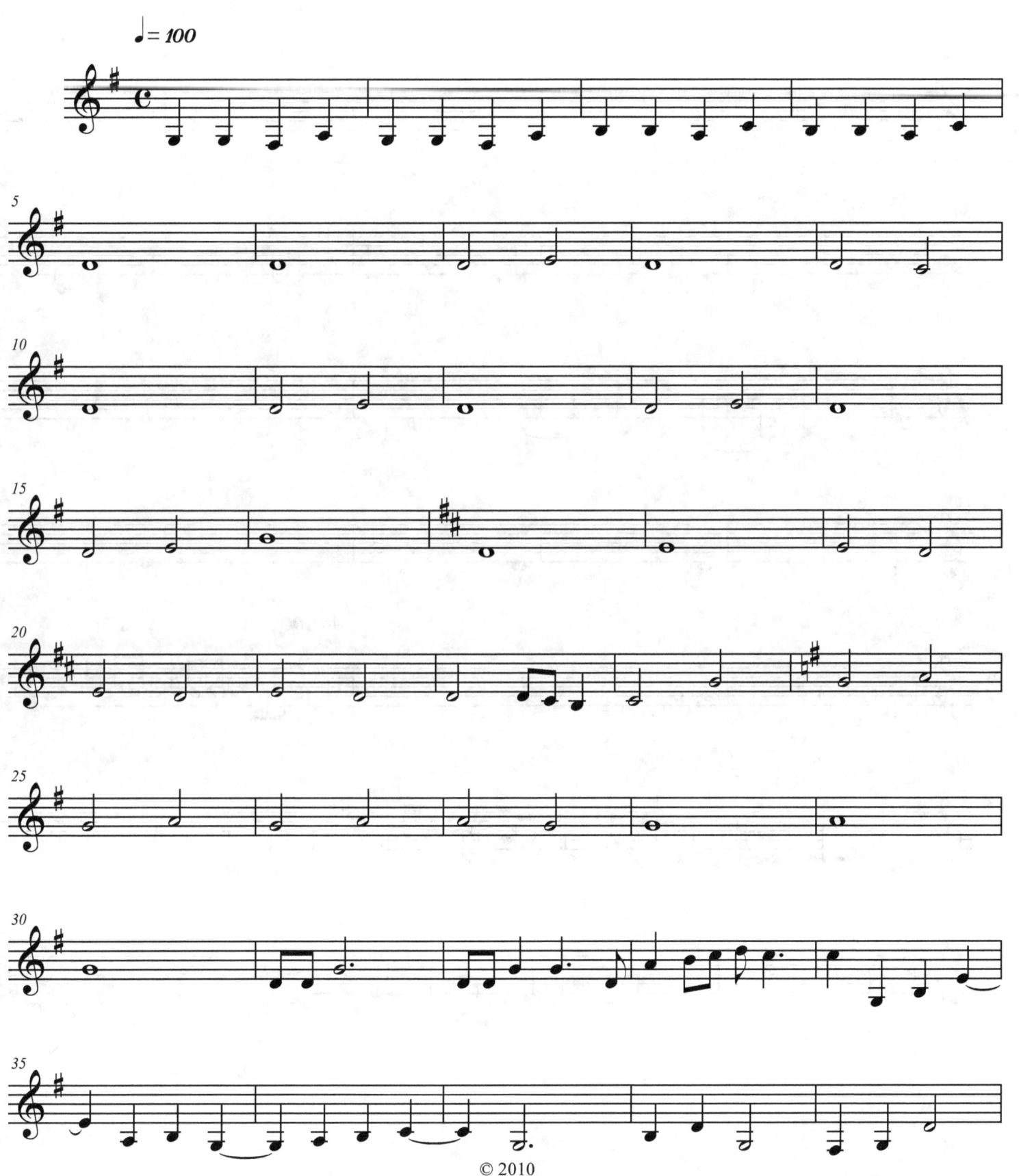

© 2010

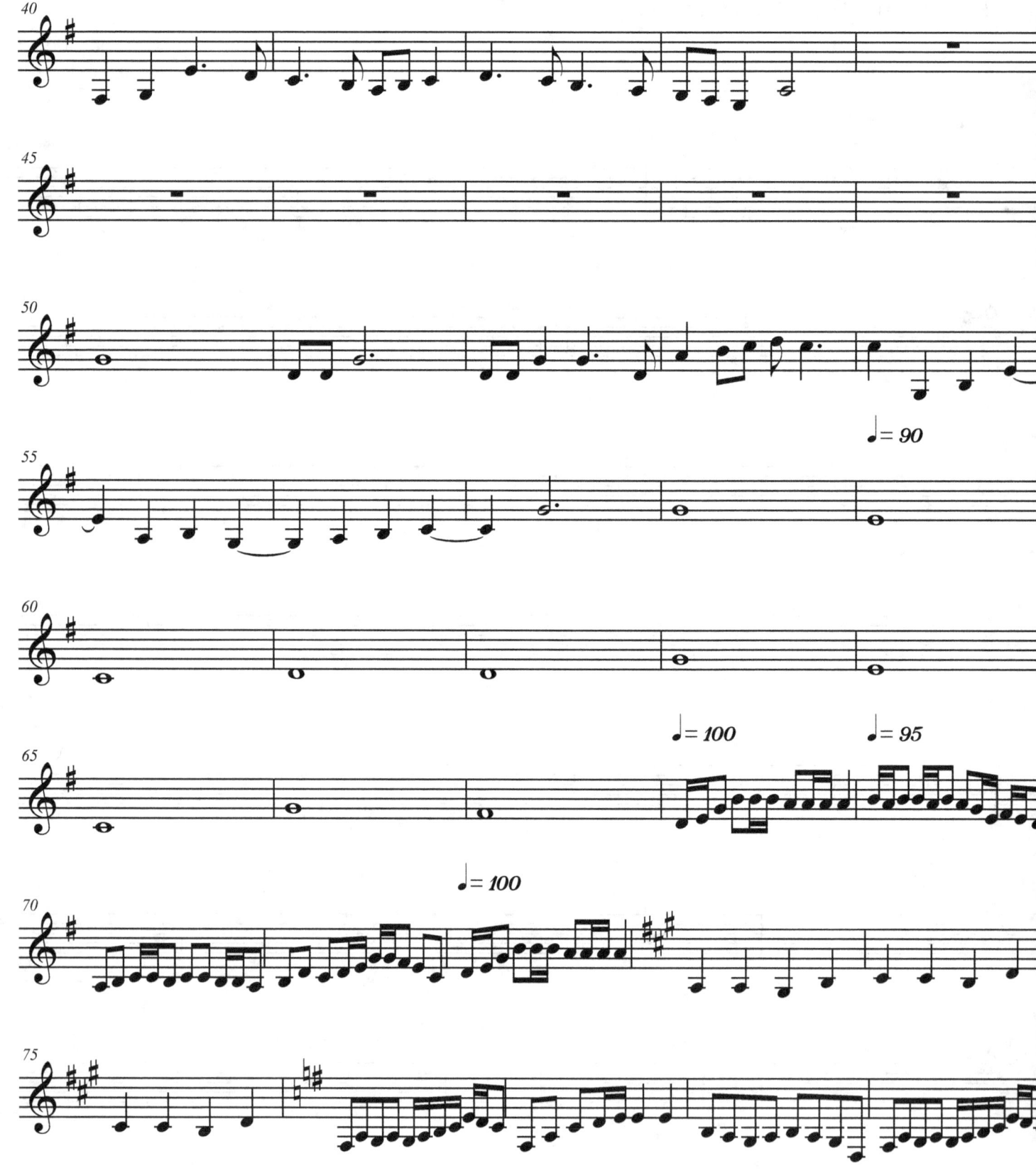

Y

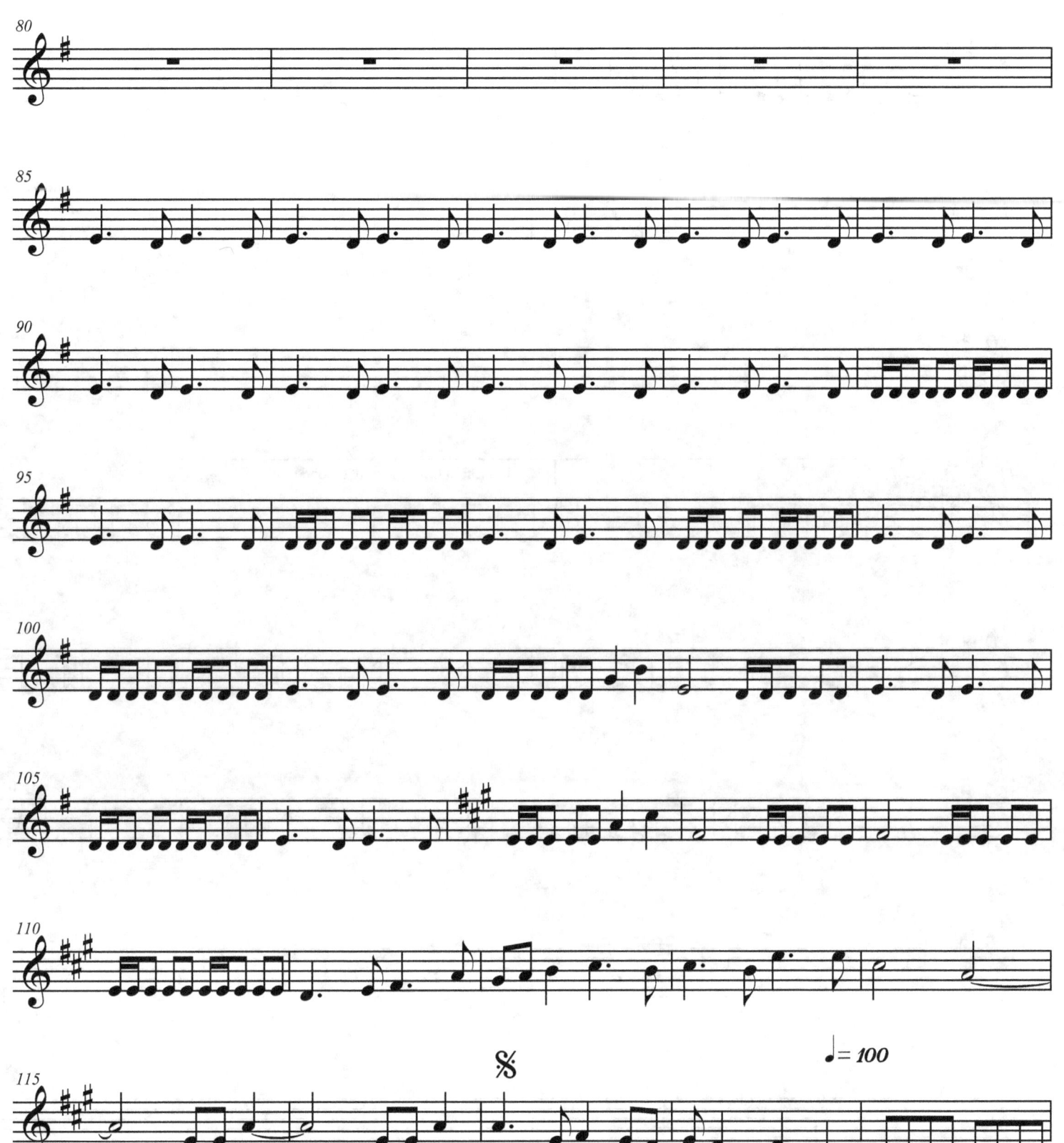

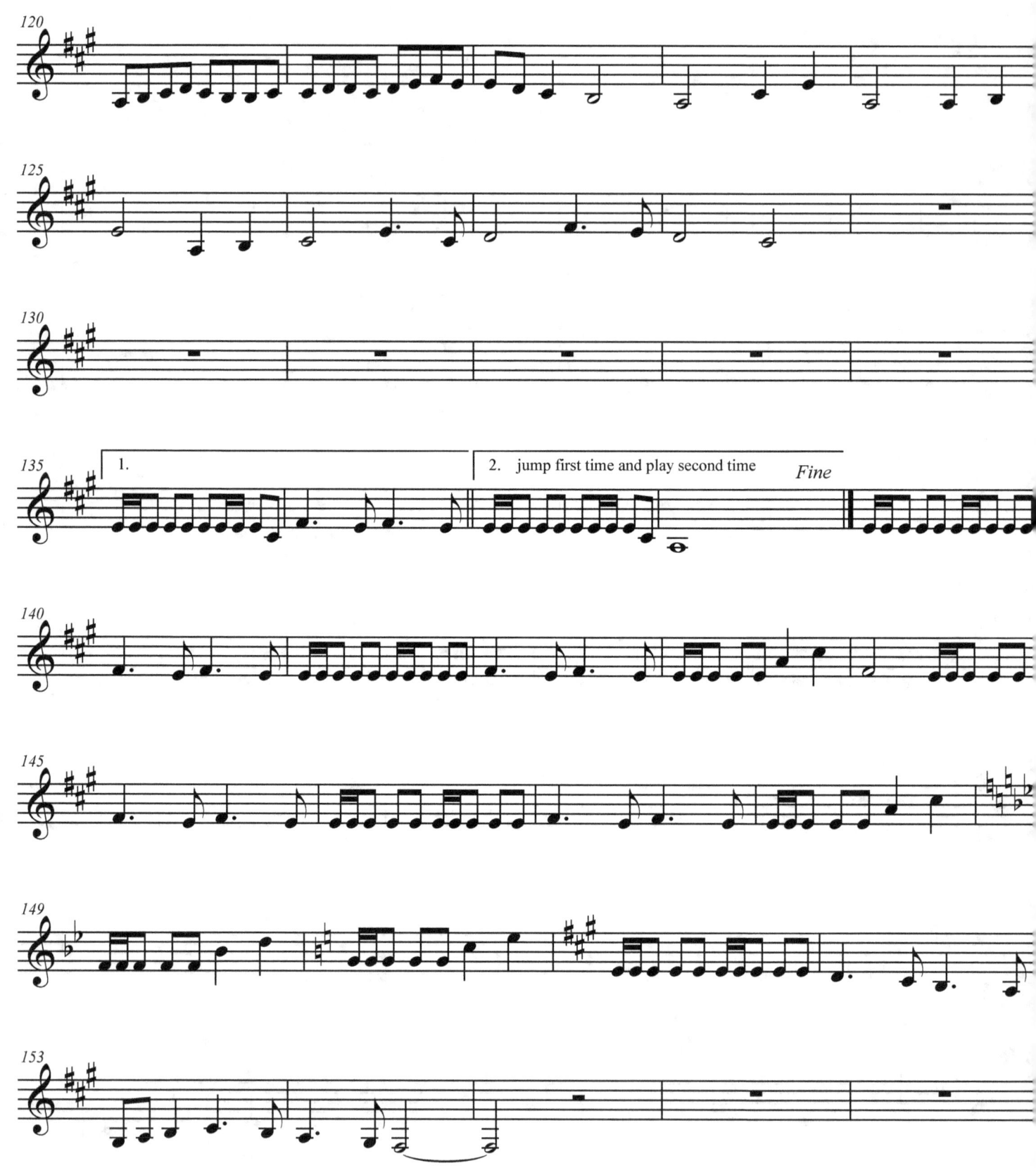

Y

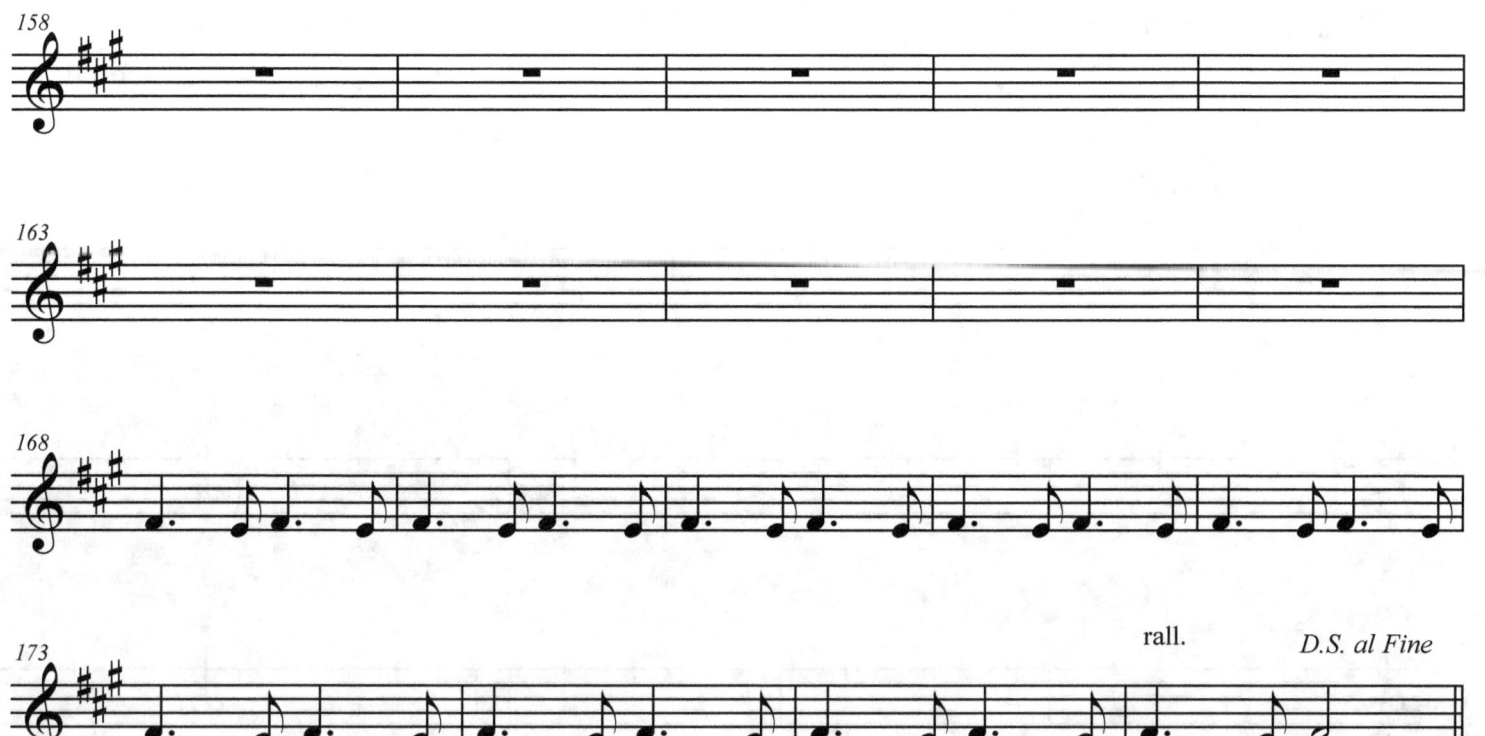

Part 2: Es Alto Sax.

Y sym 1

Joost de Groot

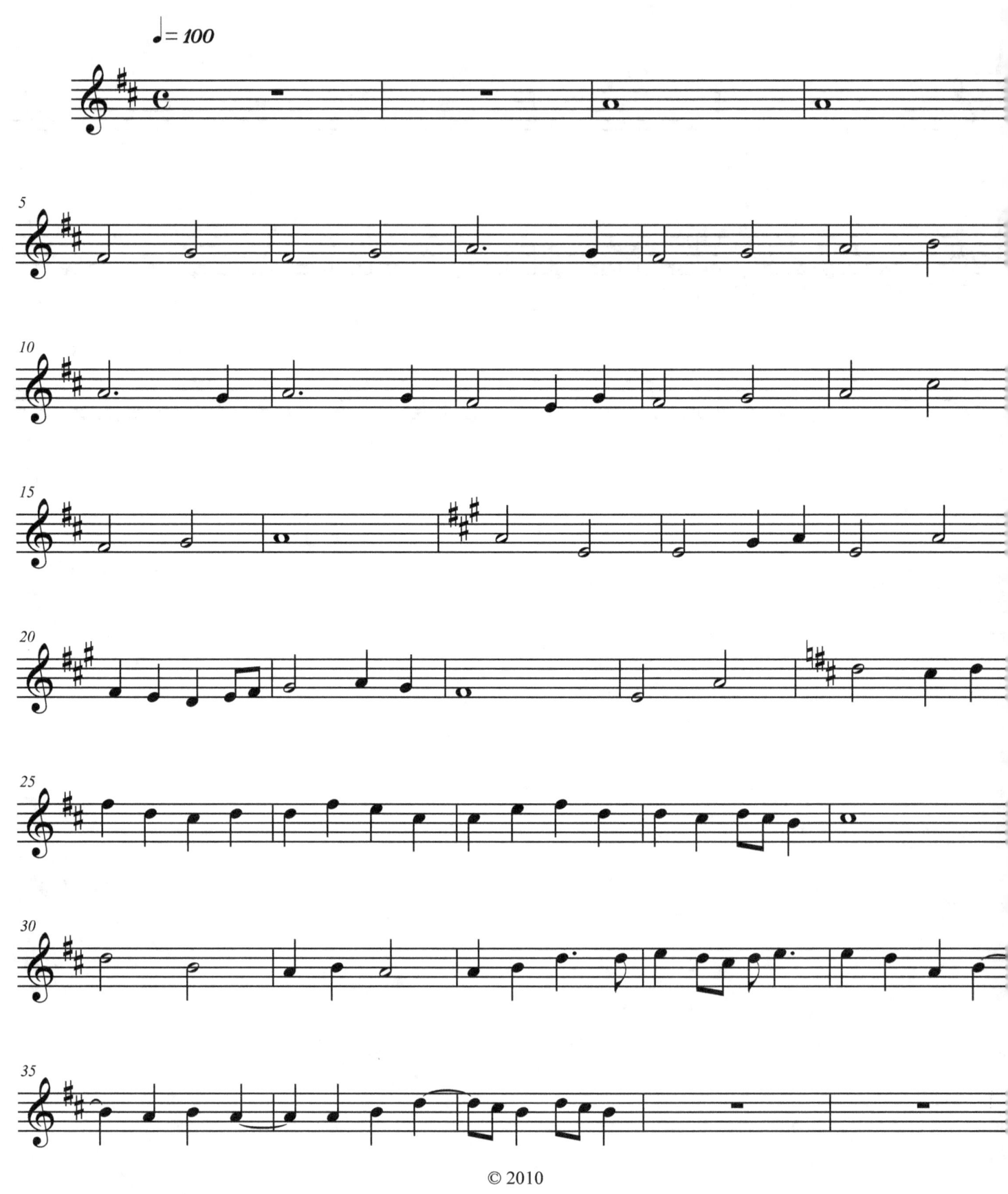

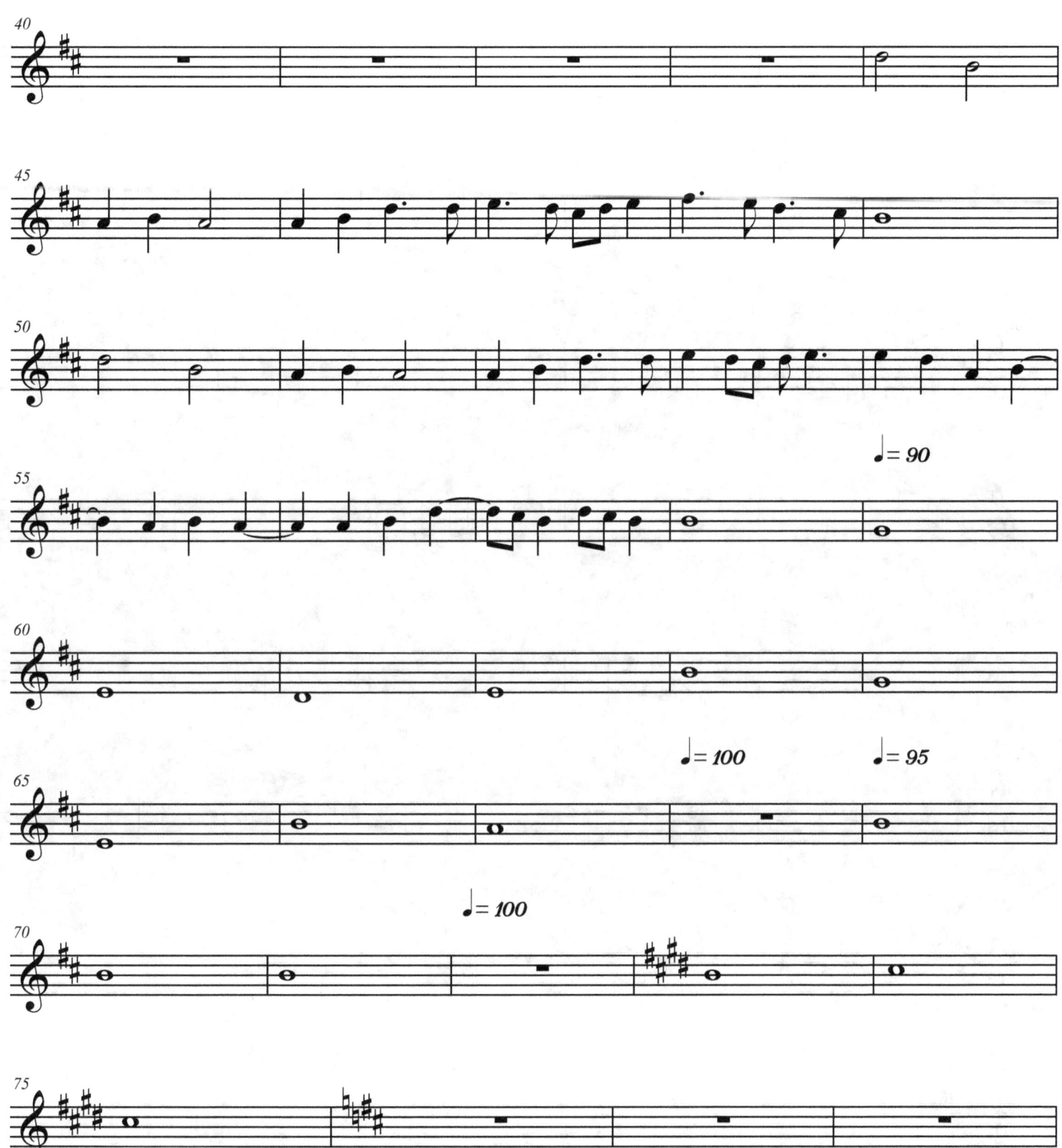

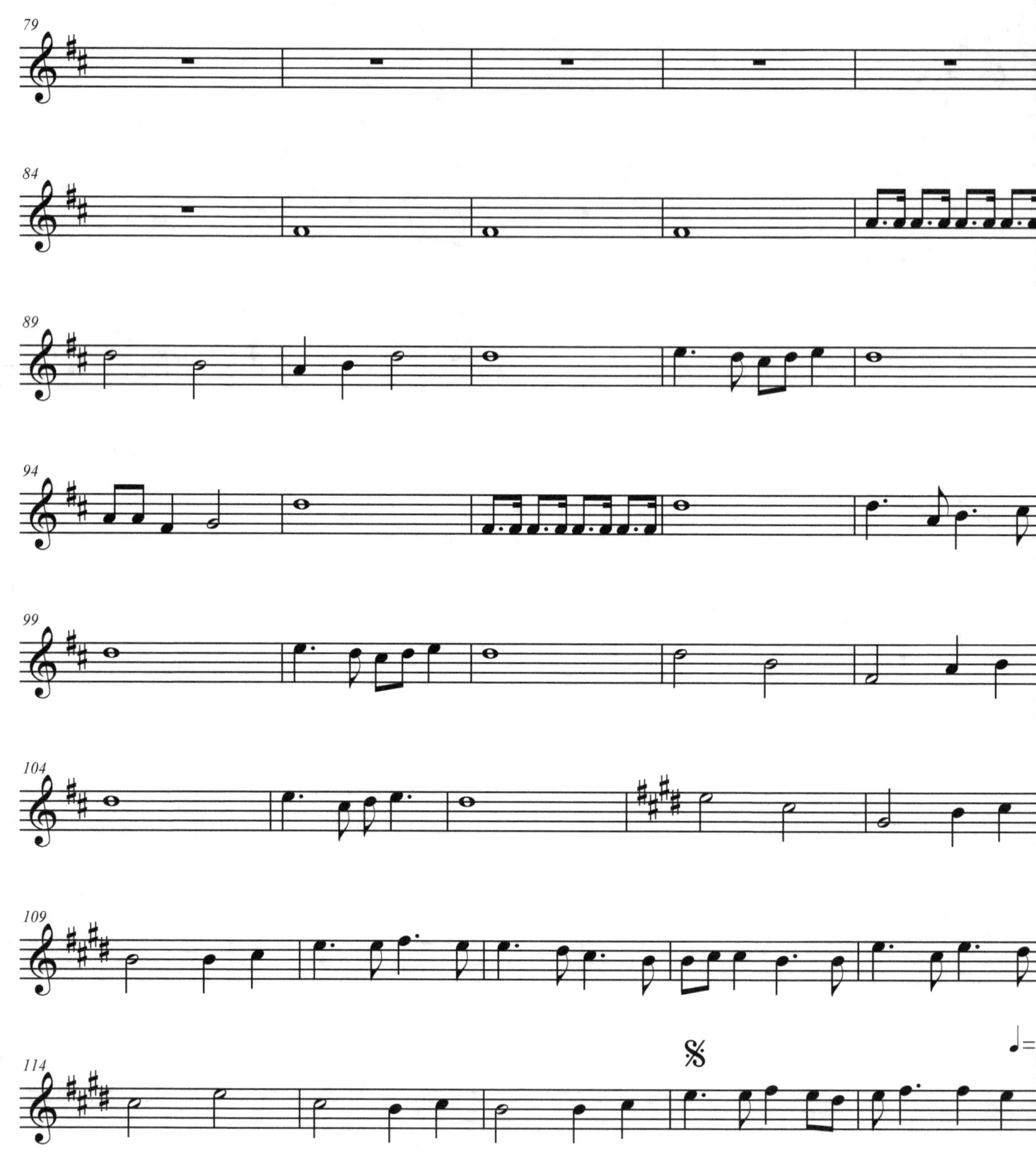

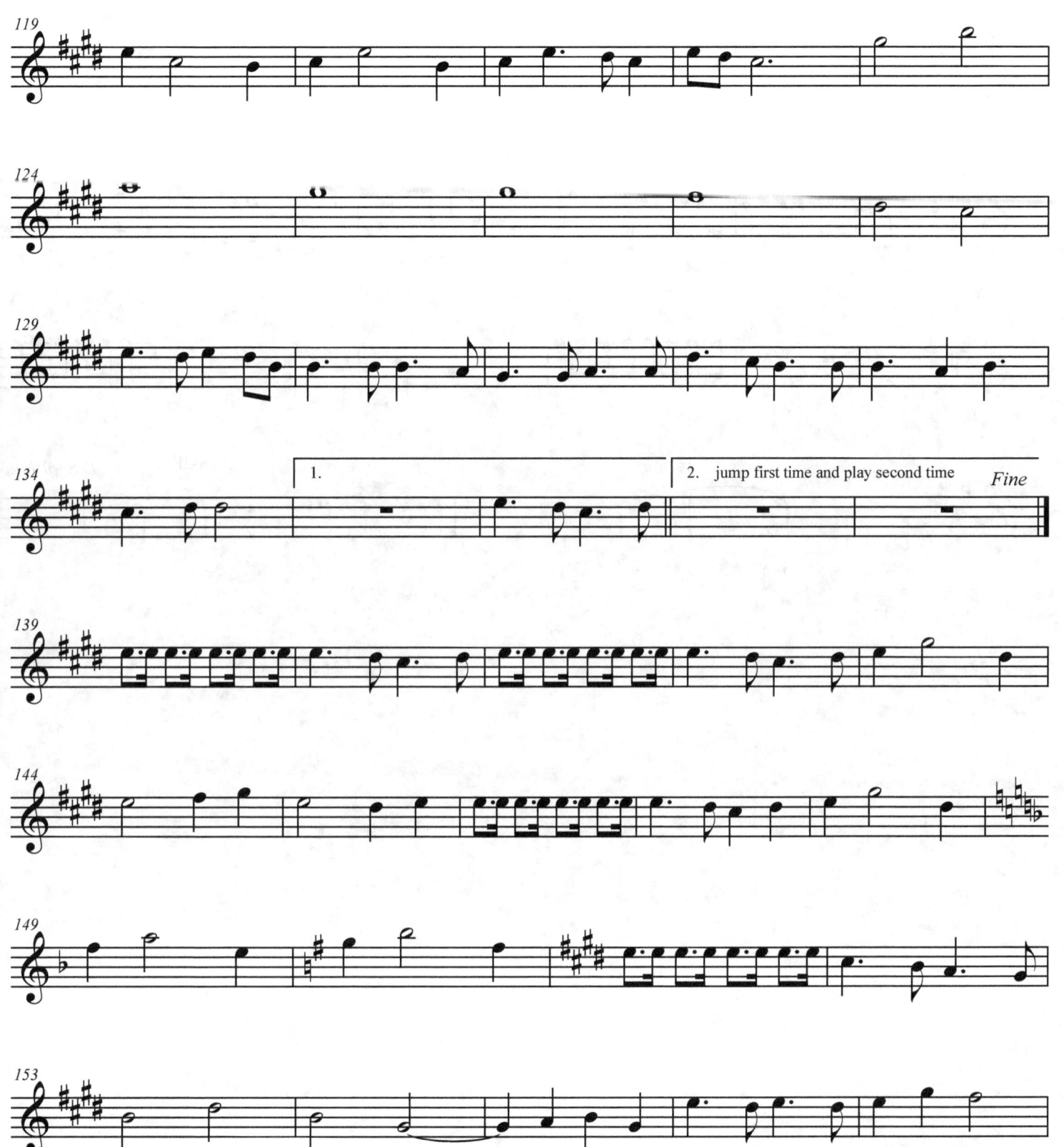

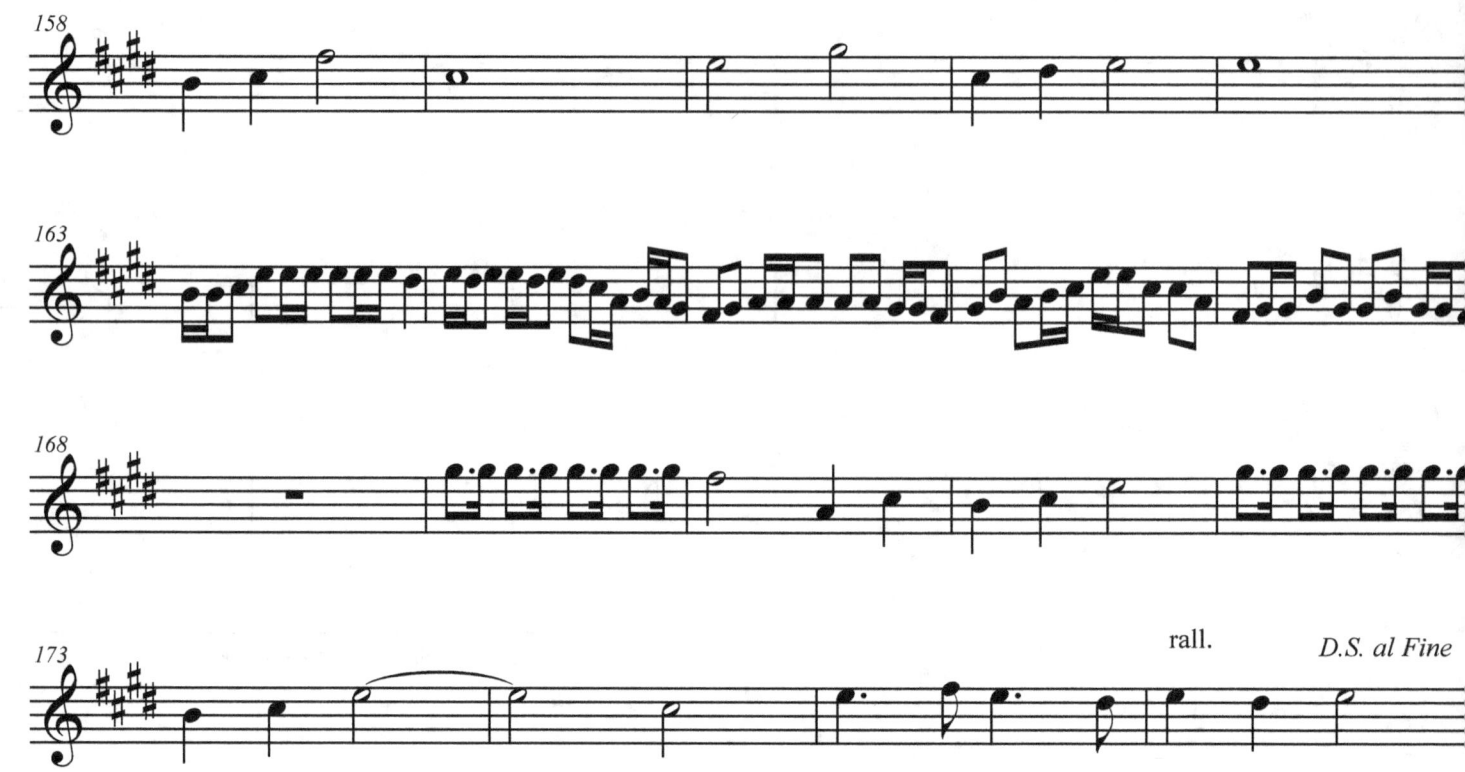

Y sym 1

Part 3: Bes Tenor Sax.

Joost de Groot

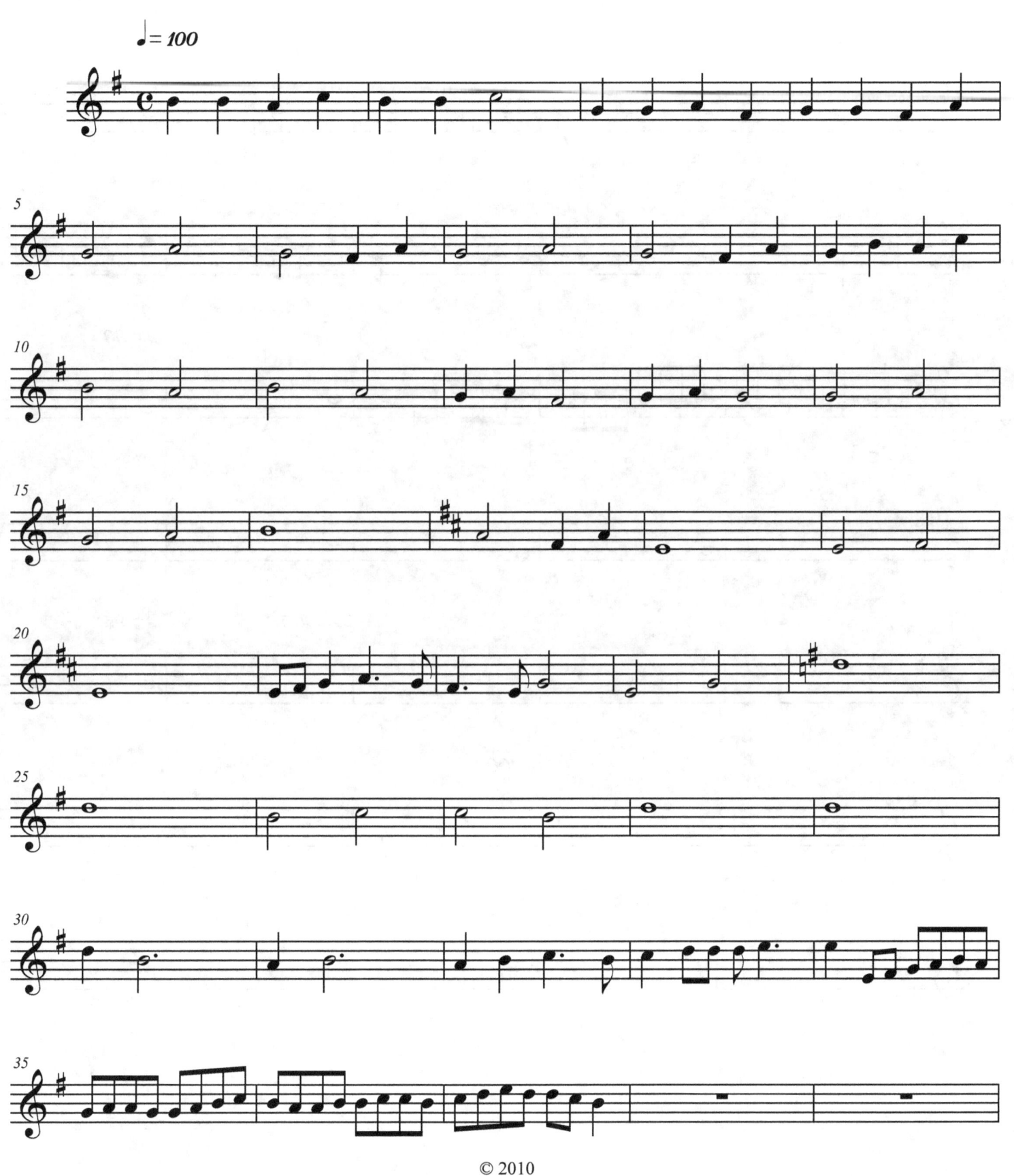

© 2010

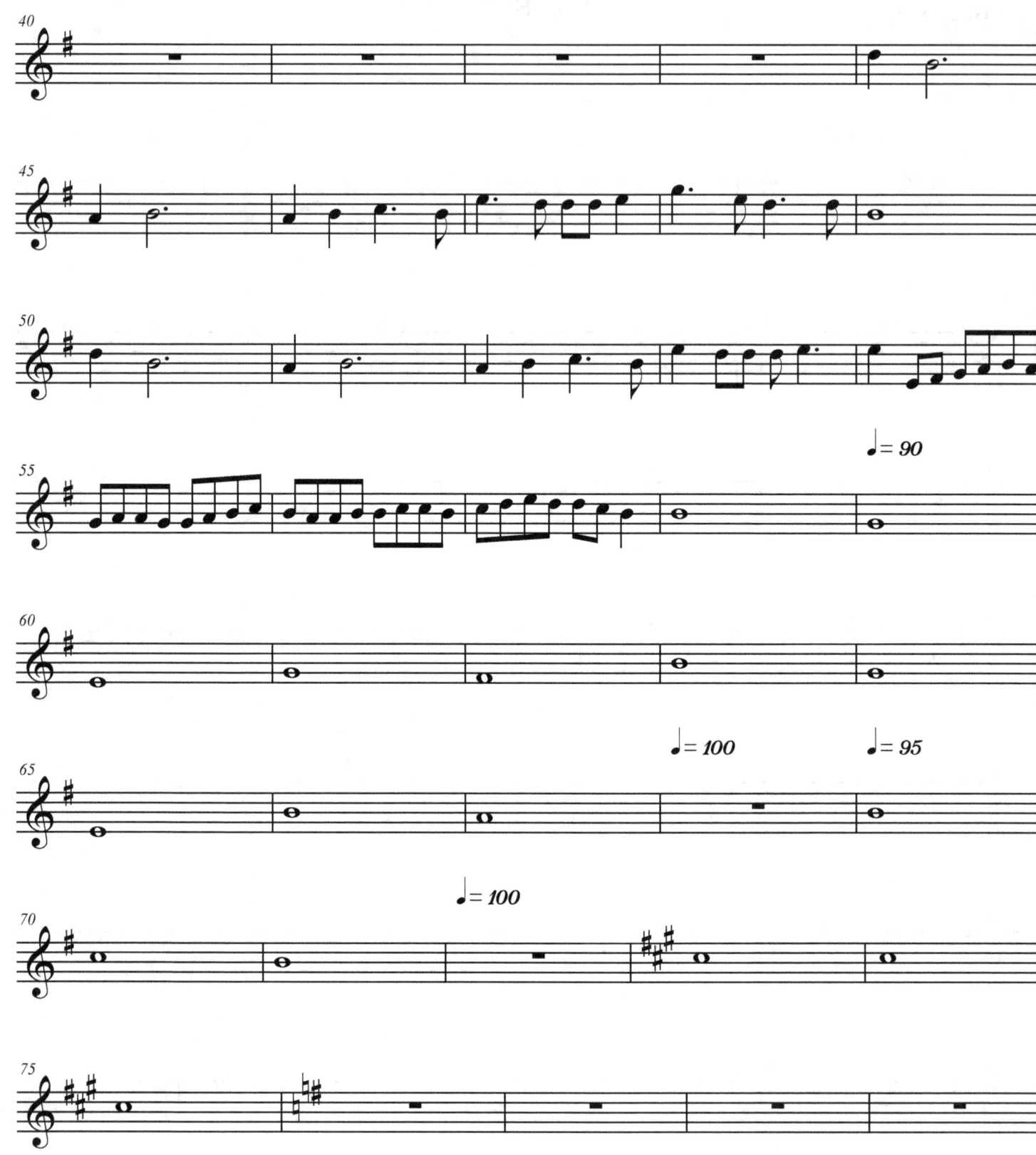

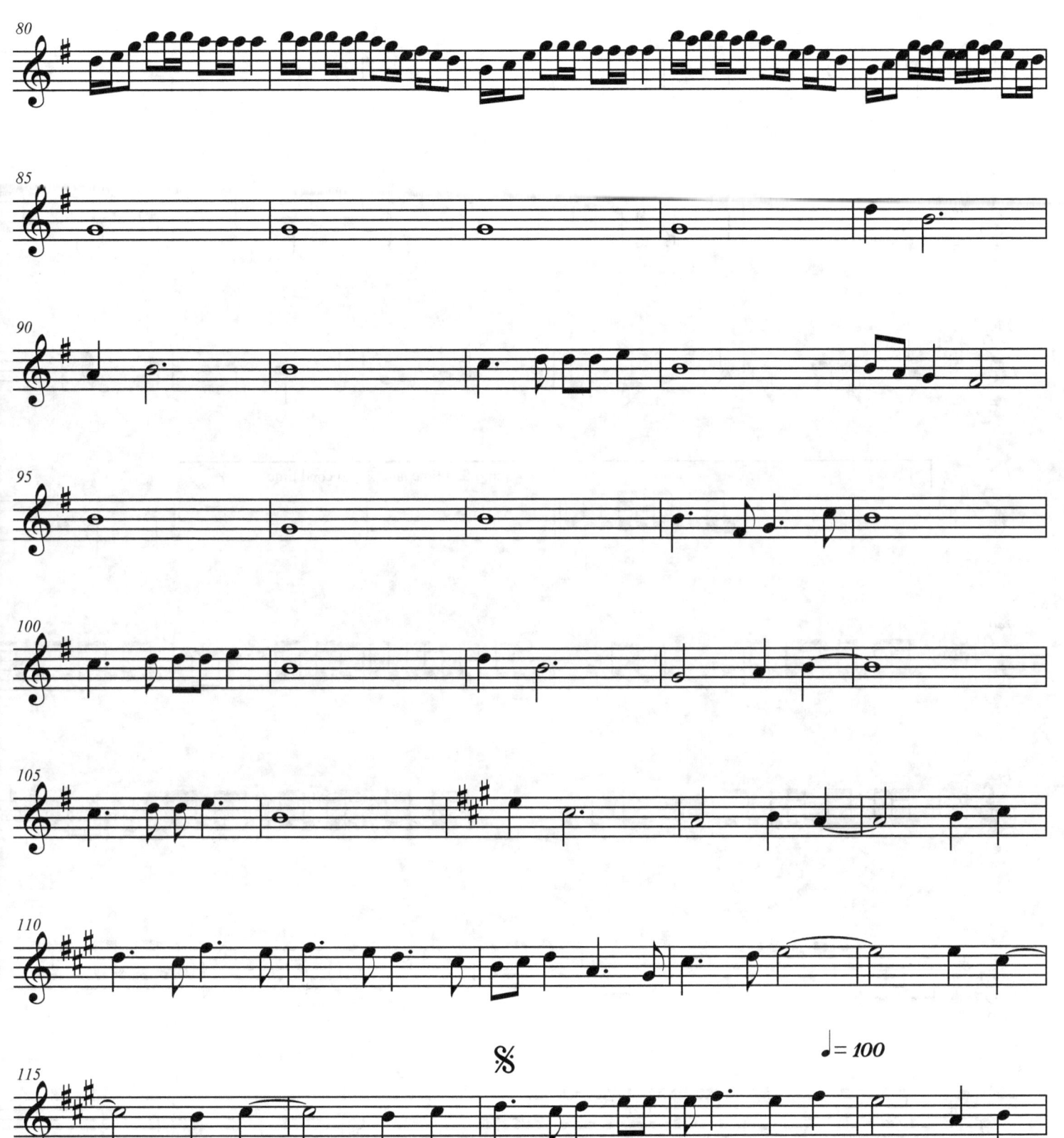

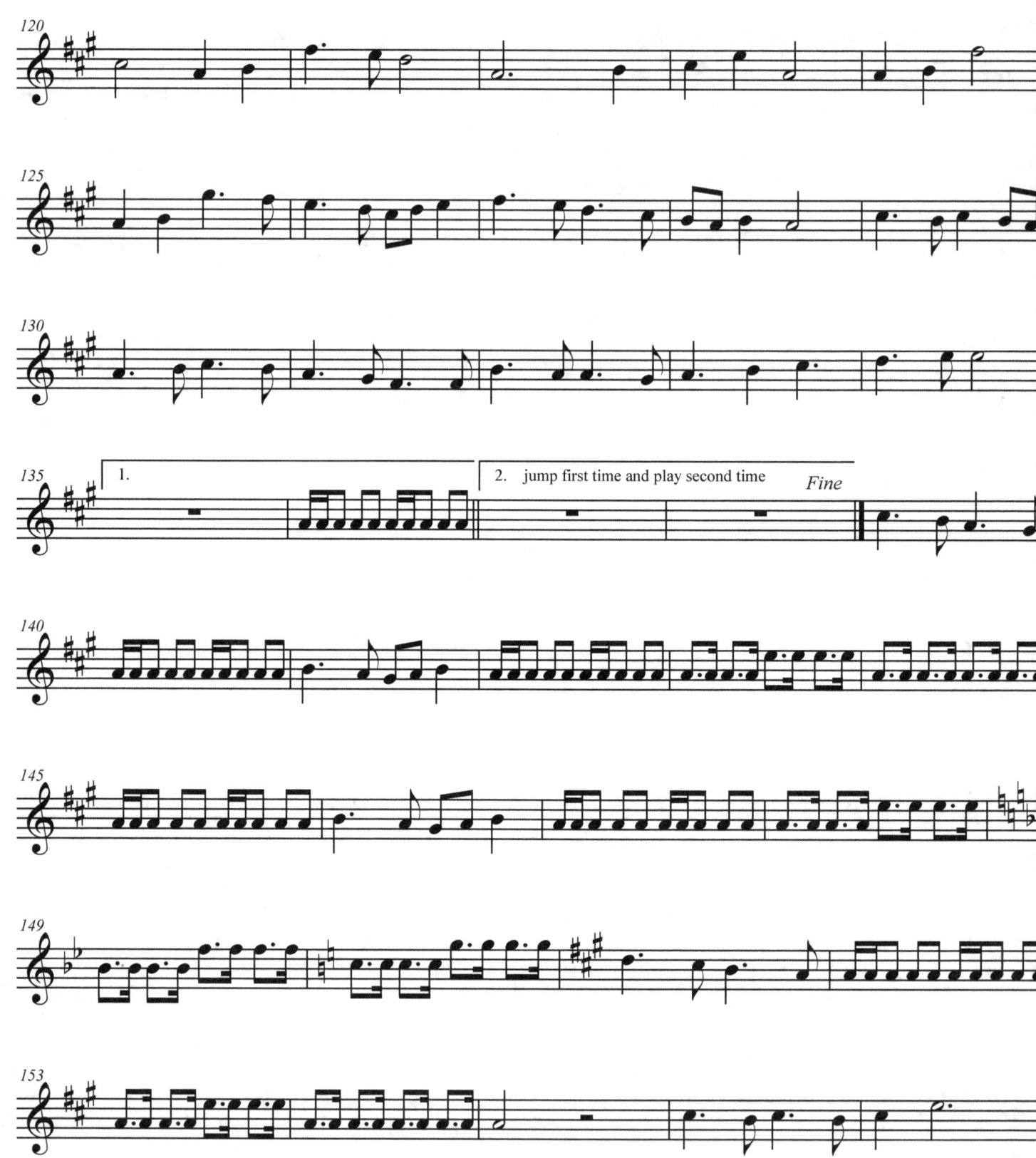

Y

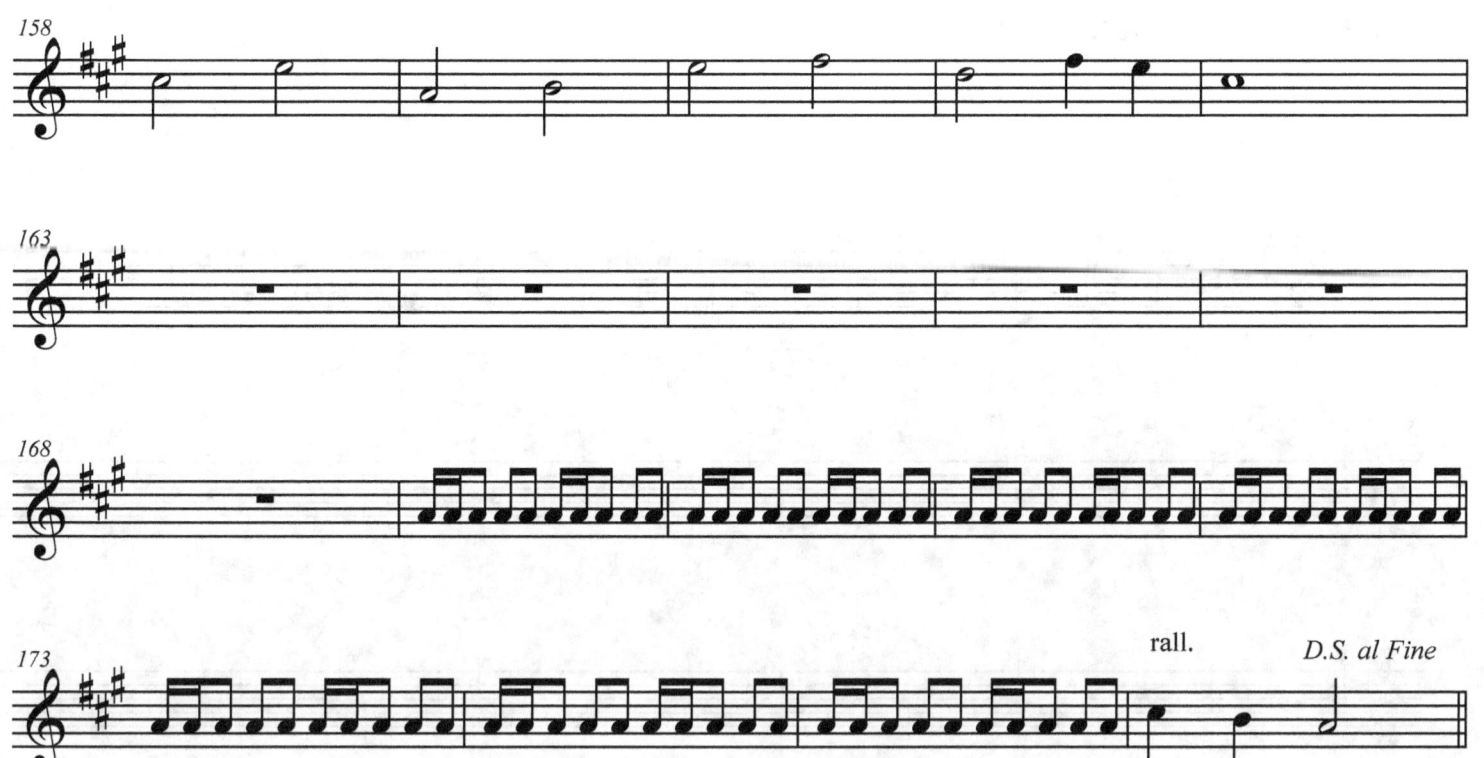

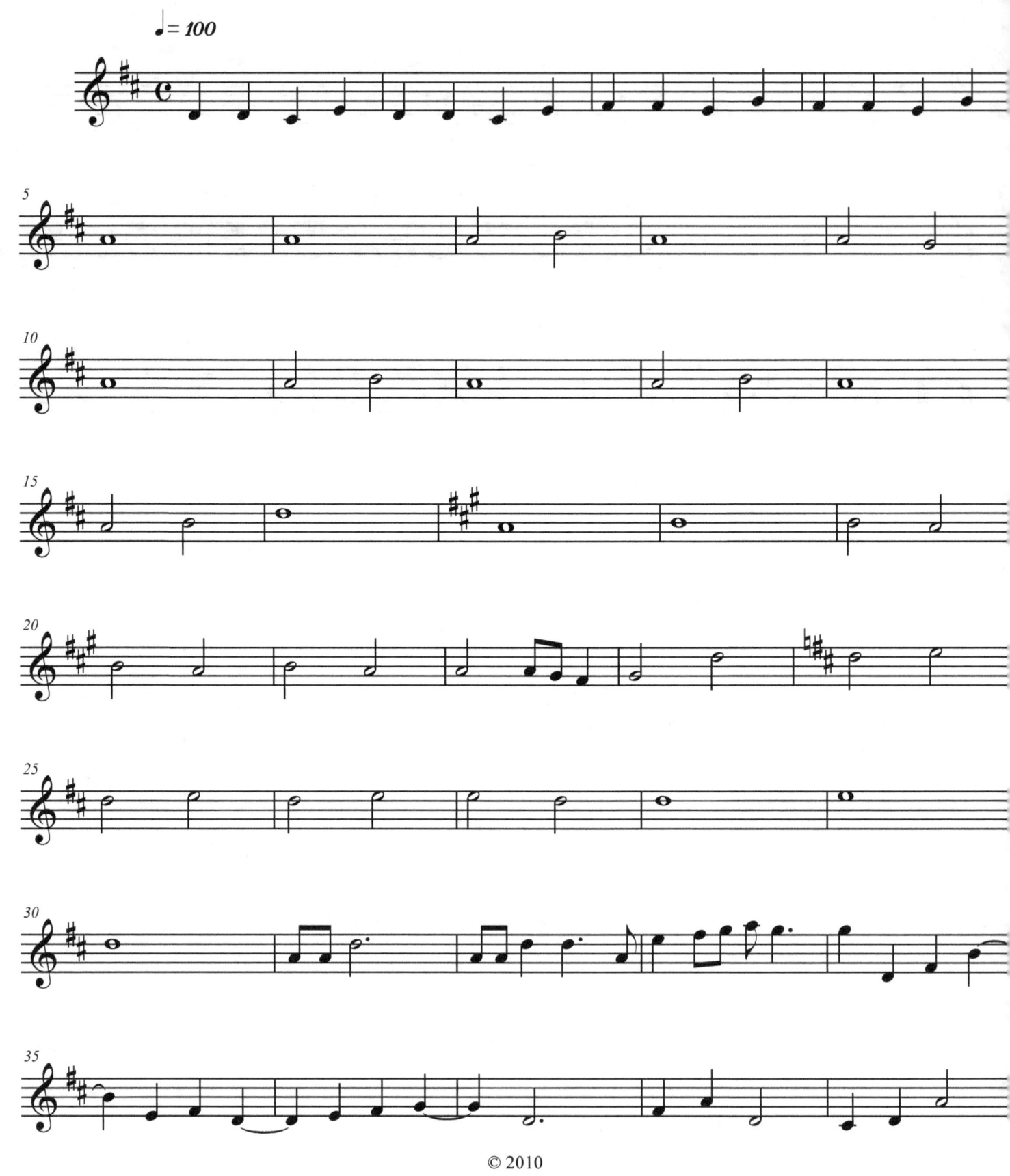

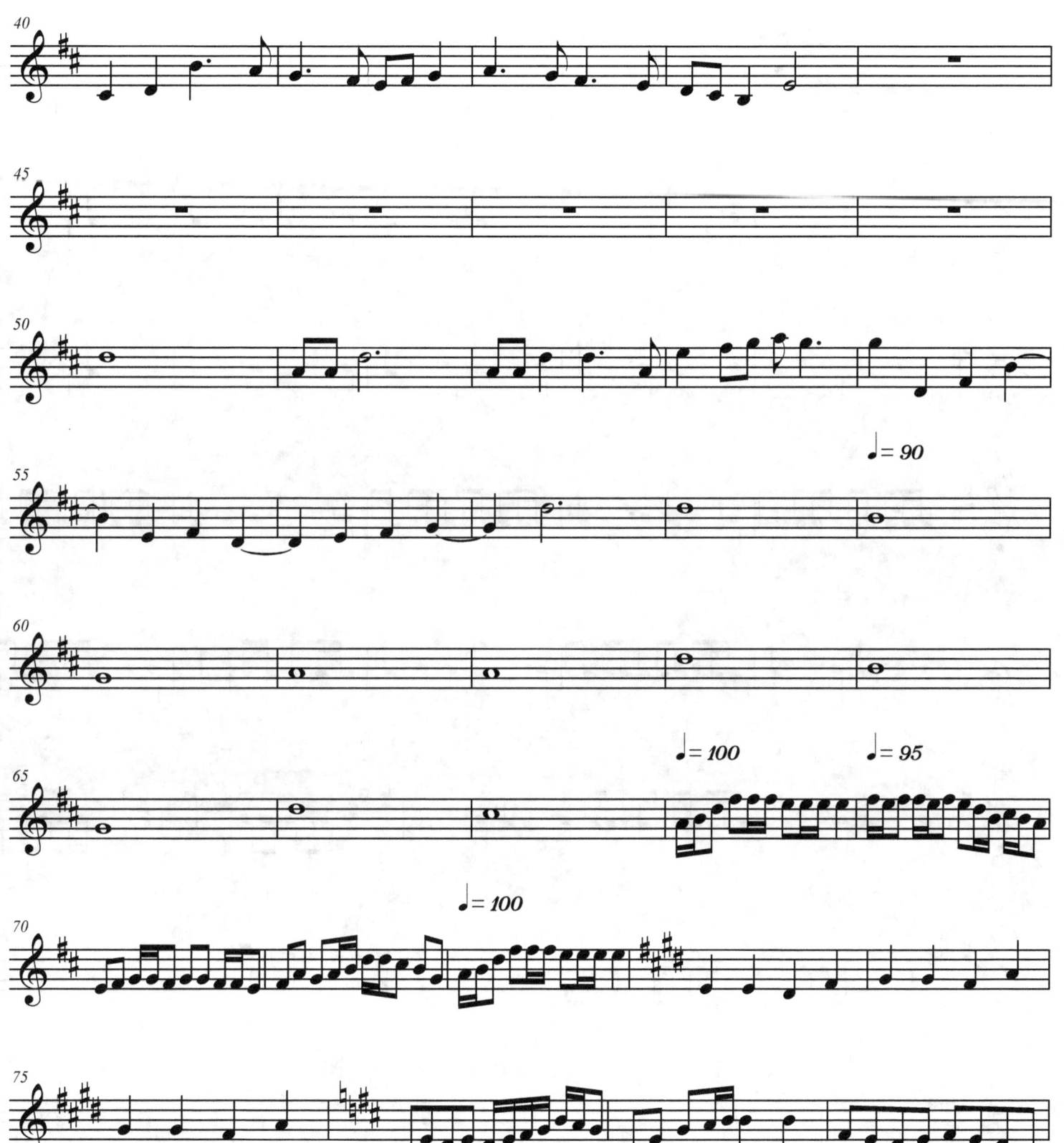

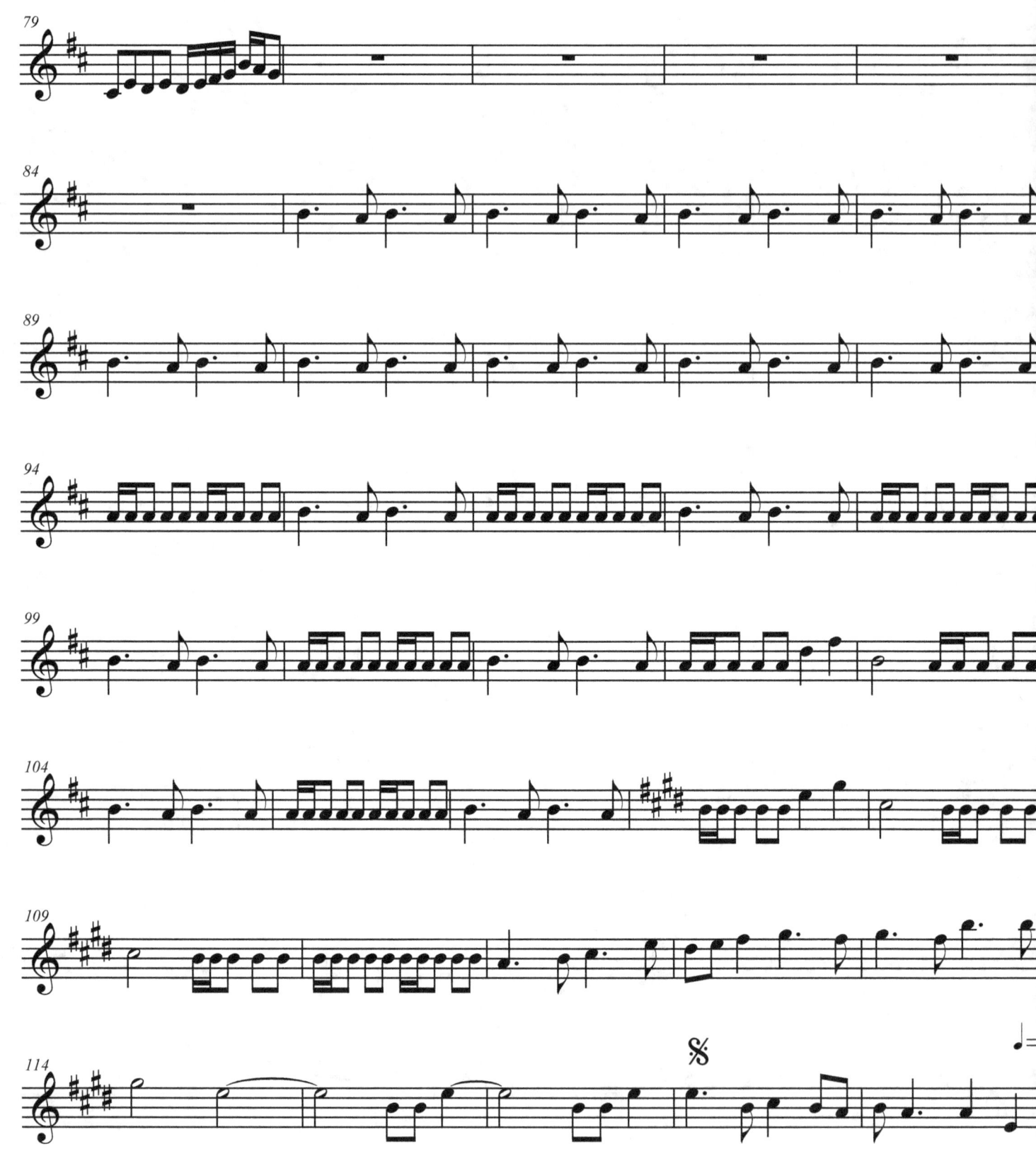

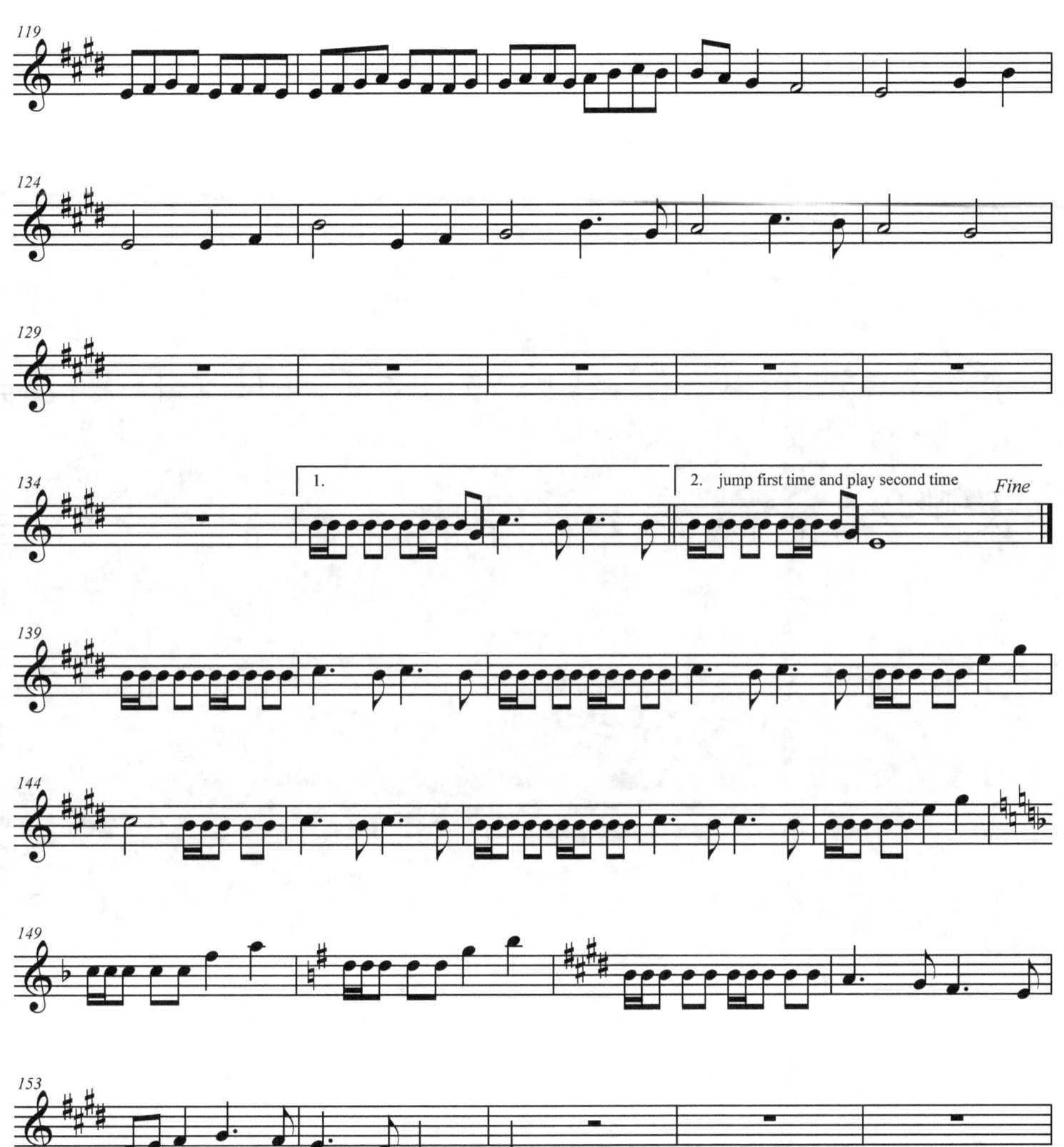

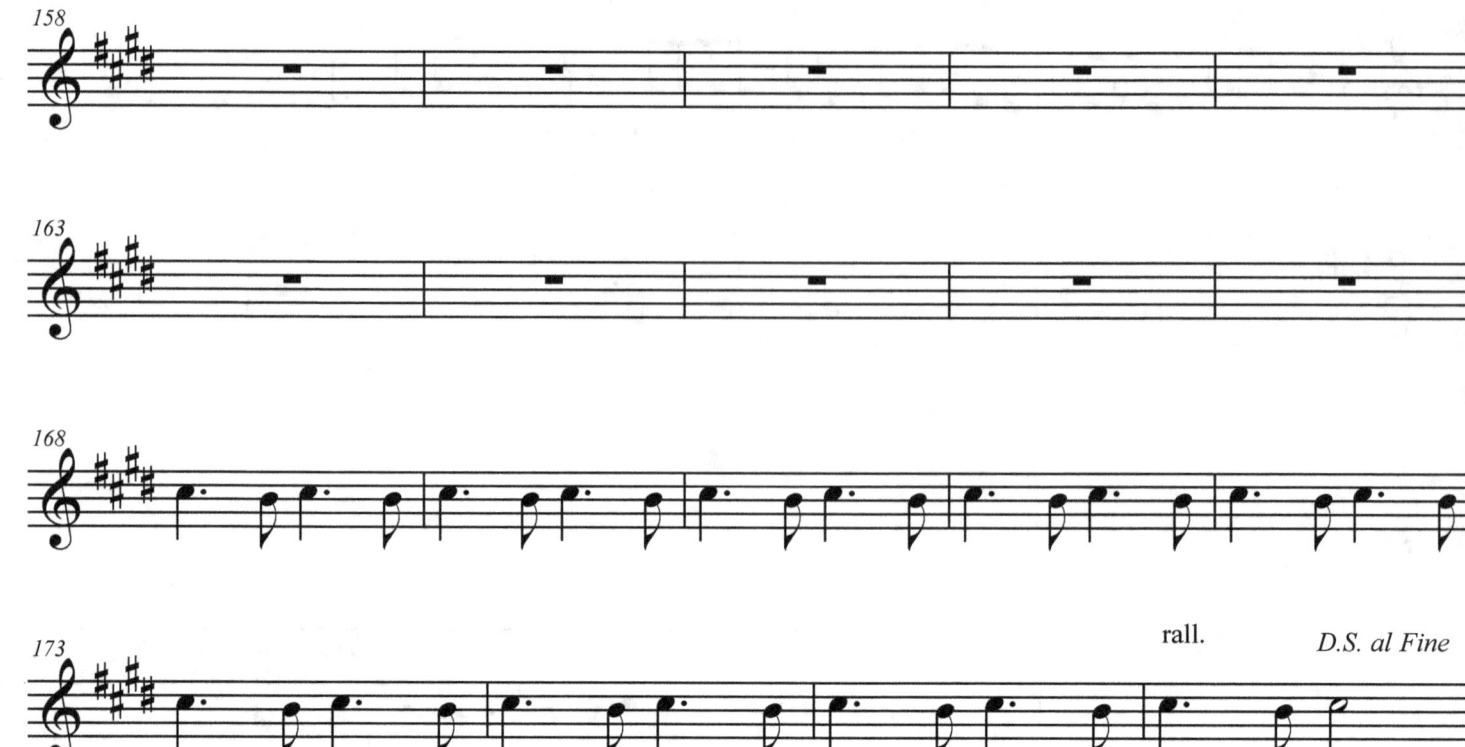

Y sym 1

Part 1: Bes Trumpet 1

Joost de Groot

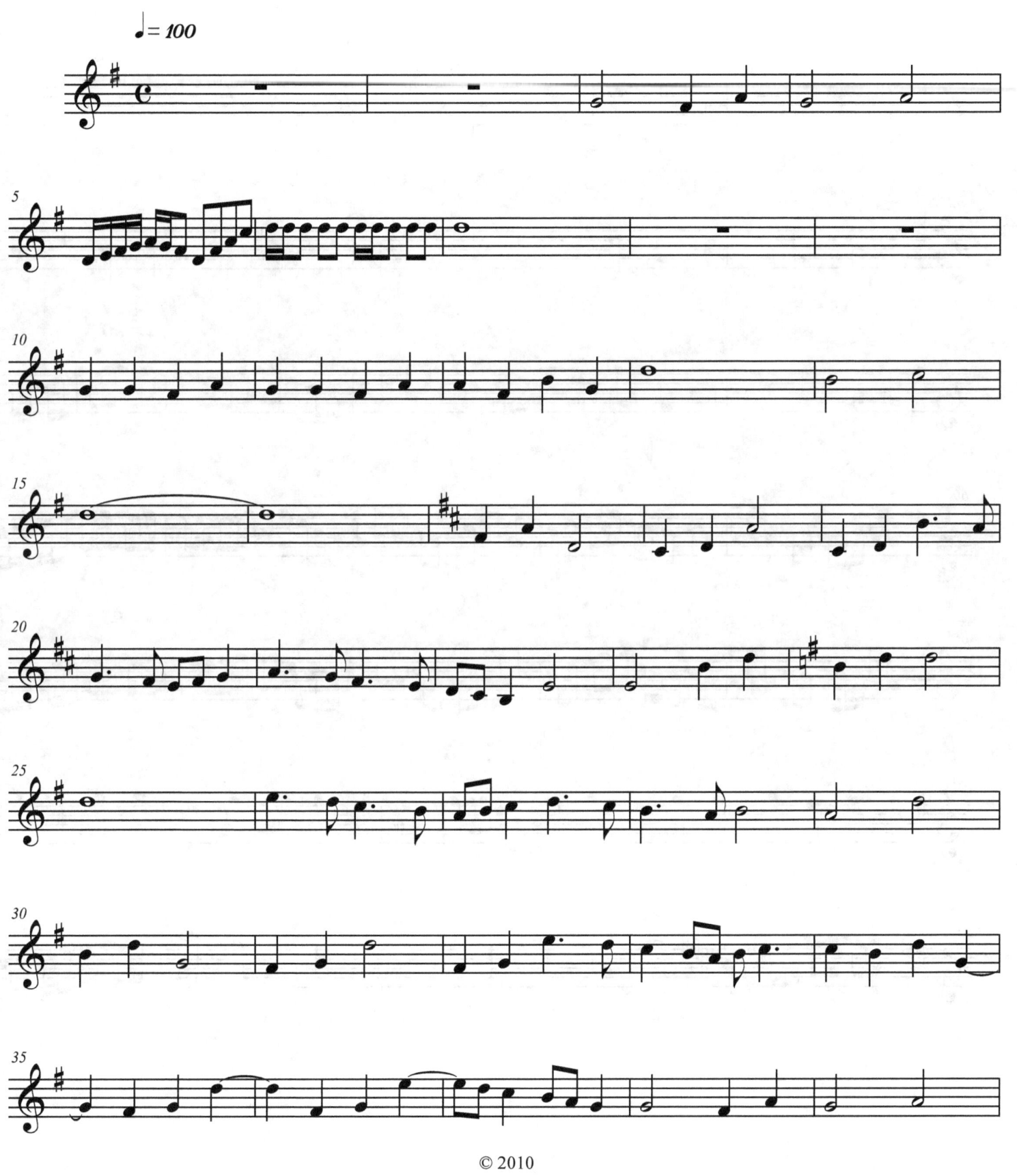

© 2010

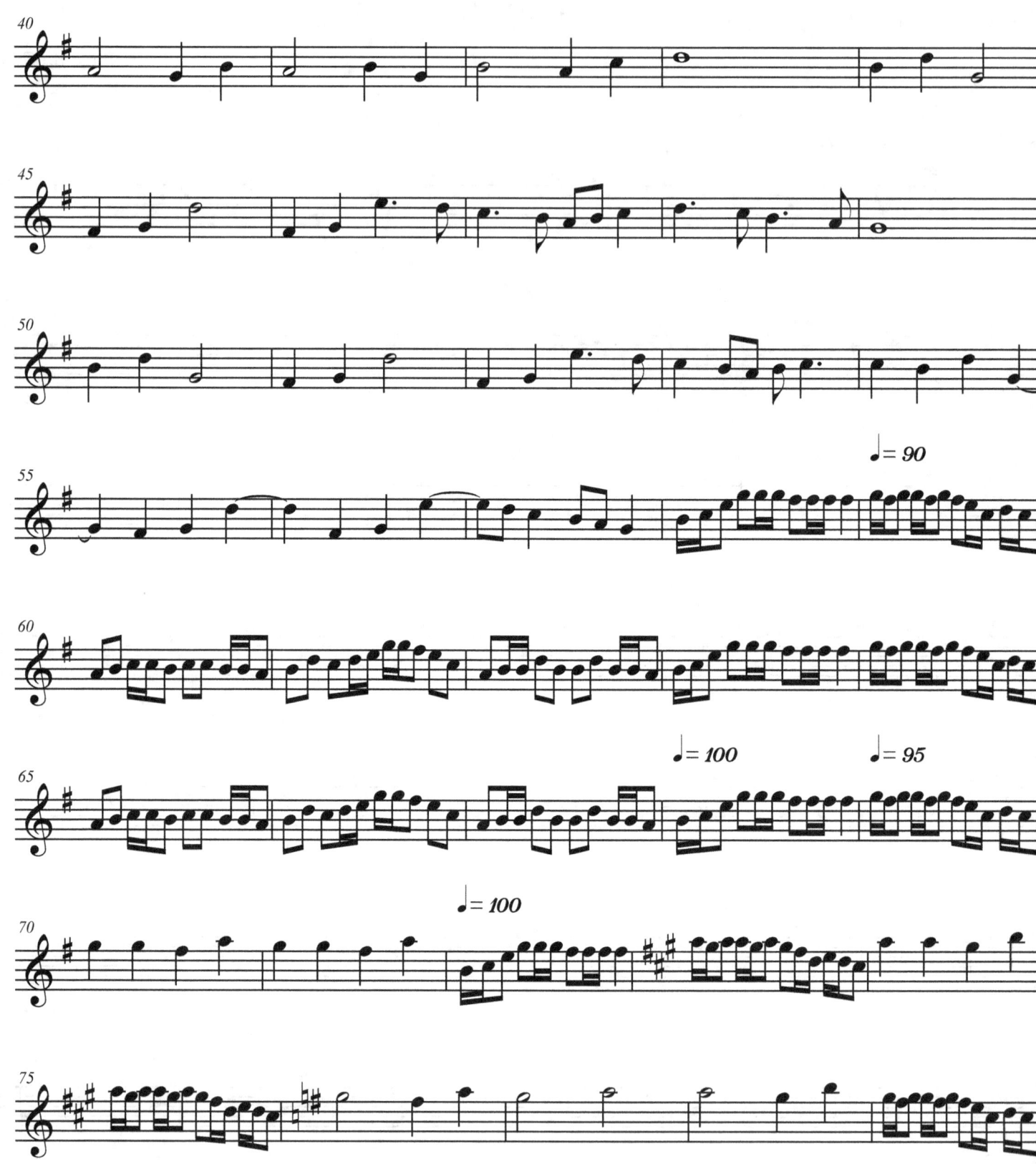

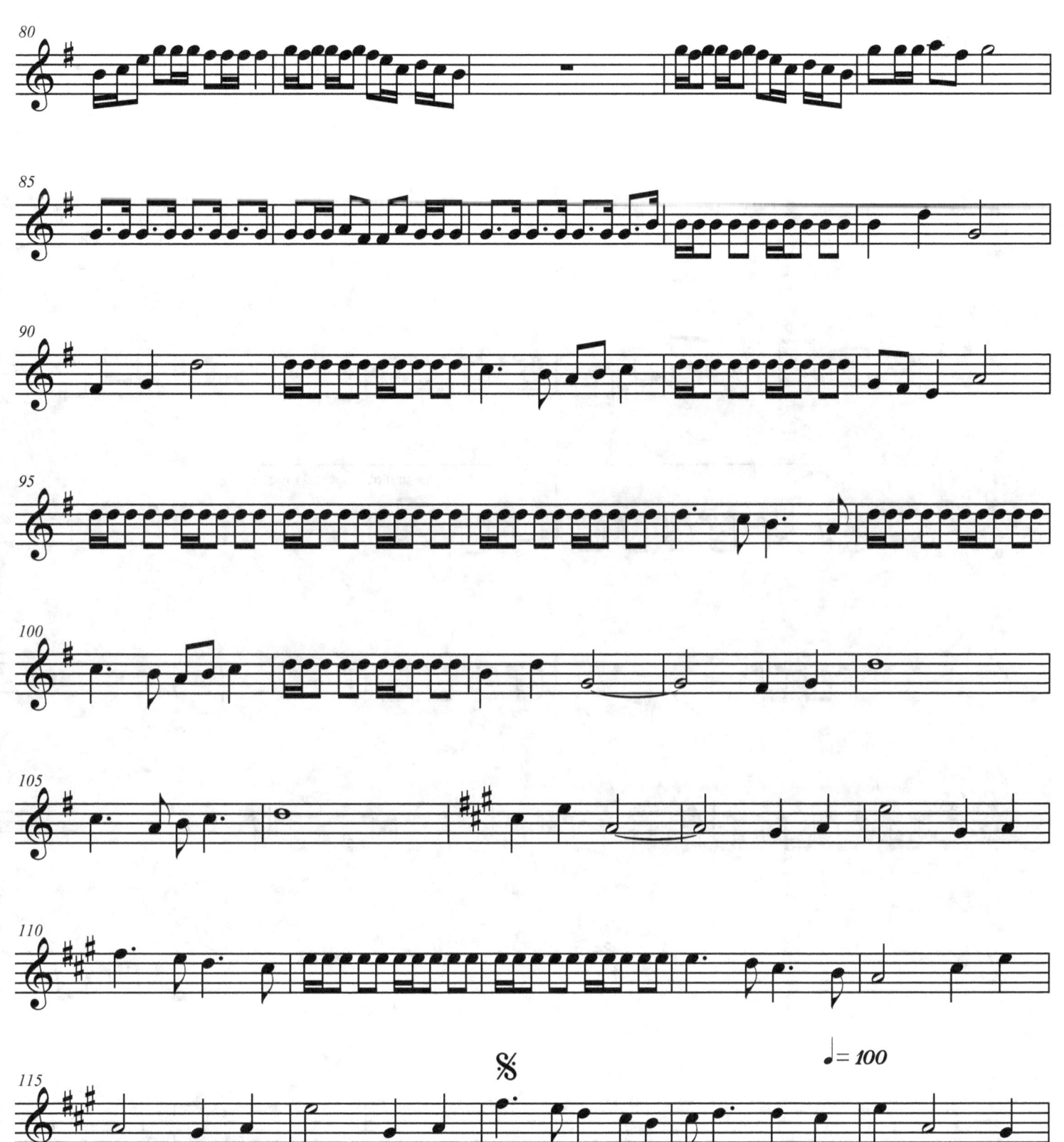

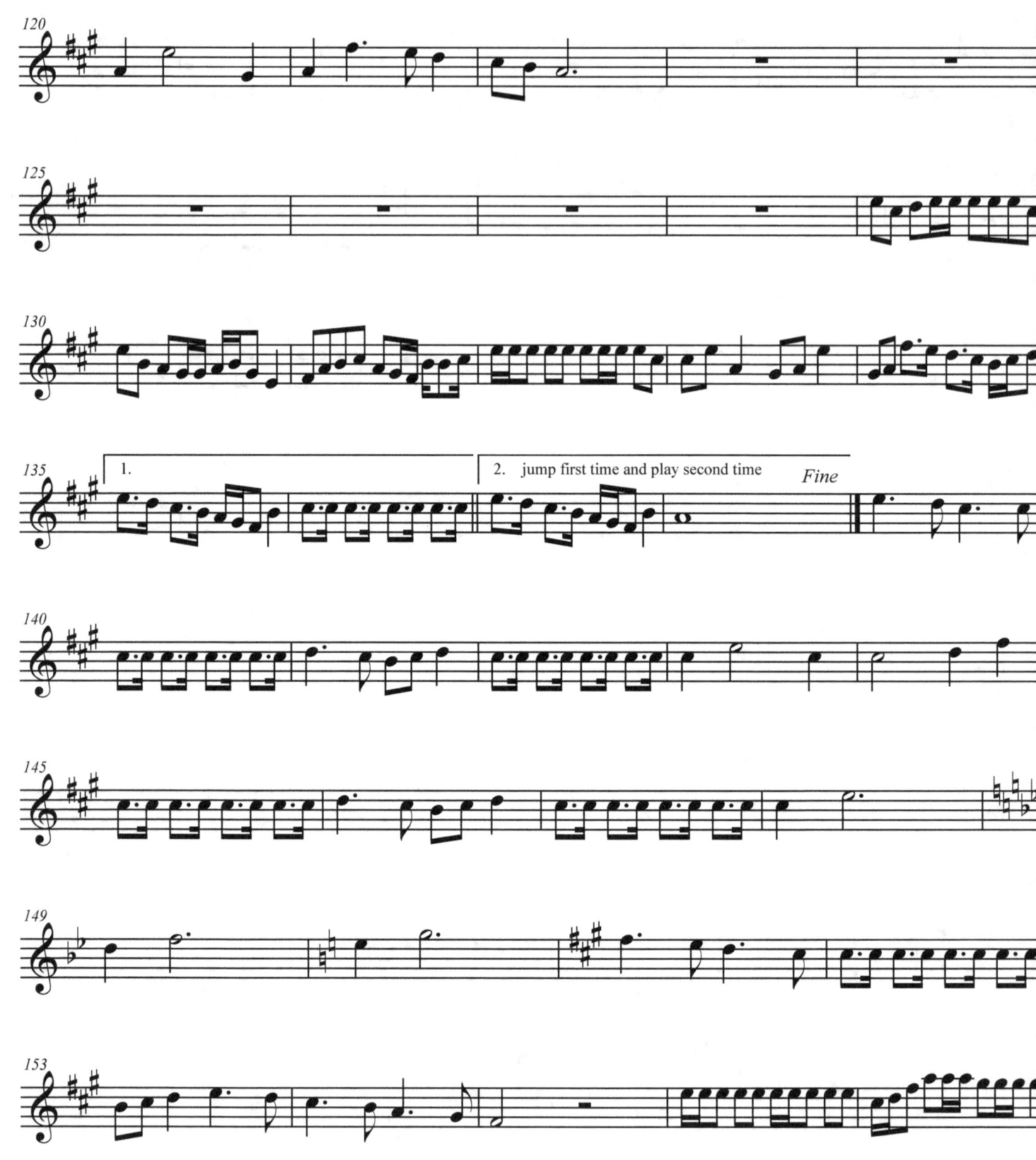

Y

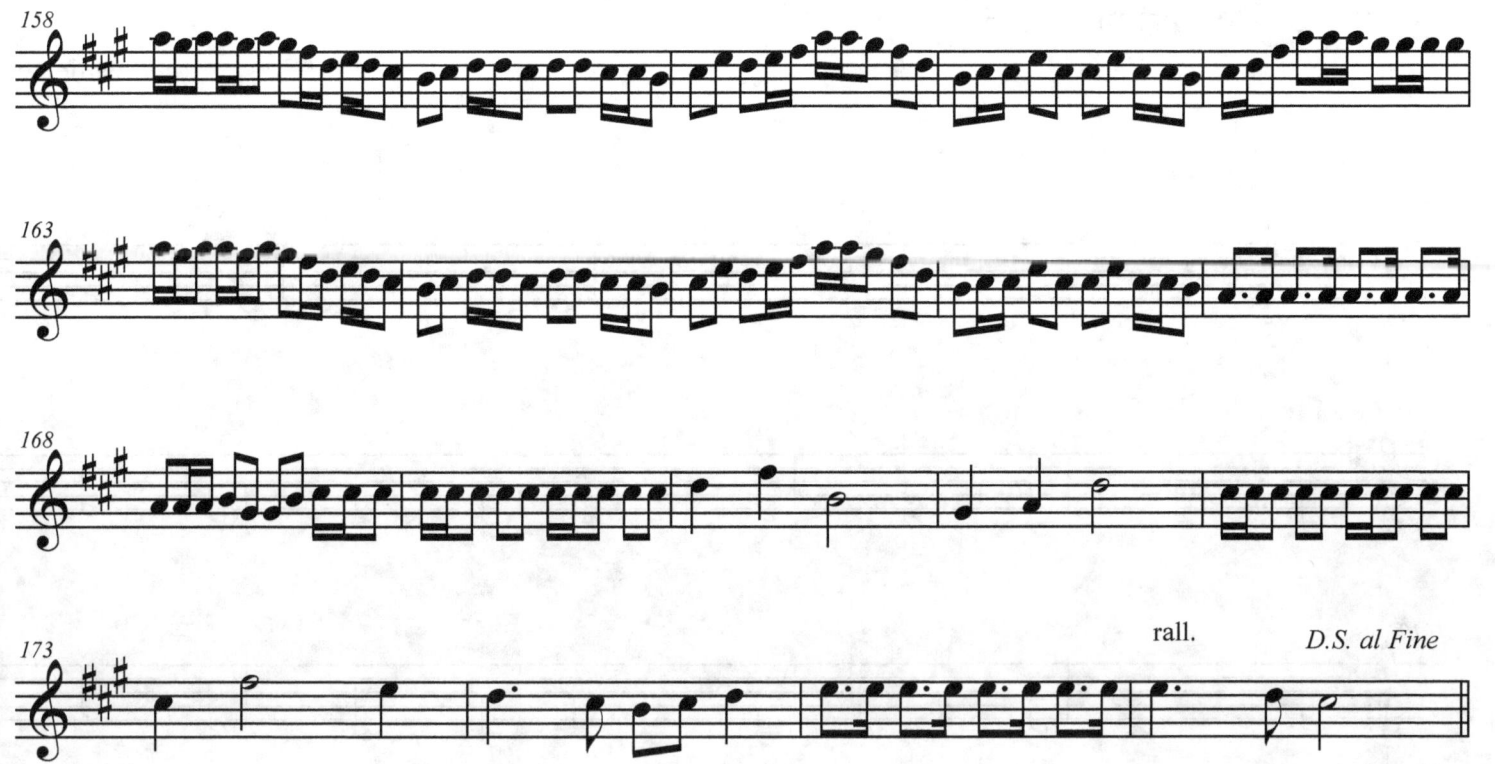

Y sym 1

Part 2: Bes Trumpet 2 + 3

Joost de Groot

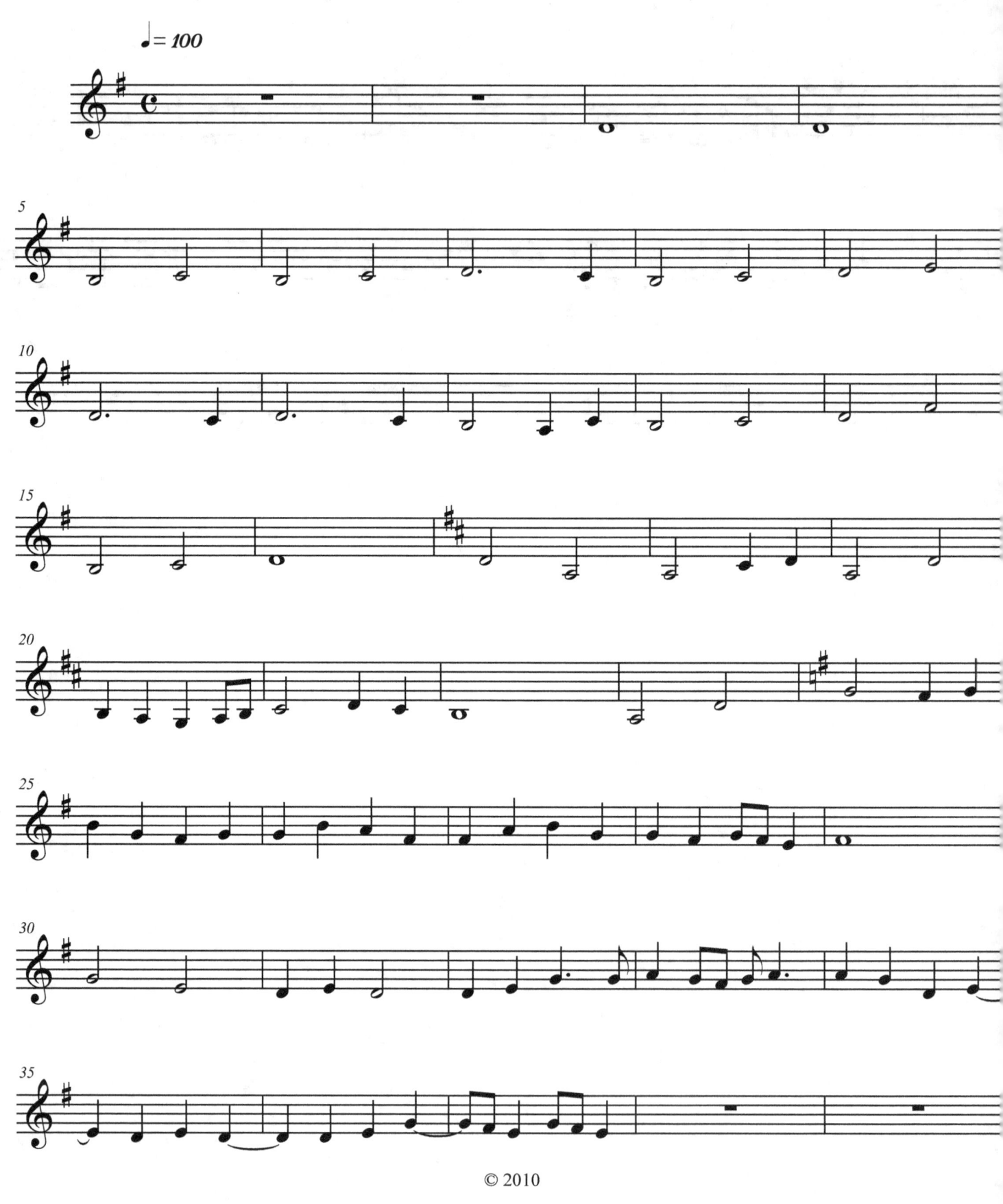

© 2010

Y

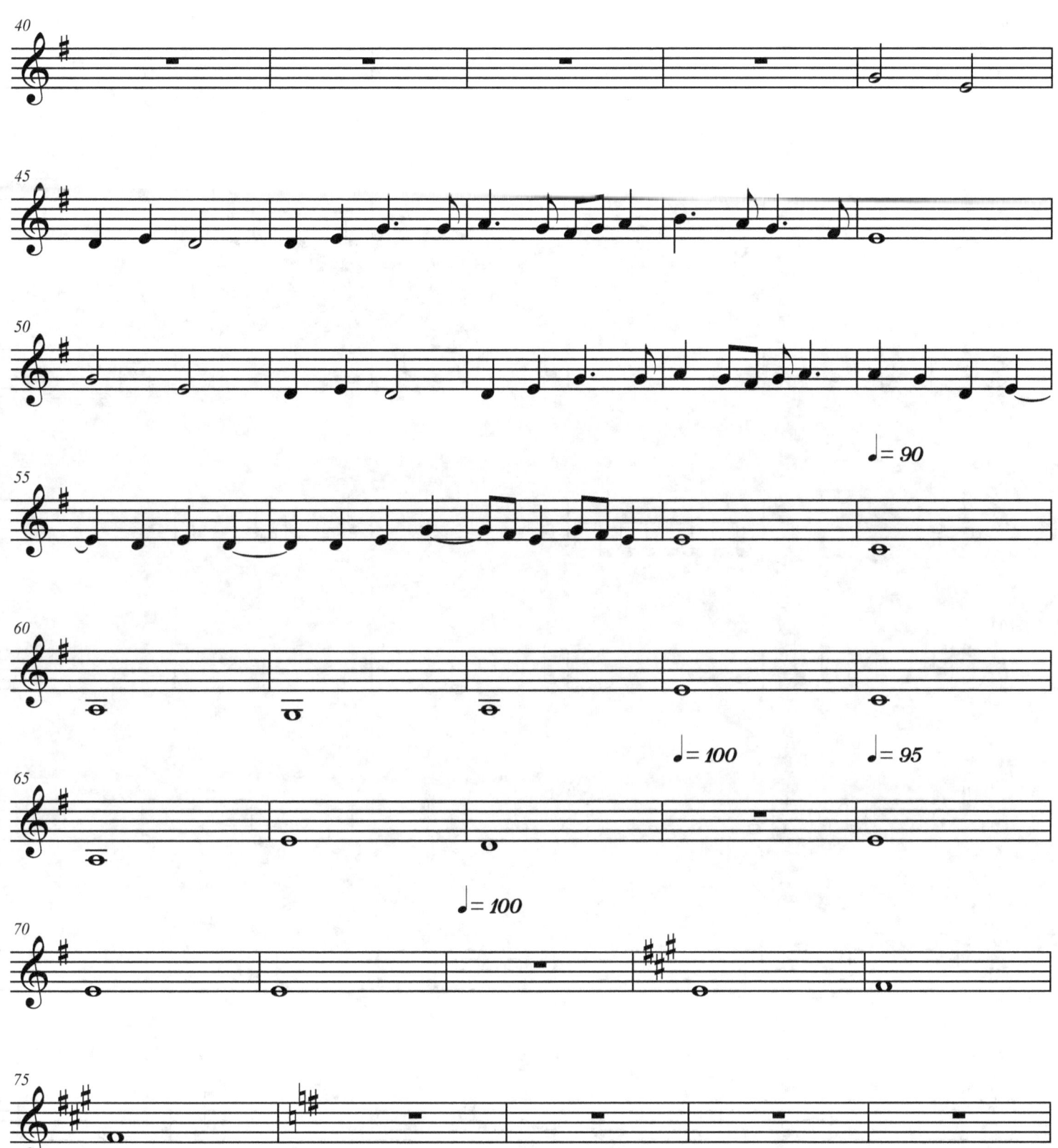

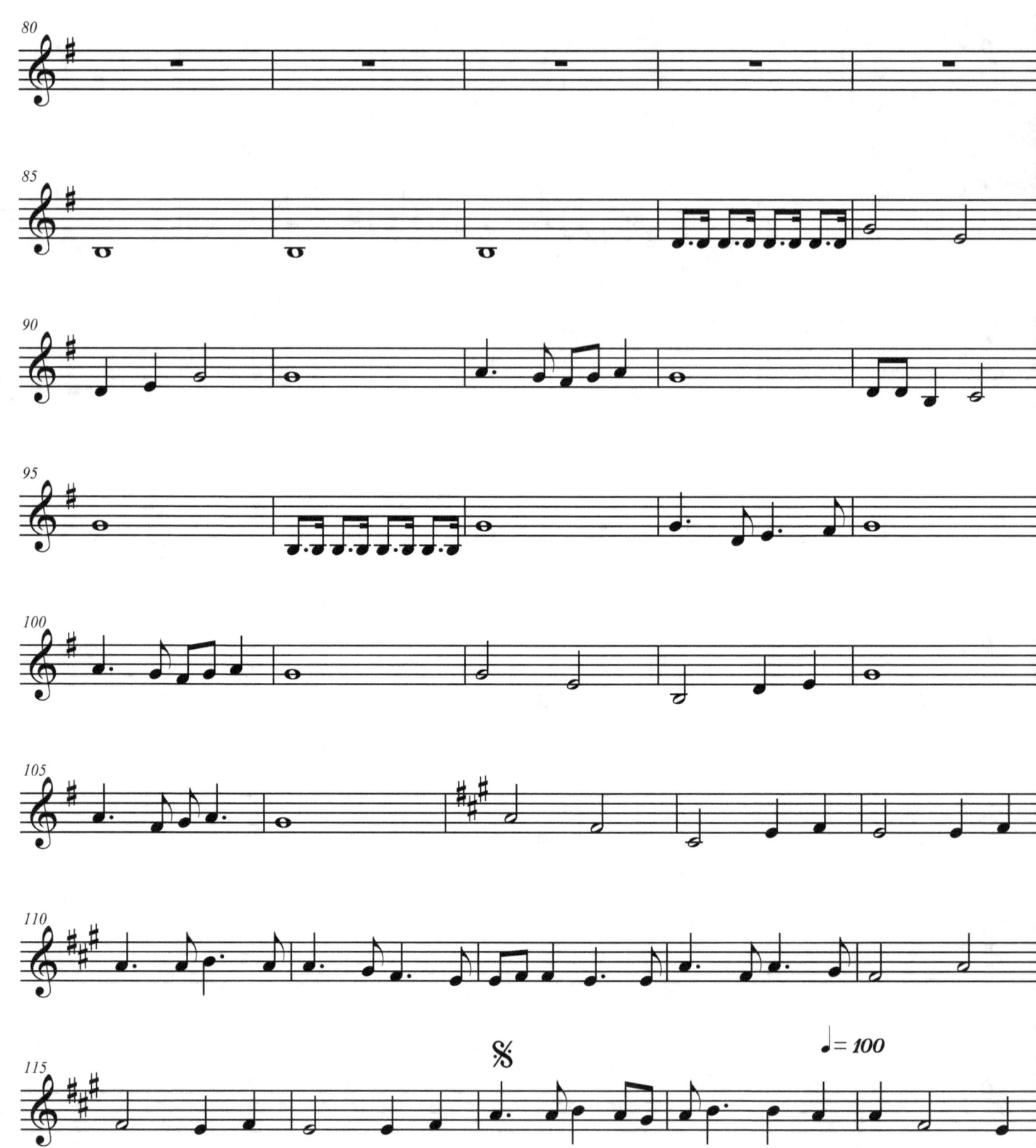

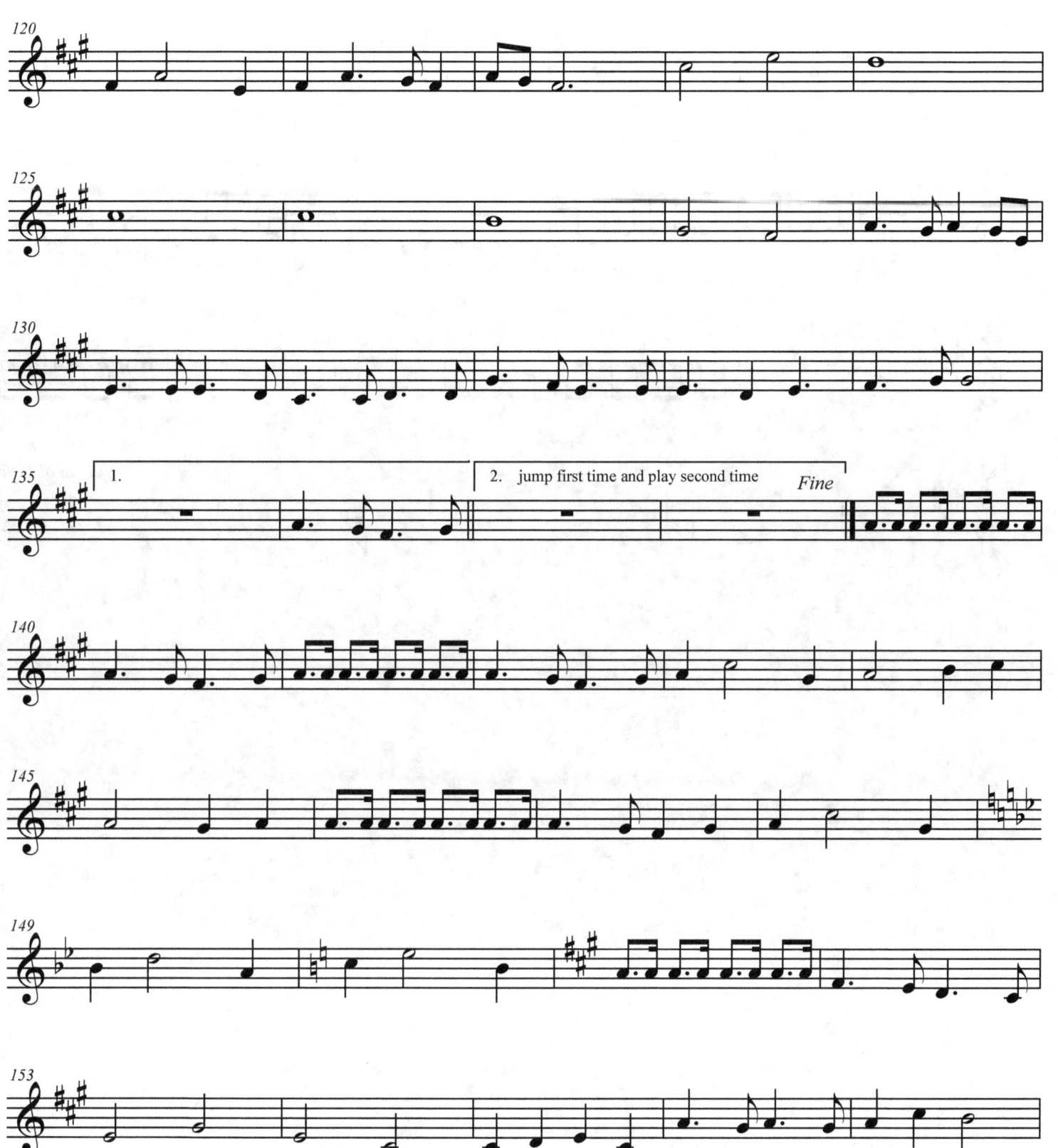

Y

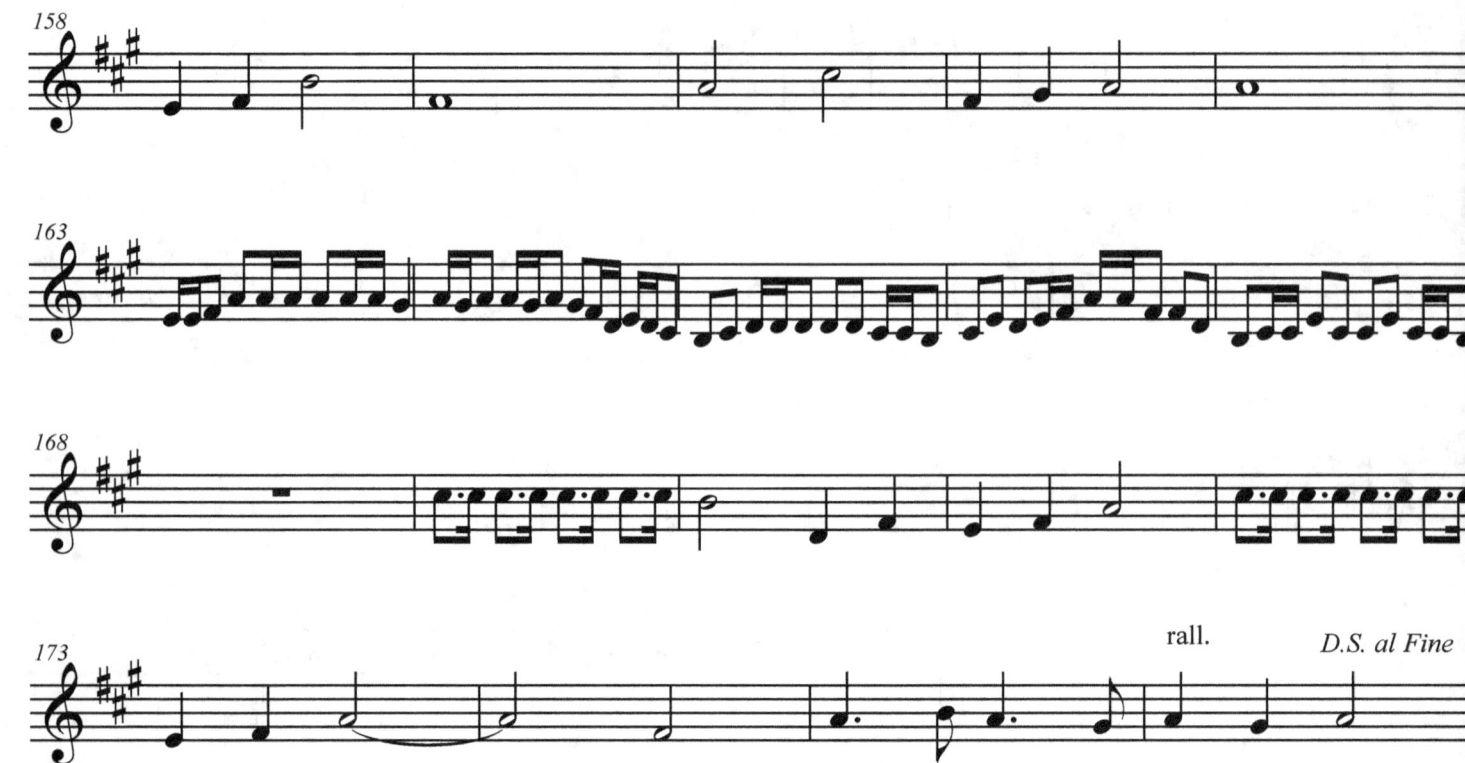

Part 2: F Horn 1 + 2

Y sym 1

Joost de Groot

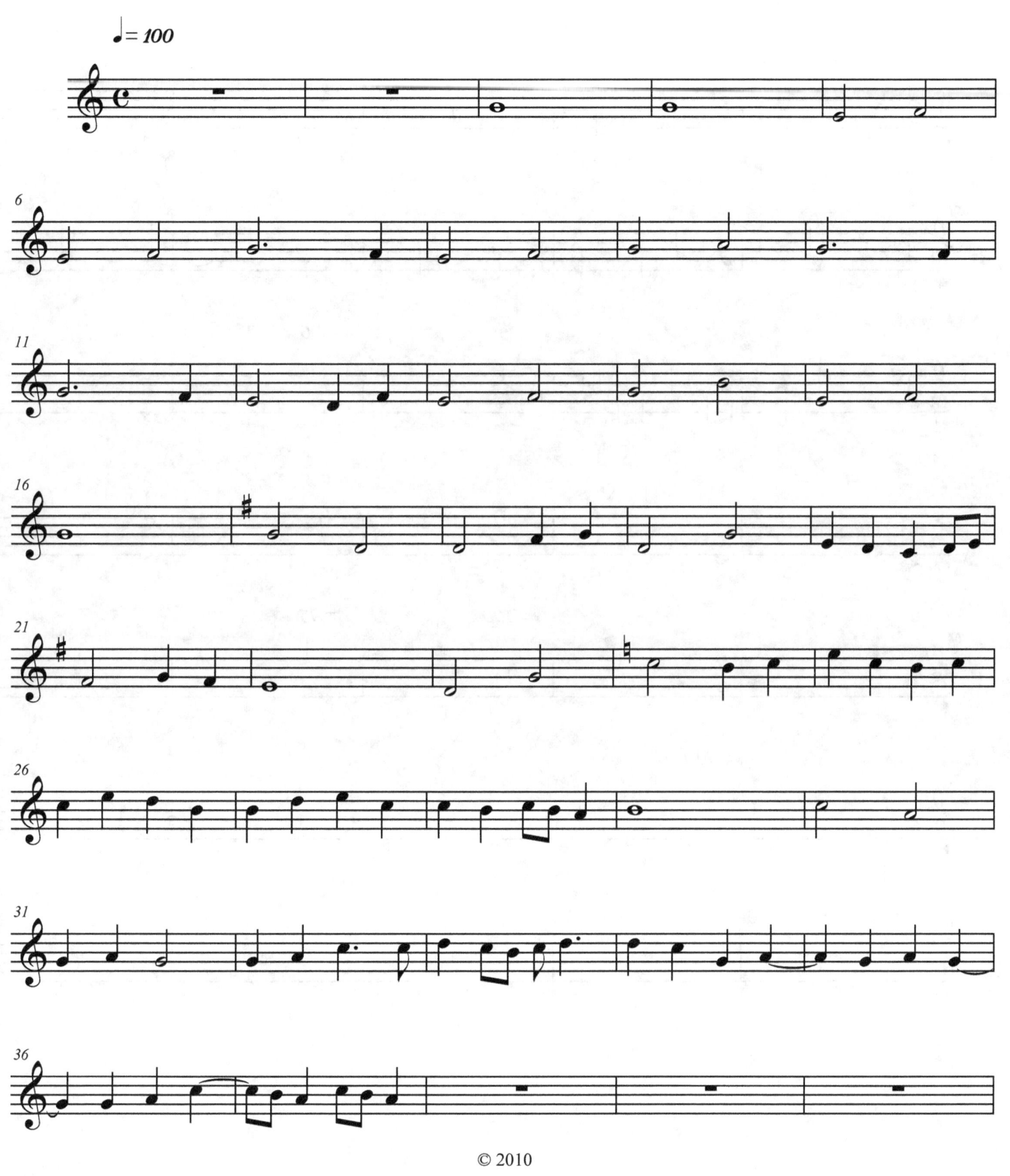

© 2010

Y

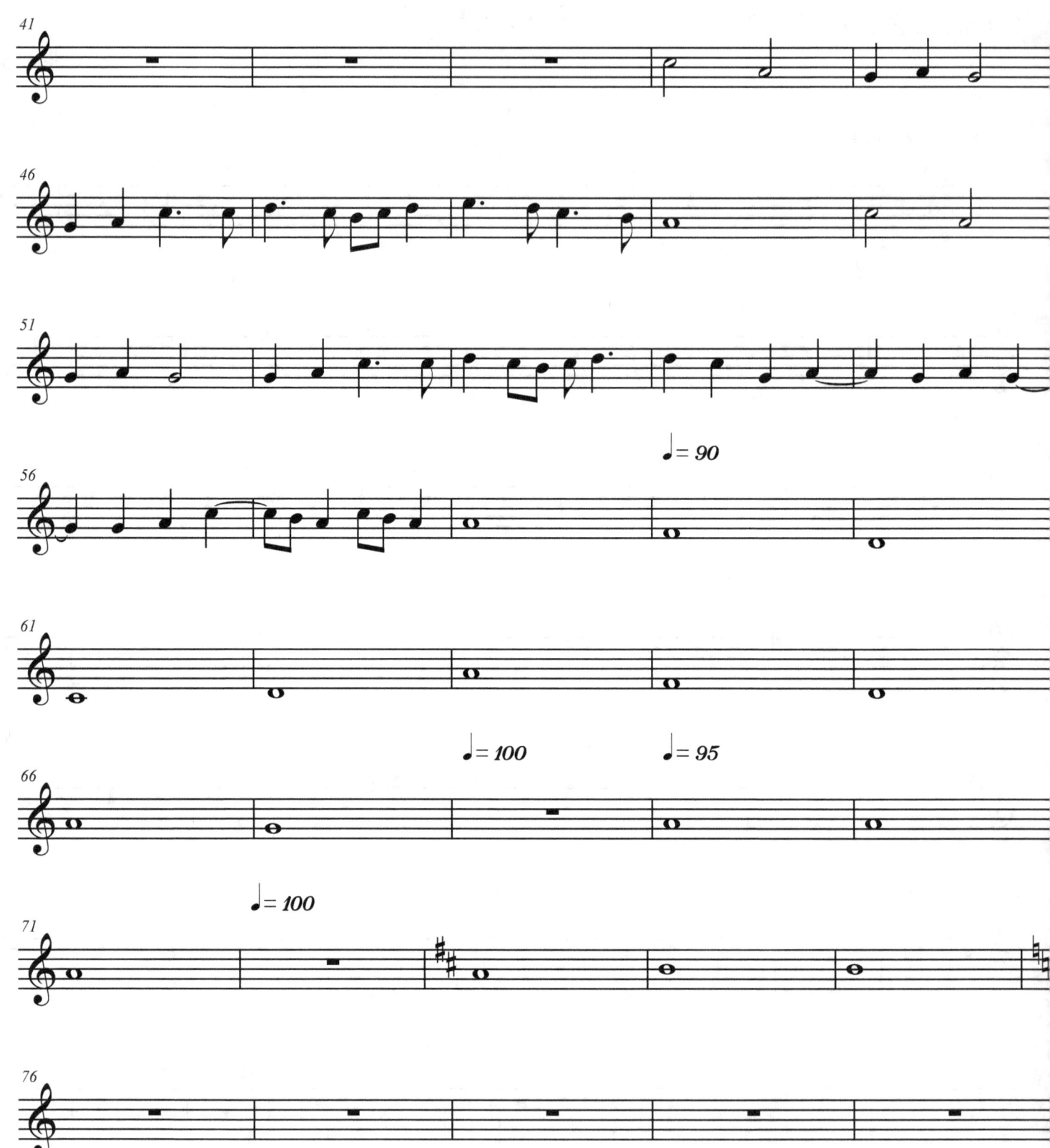

Y

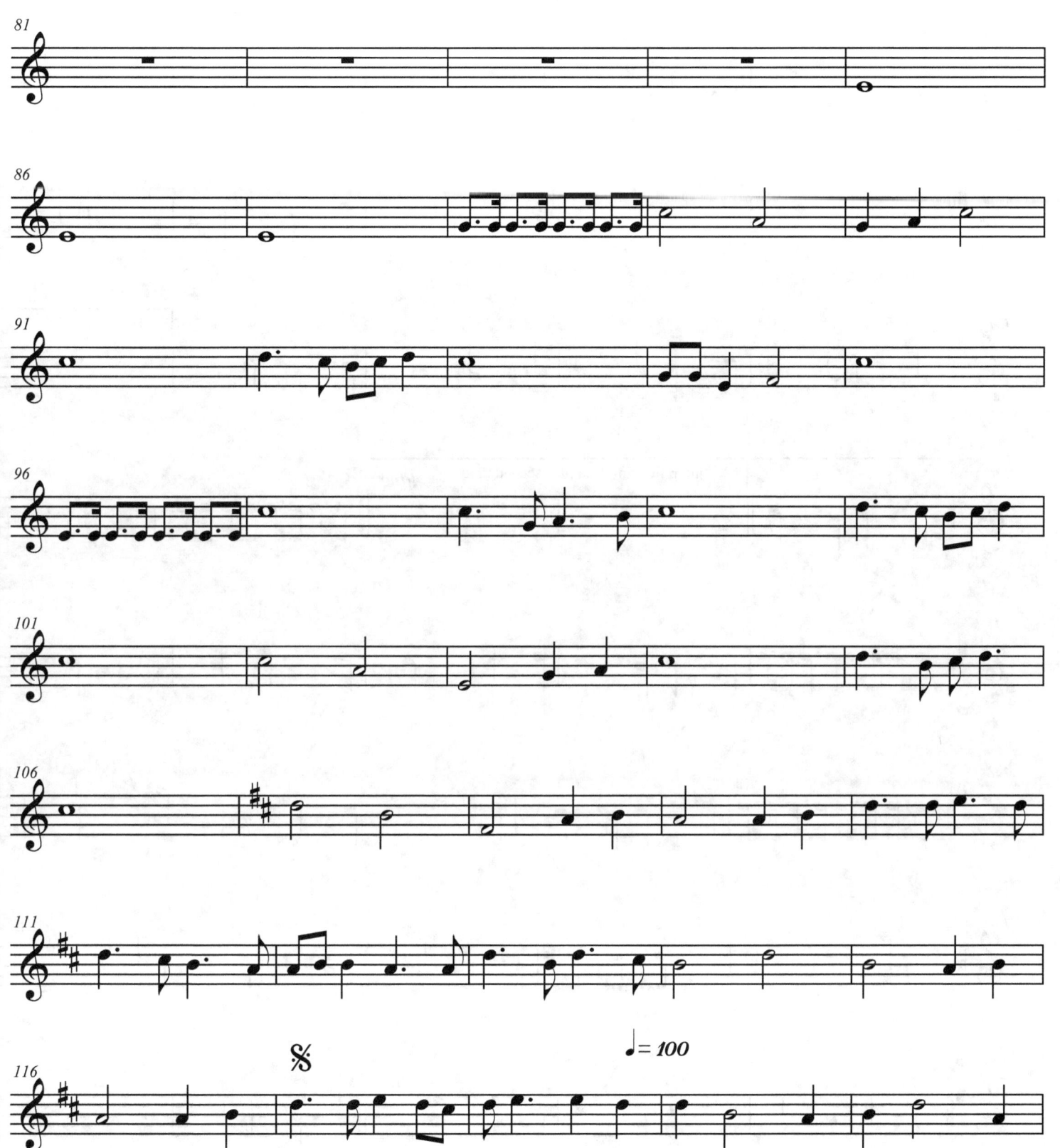

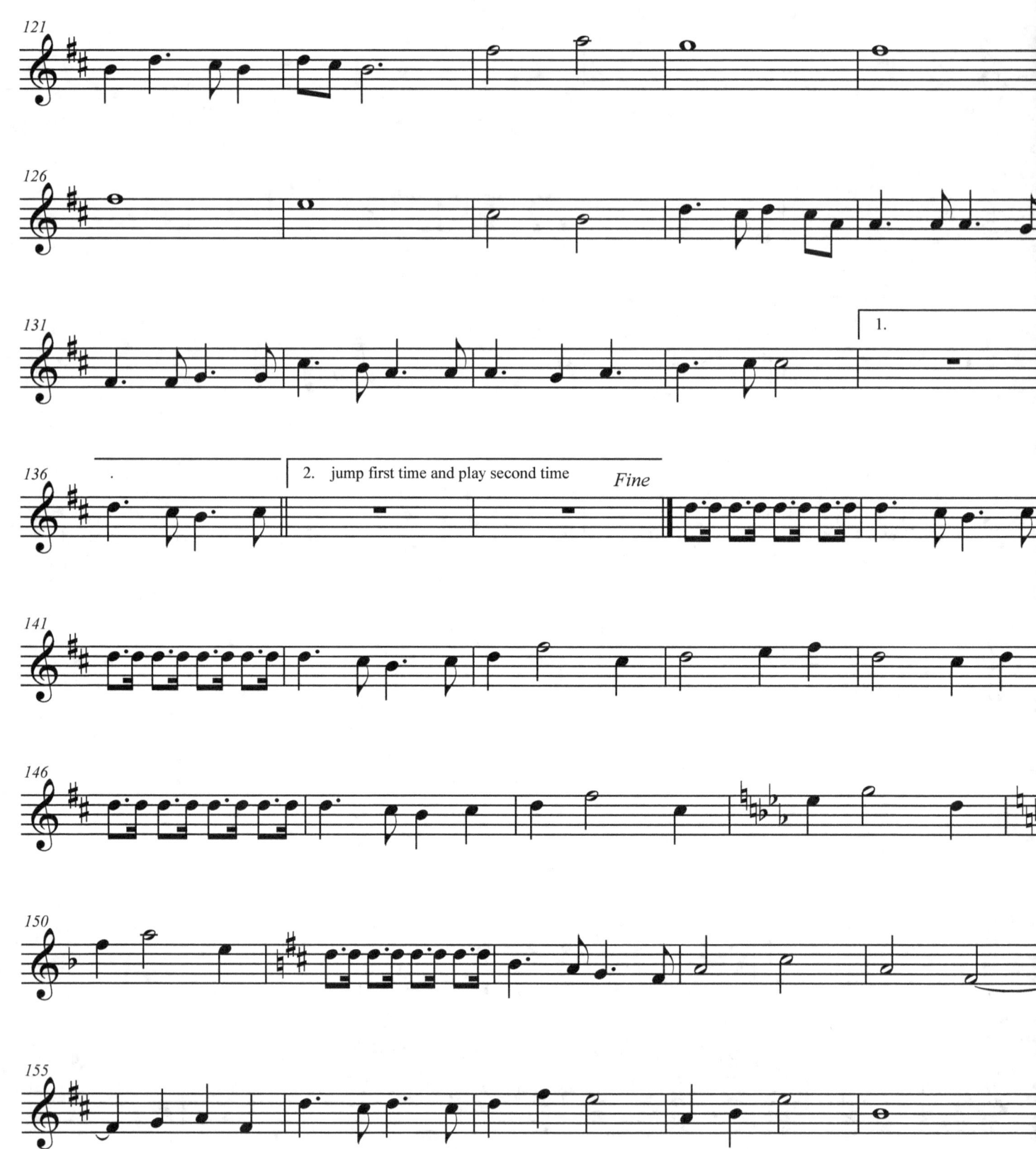

Y

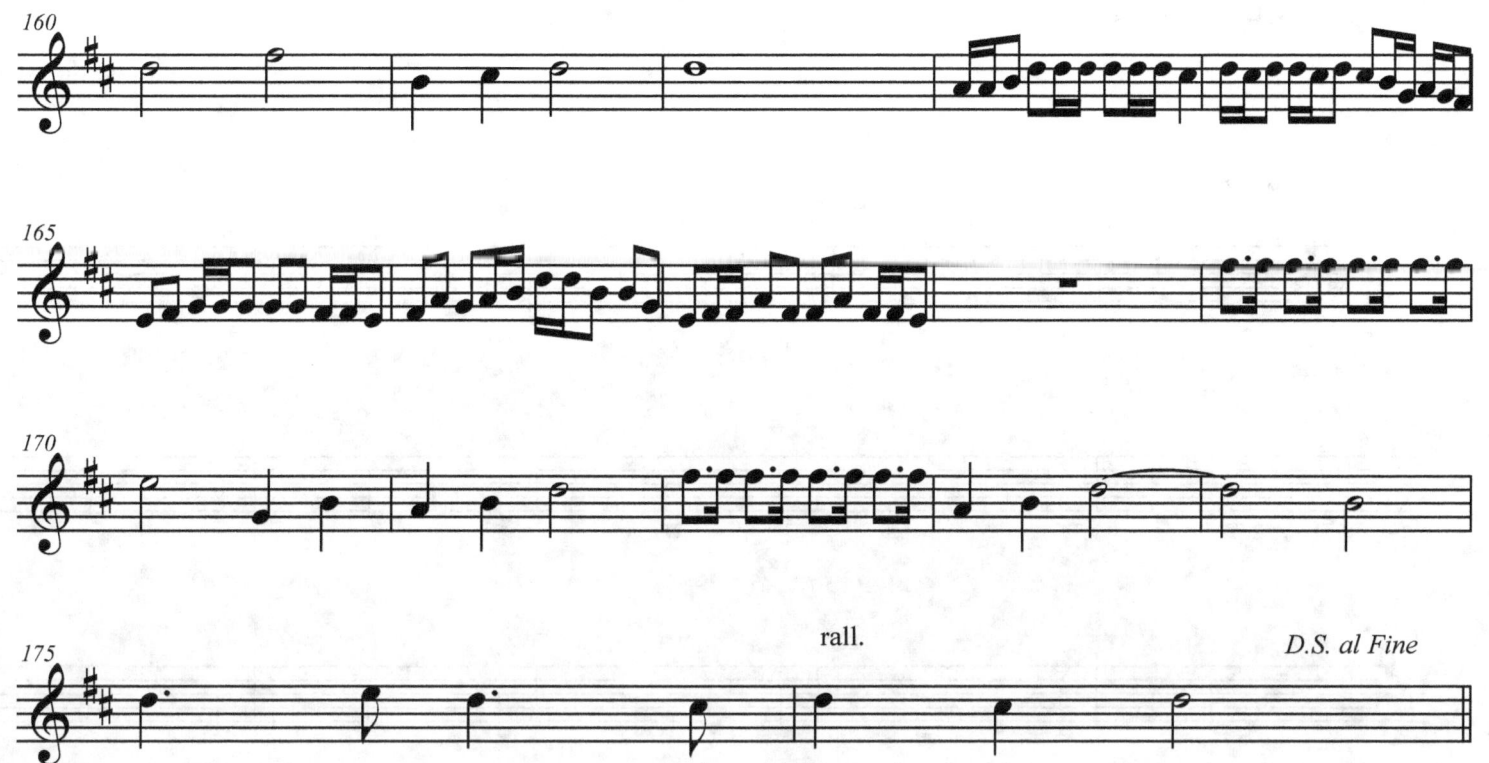

Part 3: F Horn 3 + 4

Y sym 1

Joost de Groot

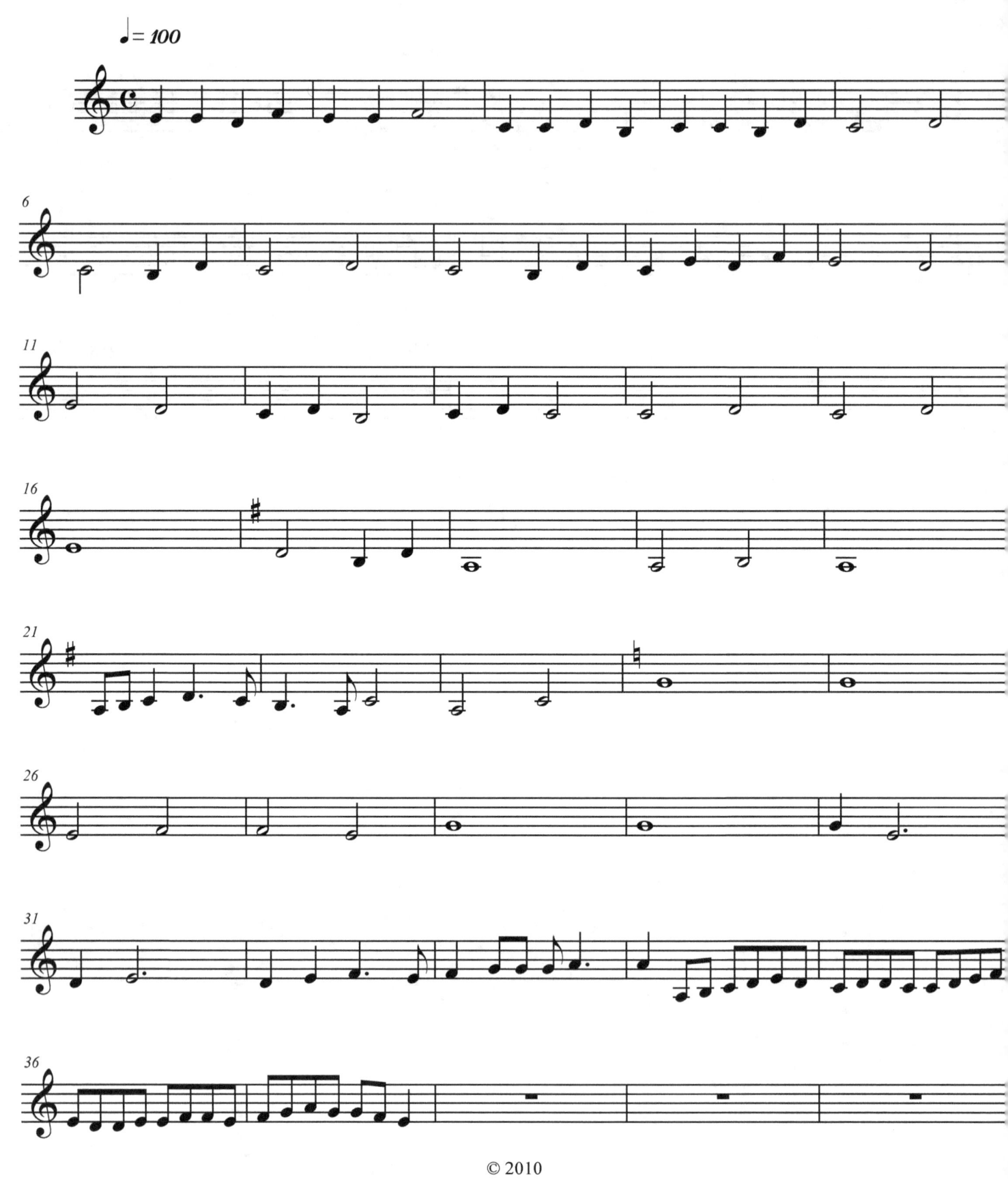

Y

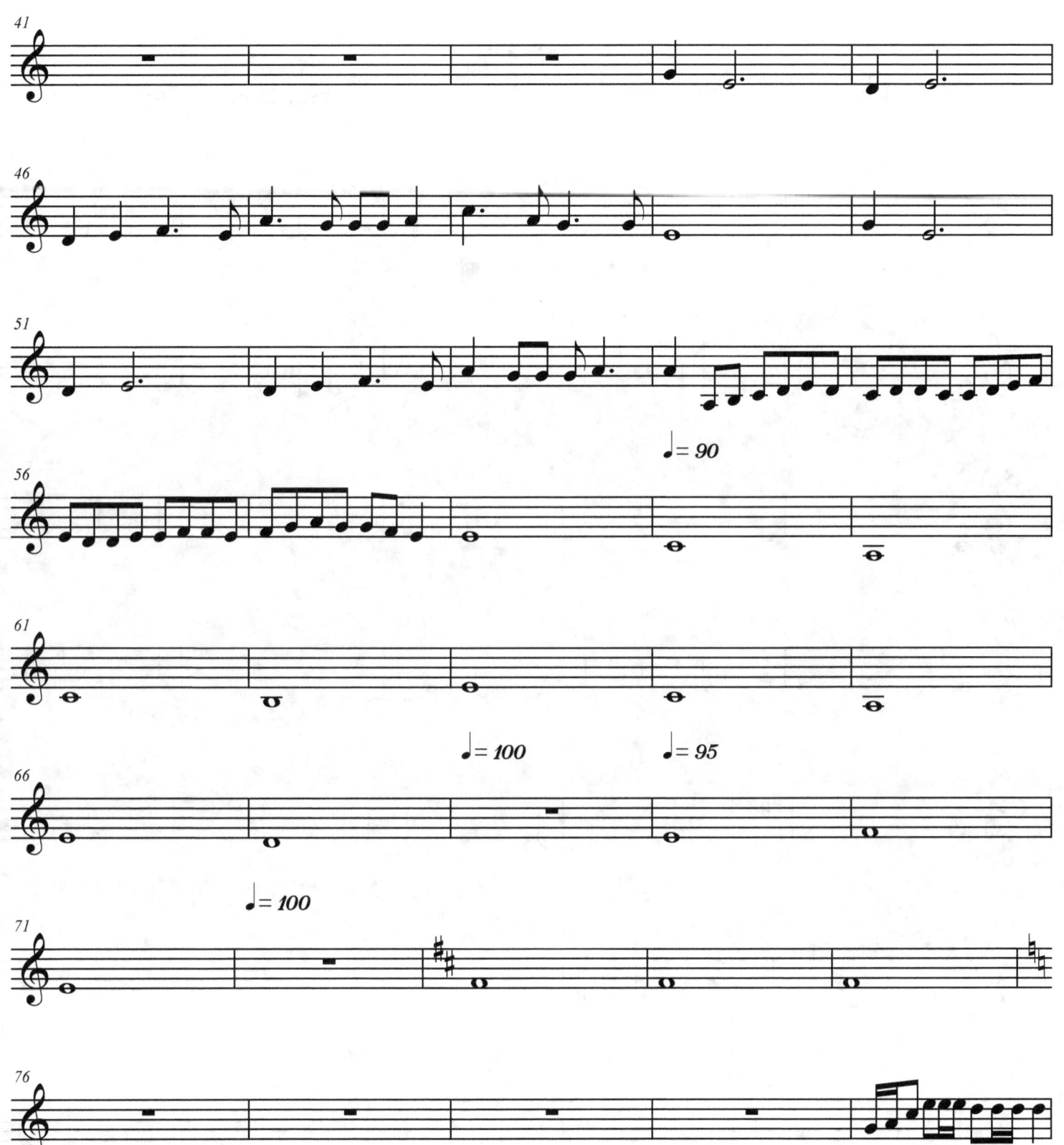

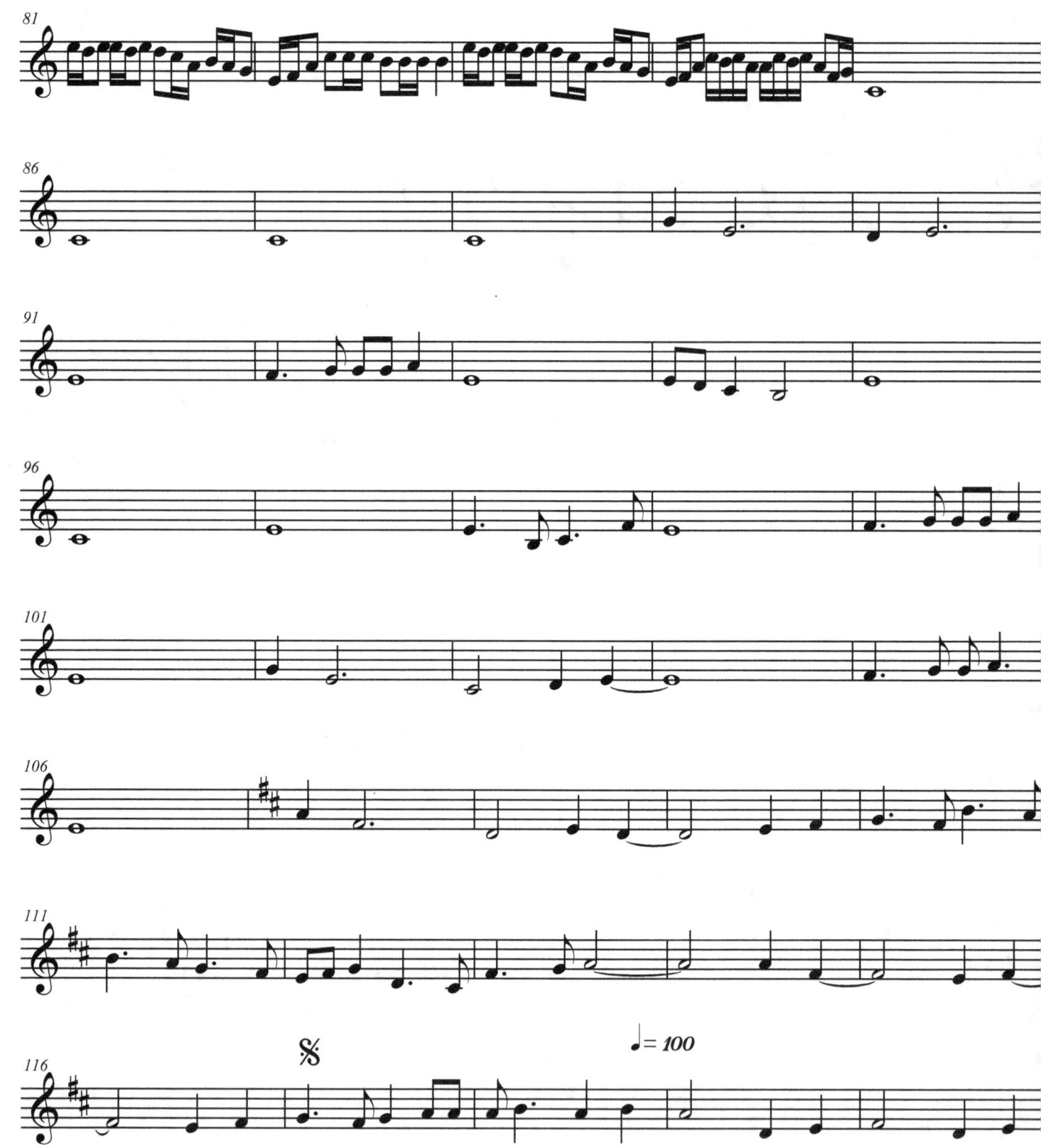

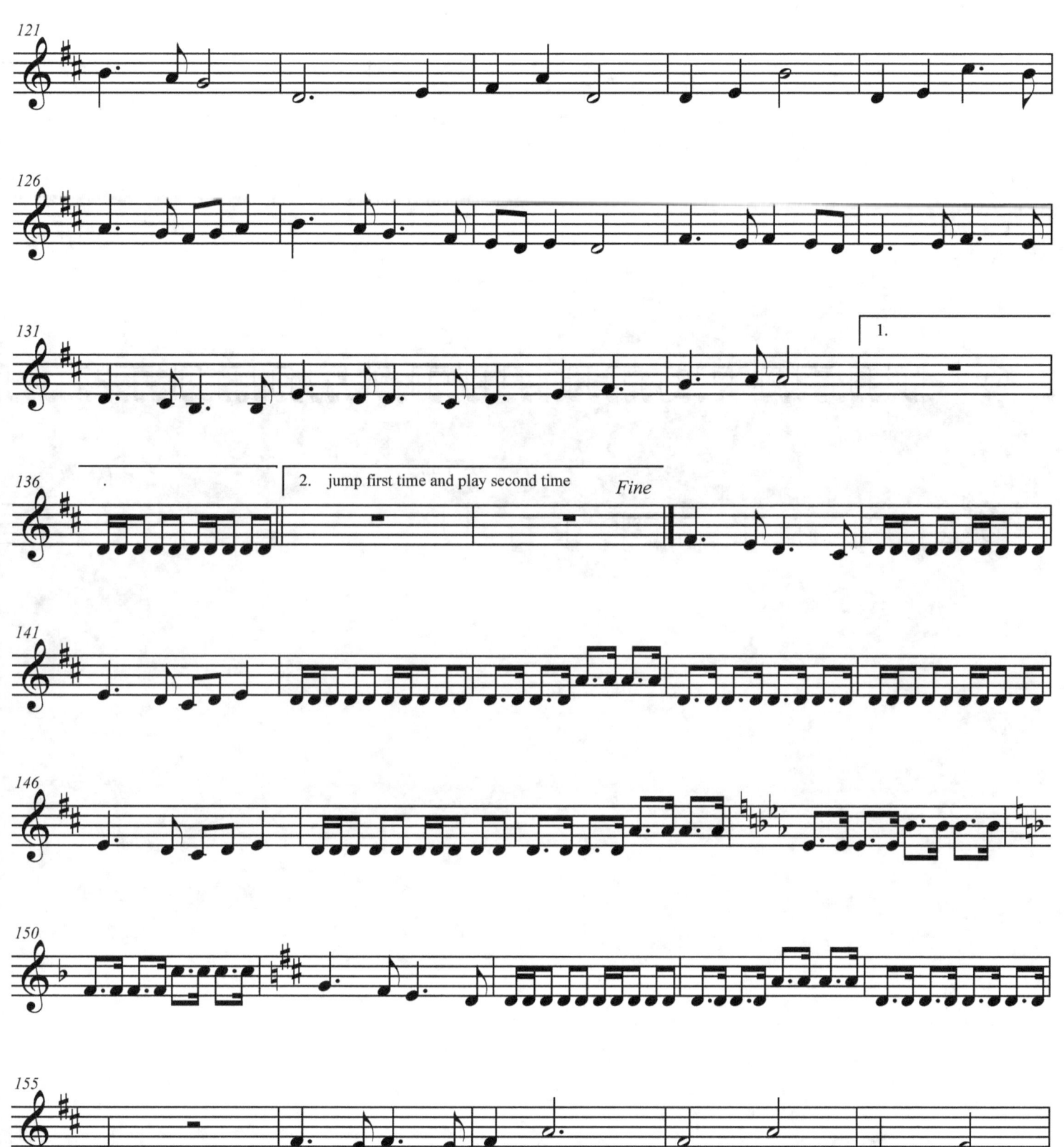

Y

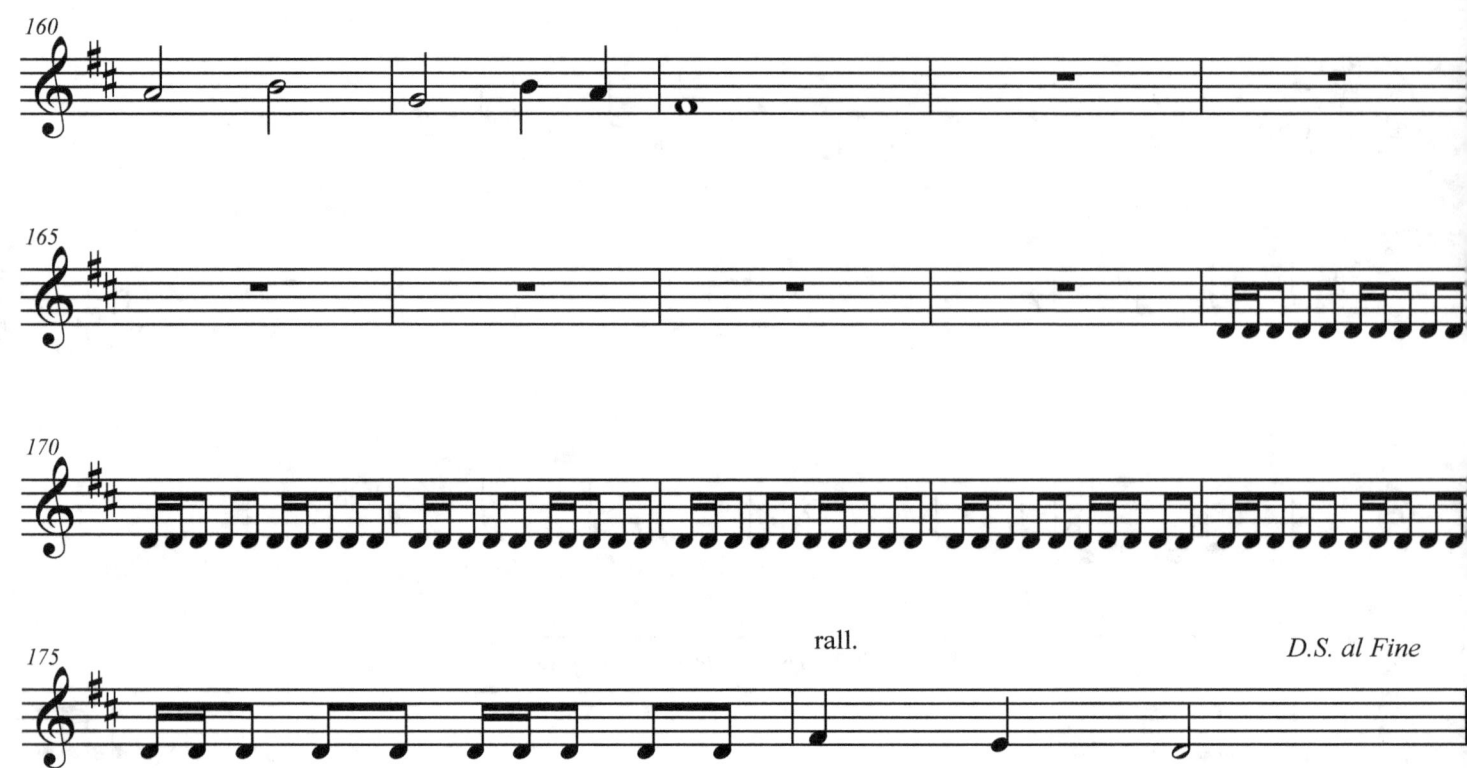

Y sym 1

Part 3: C Trombone 1 + 2

Joost de Groot

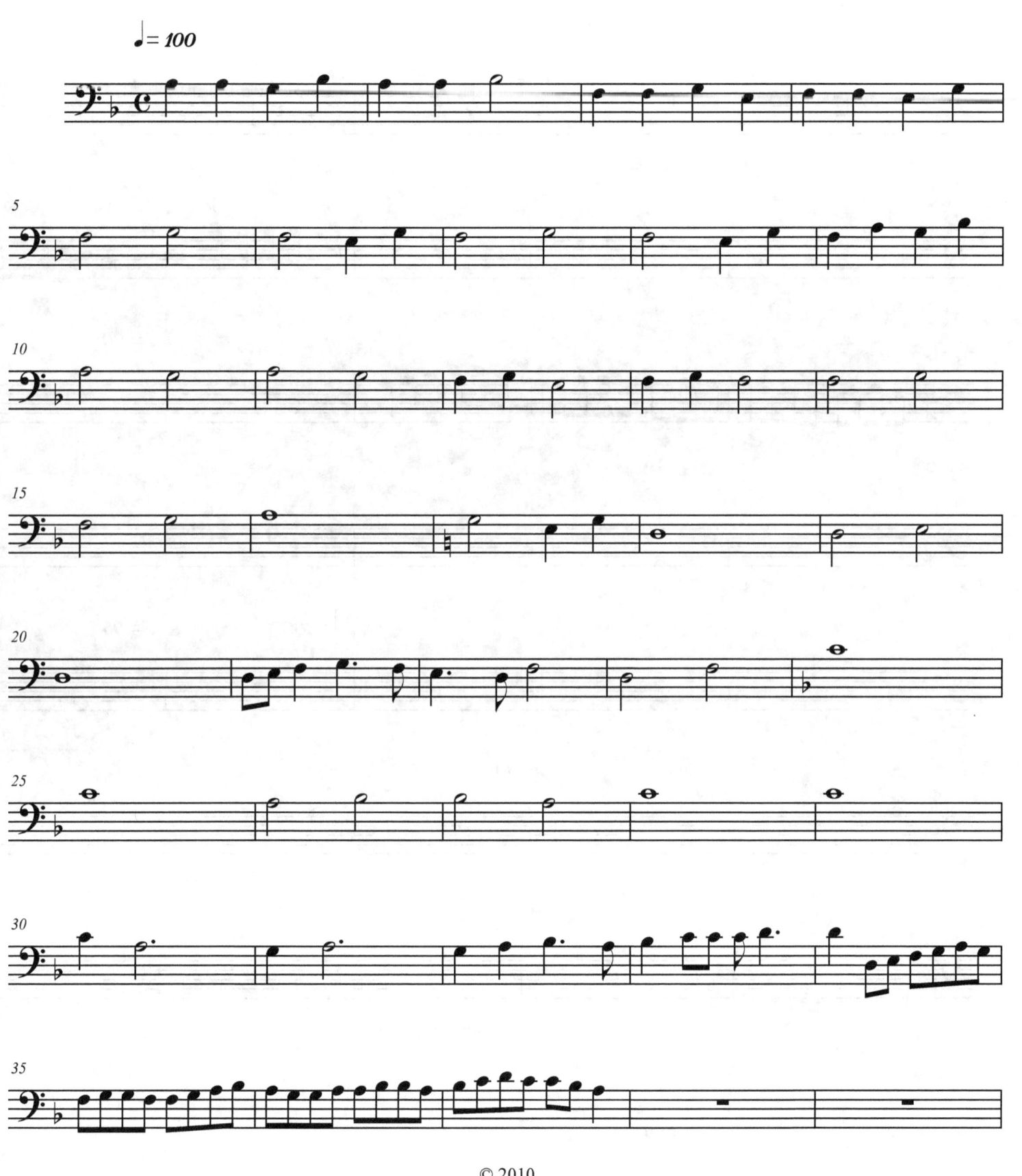

© 2010

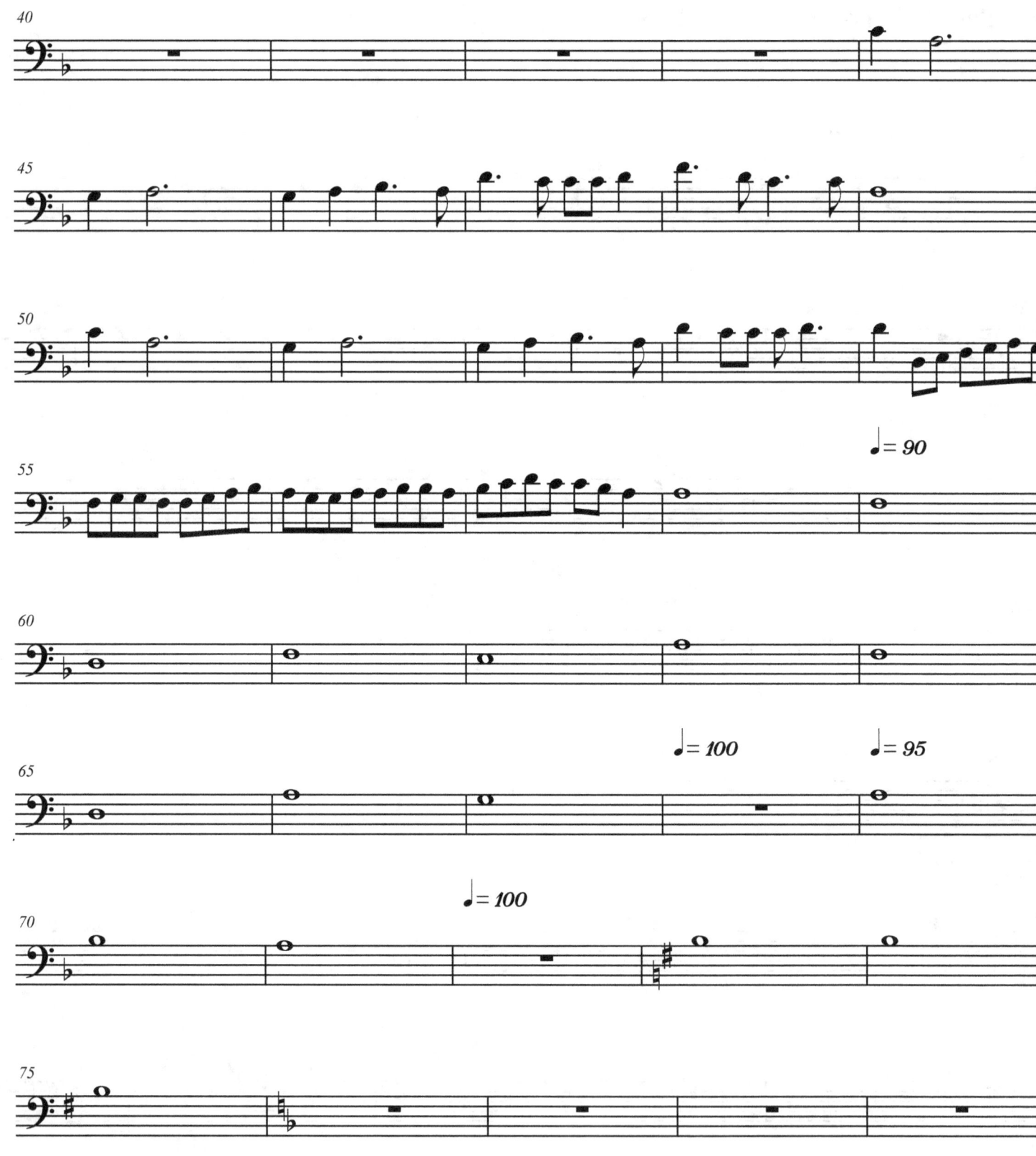

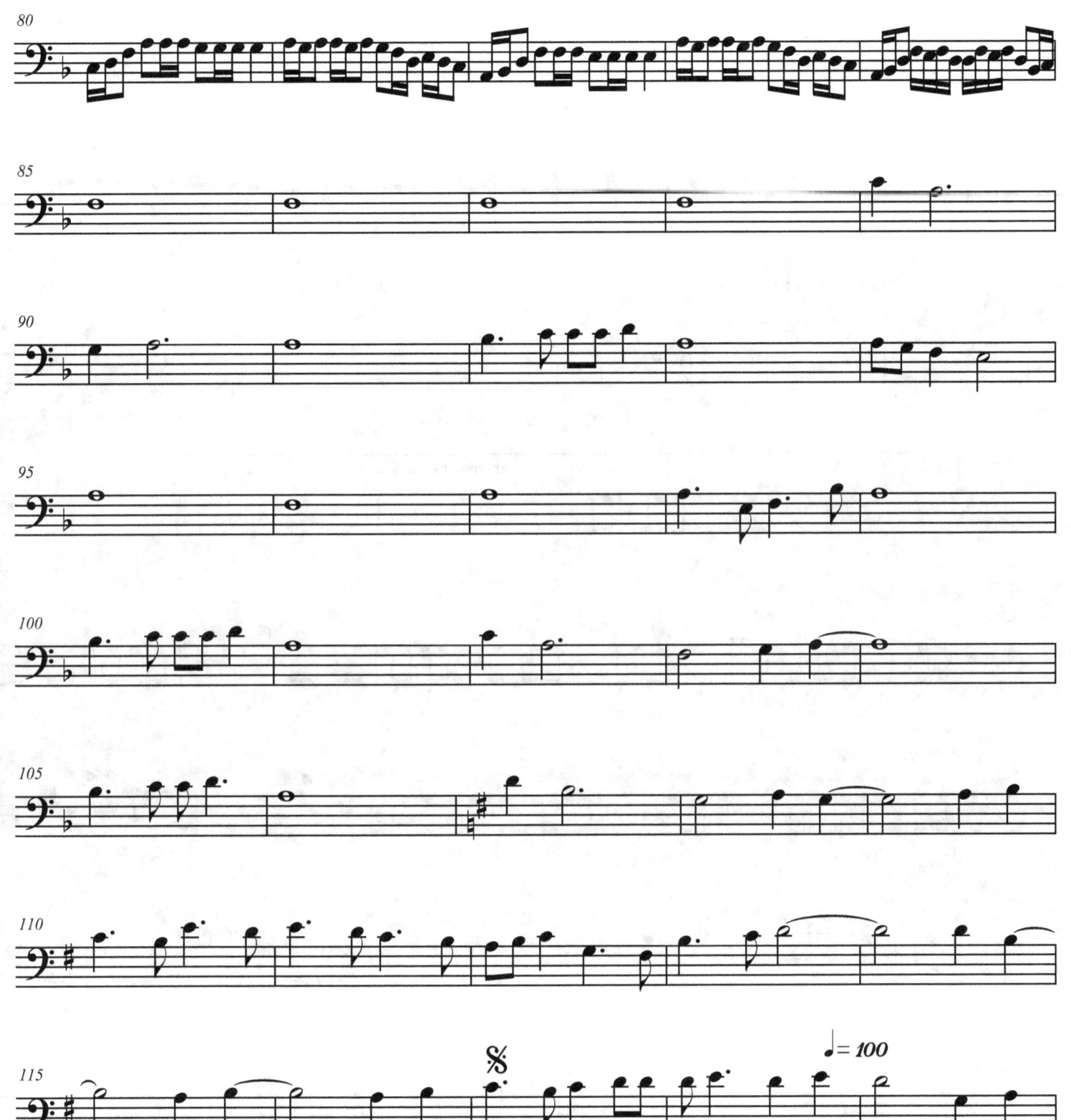

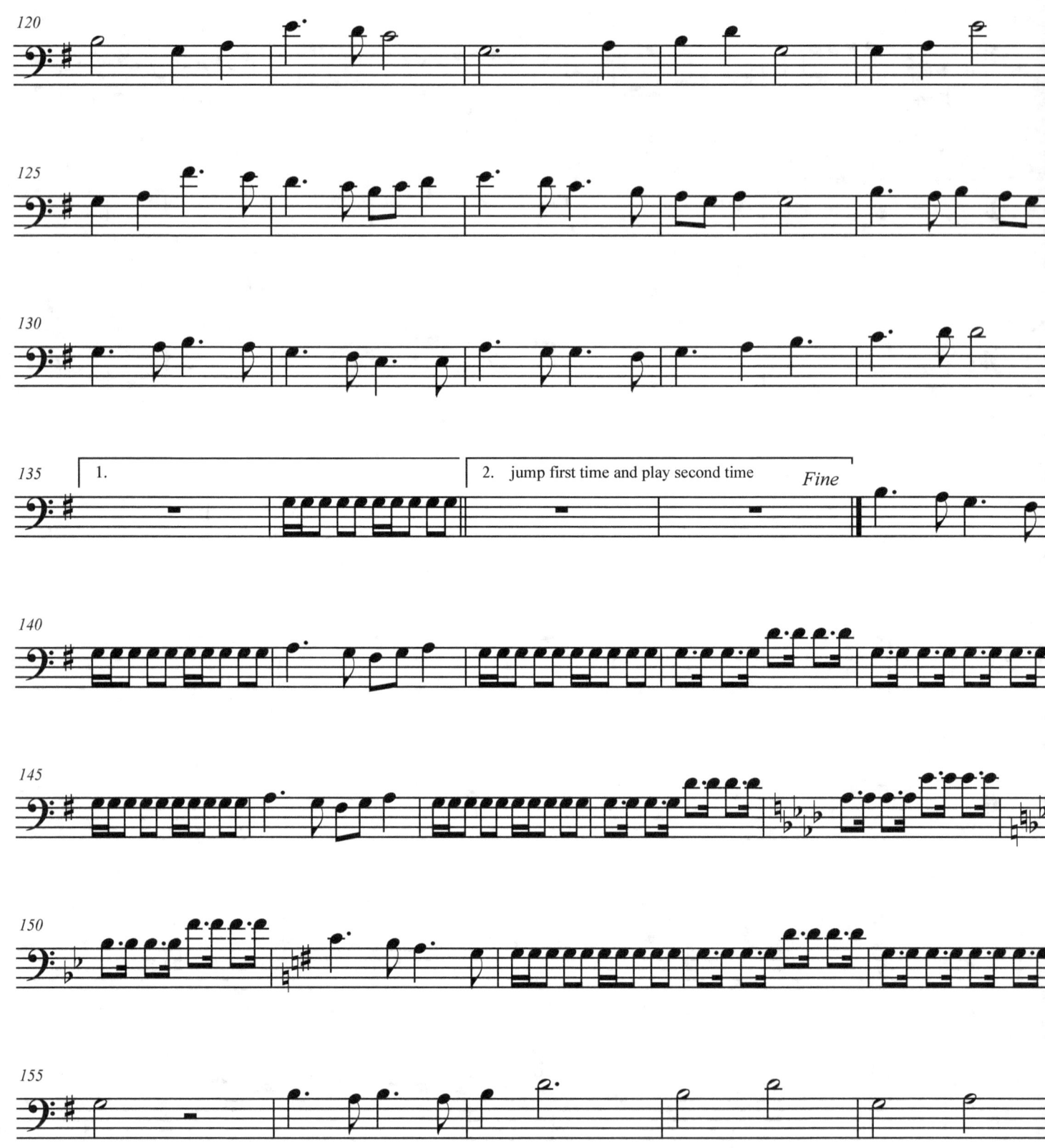

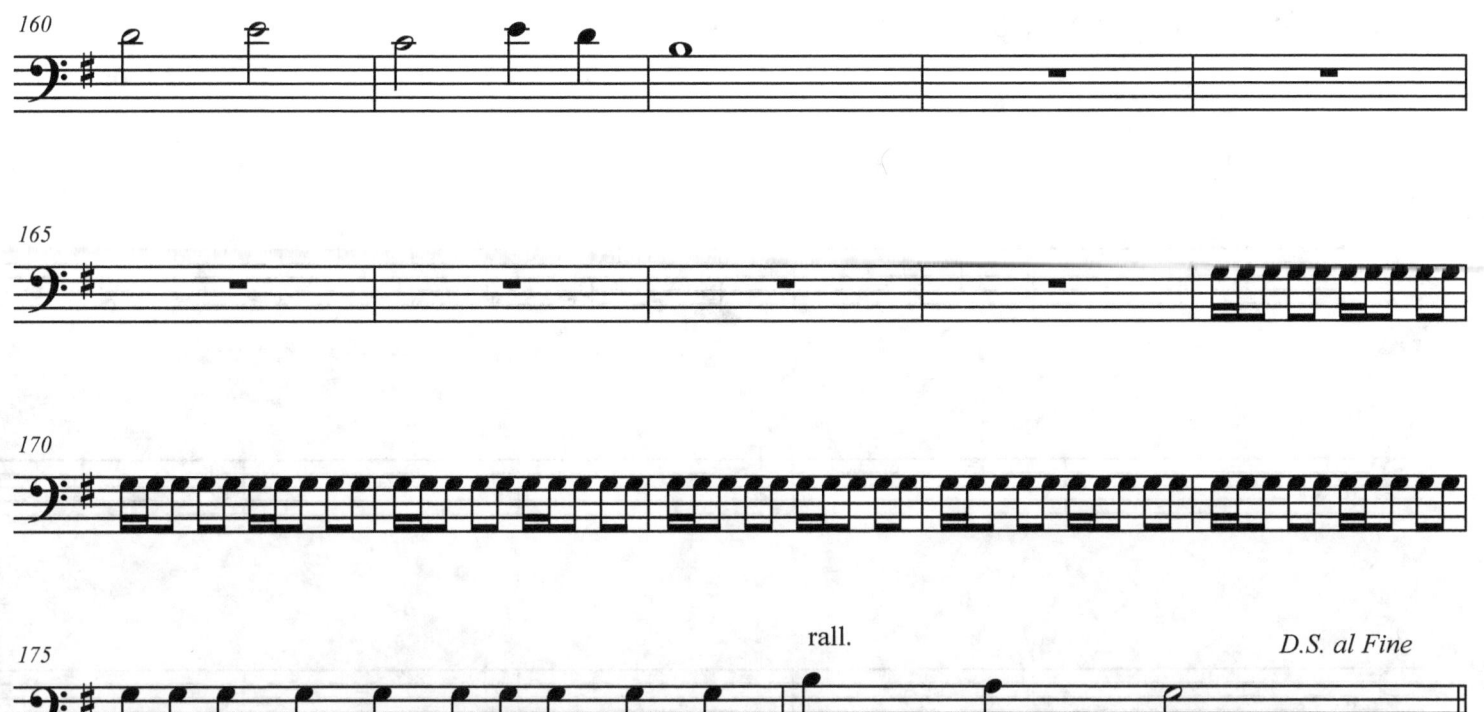

Part 4: C Bass Trombone

Y sym 1

Joost de Groot

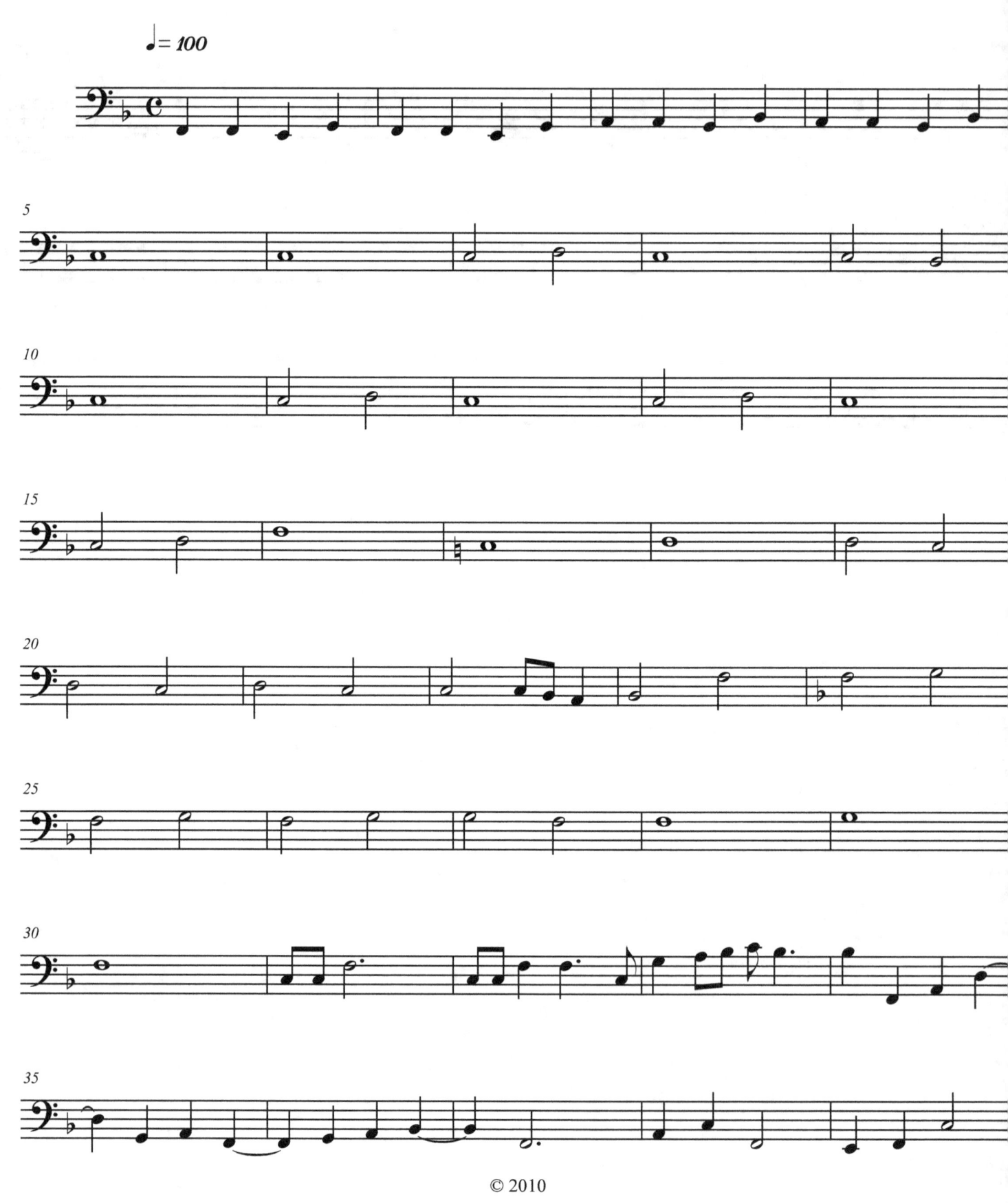

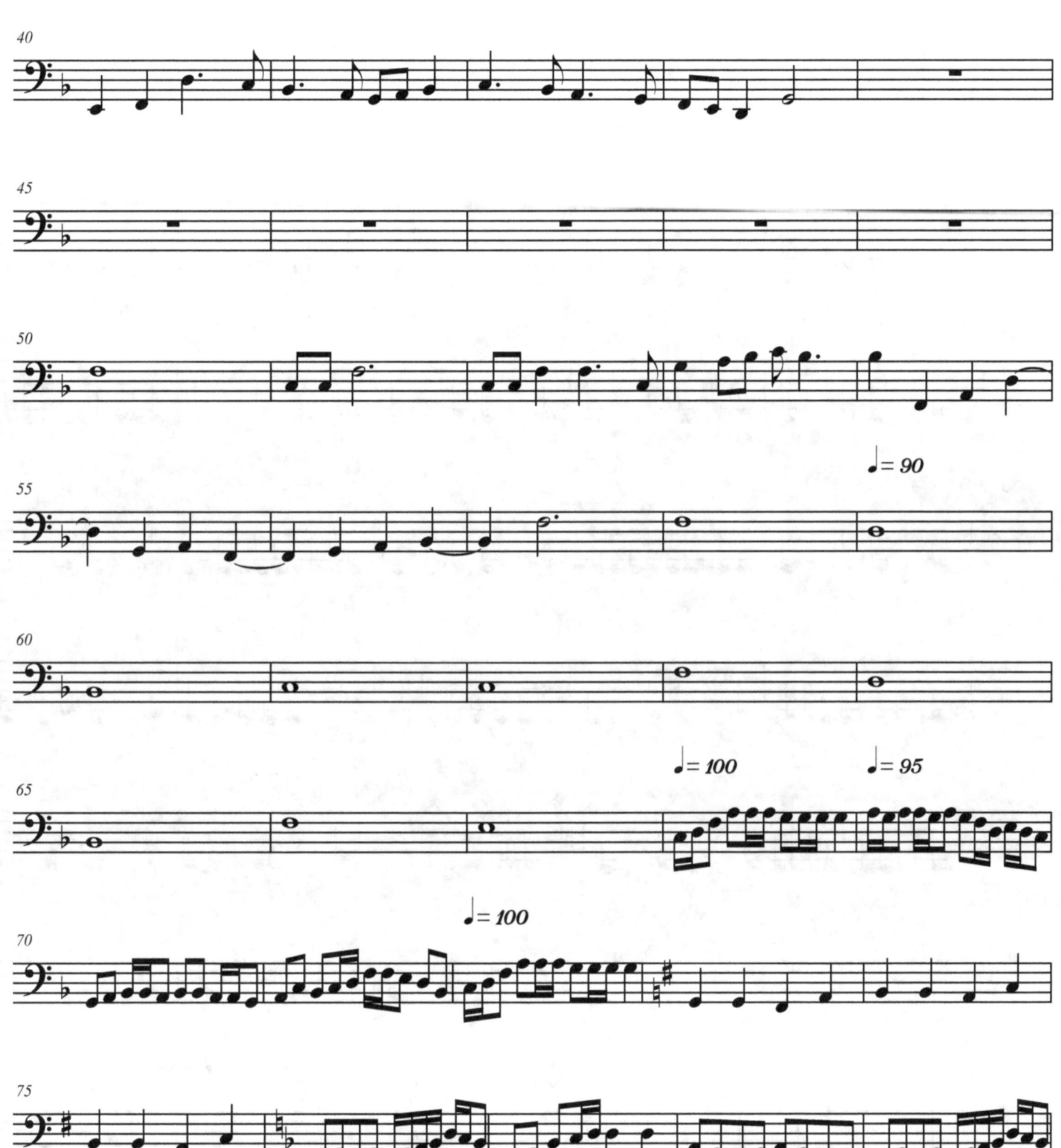

Y

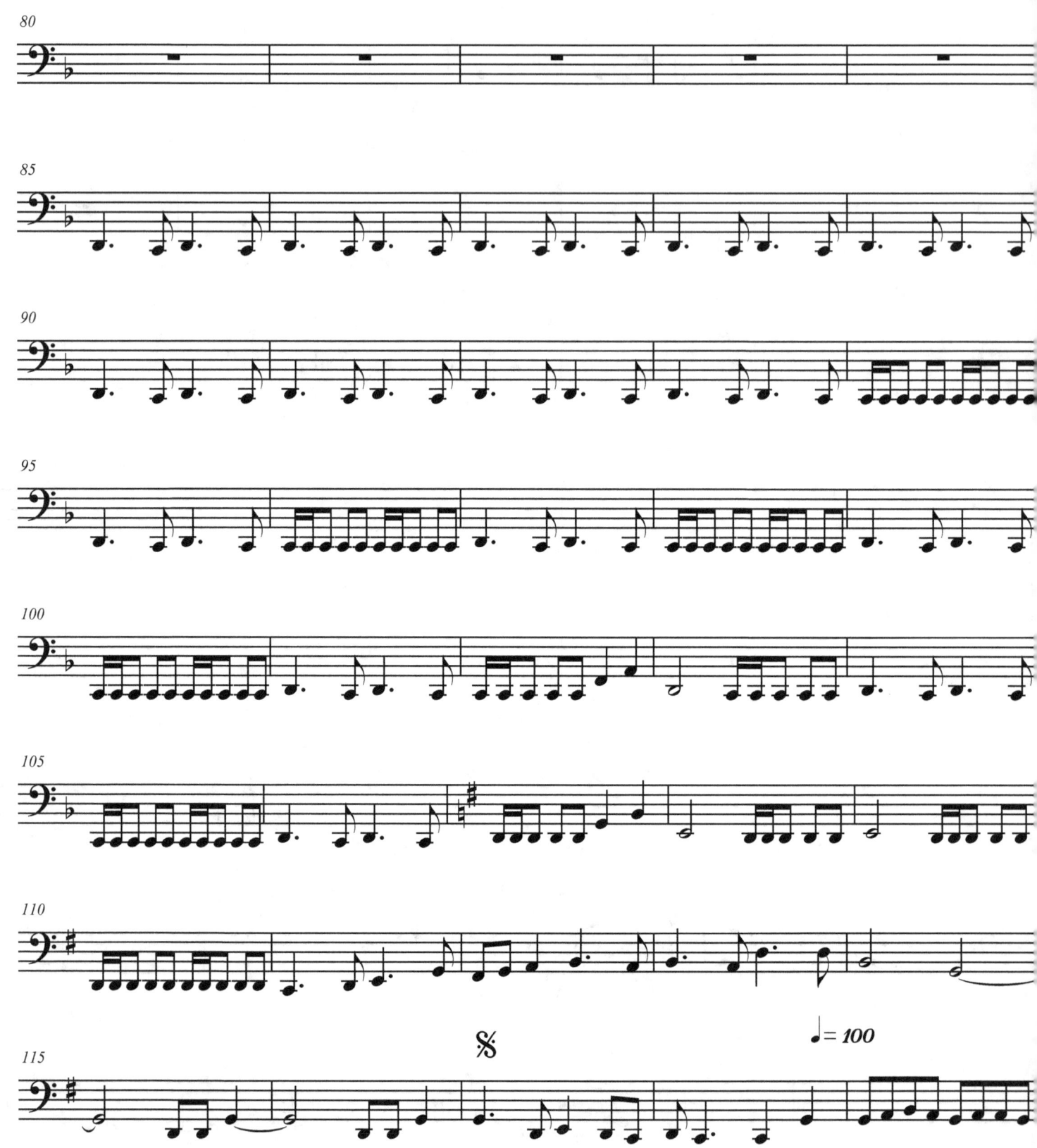

120

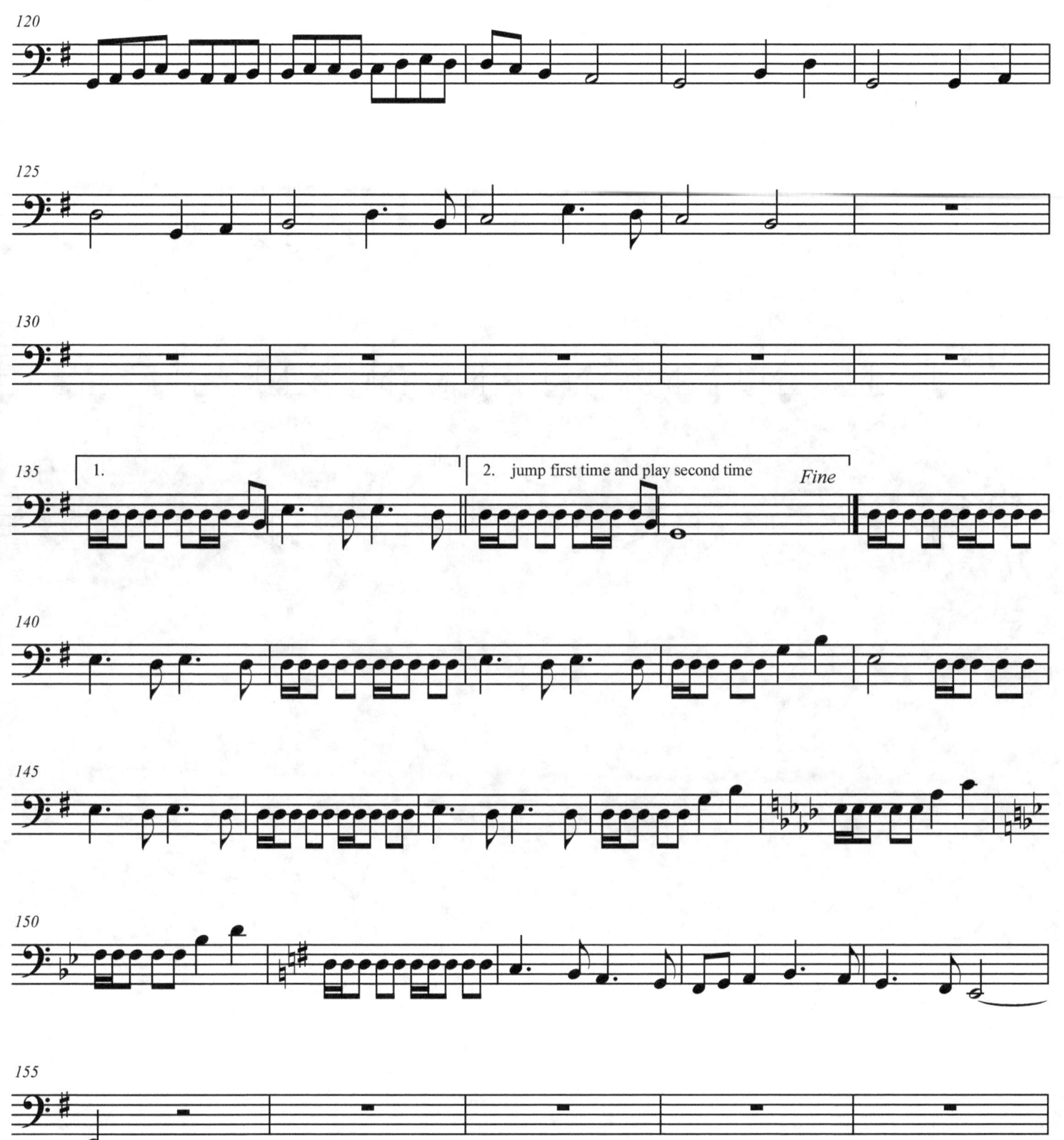

Y

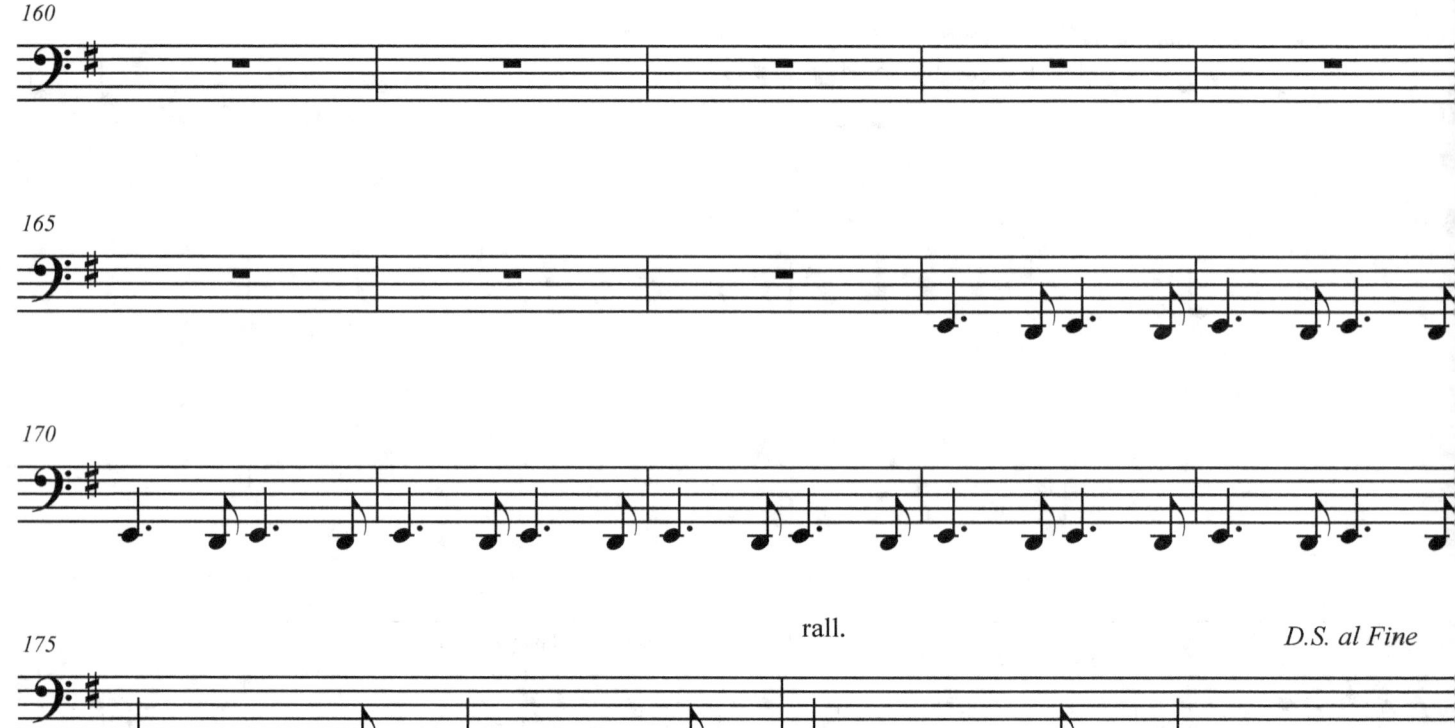

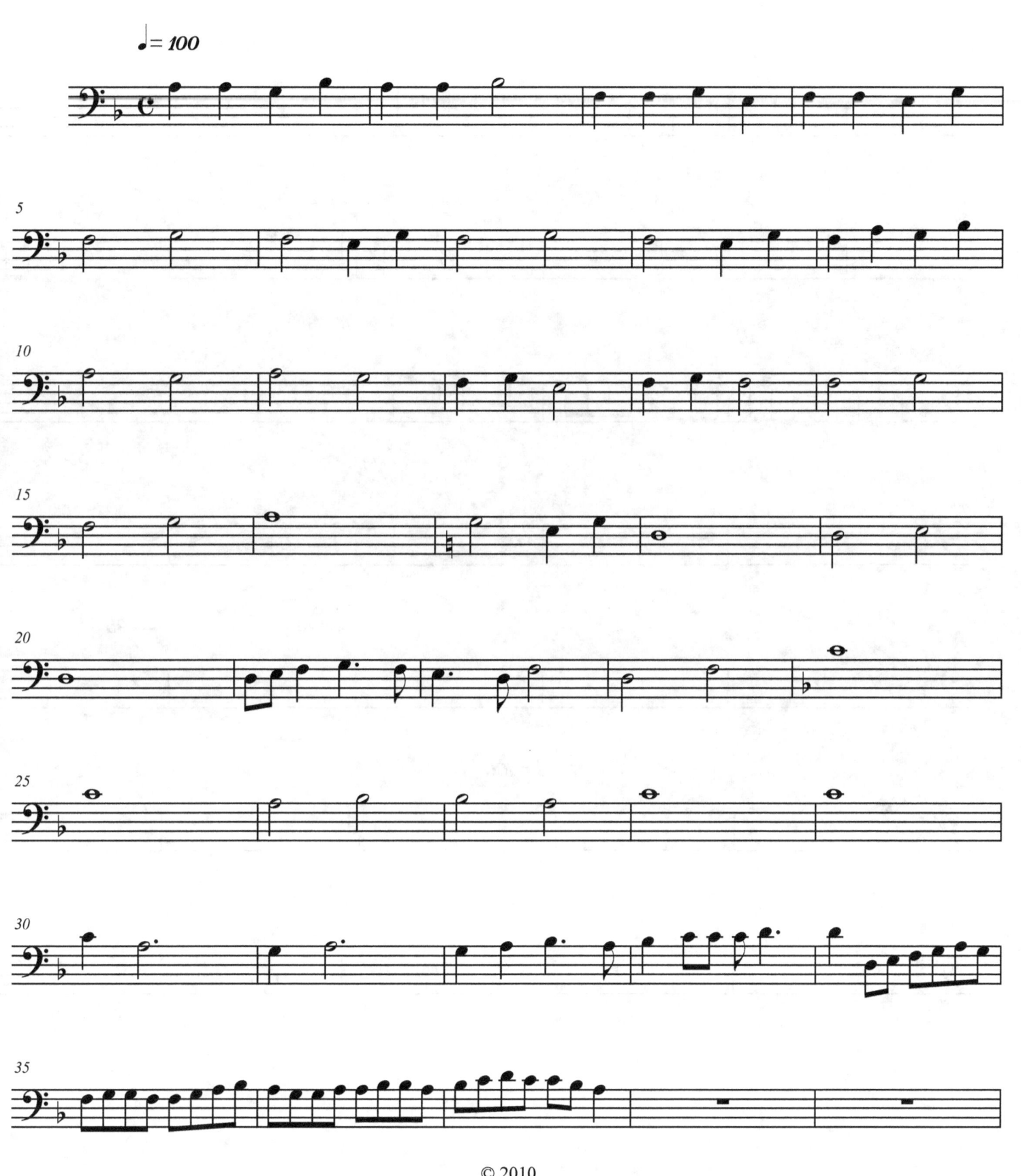

Y

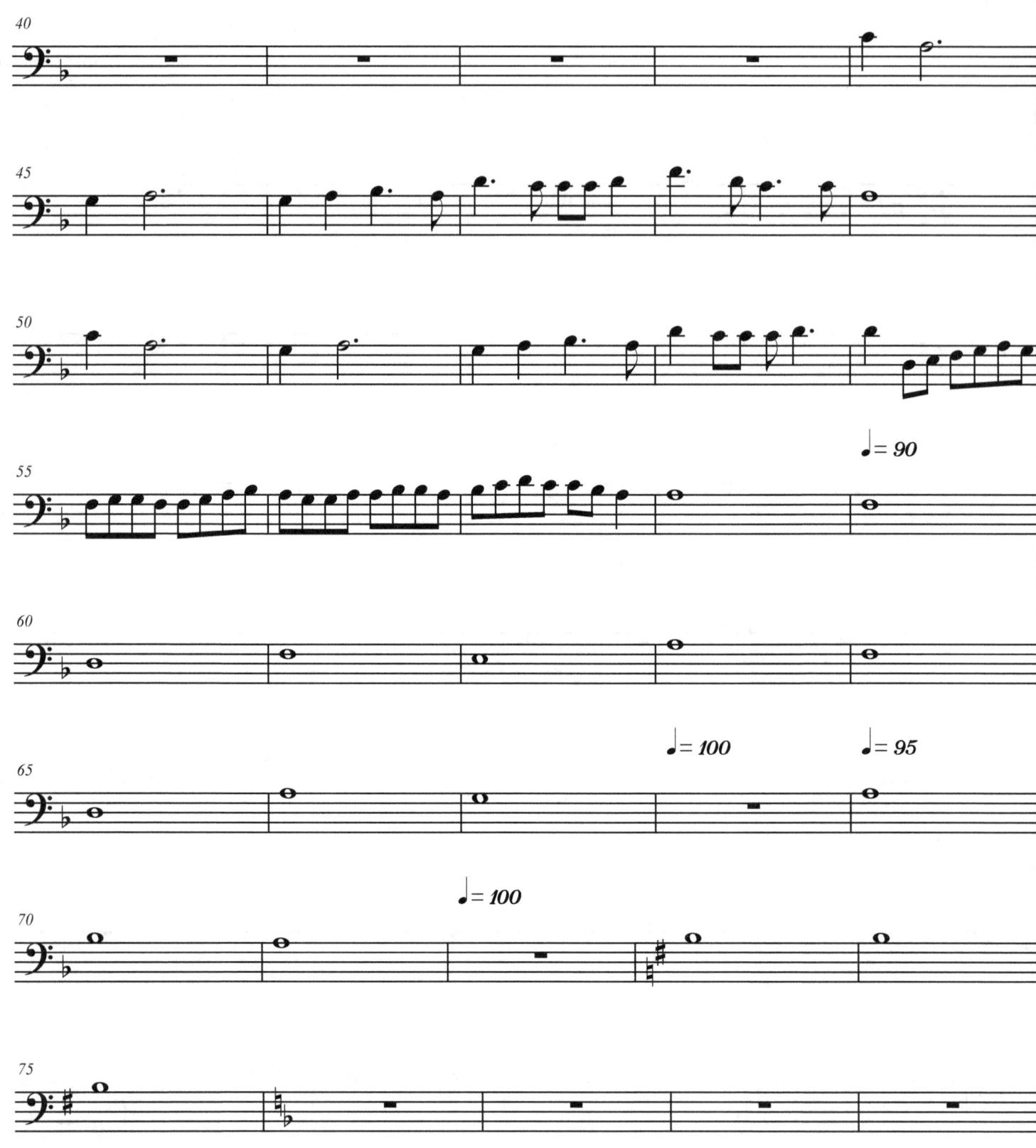

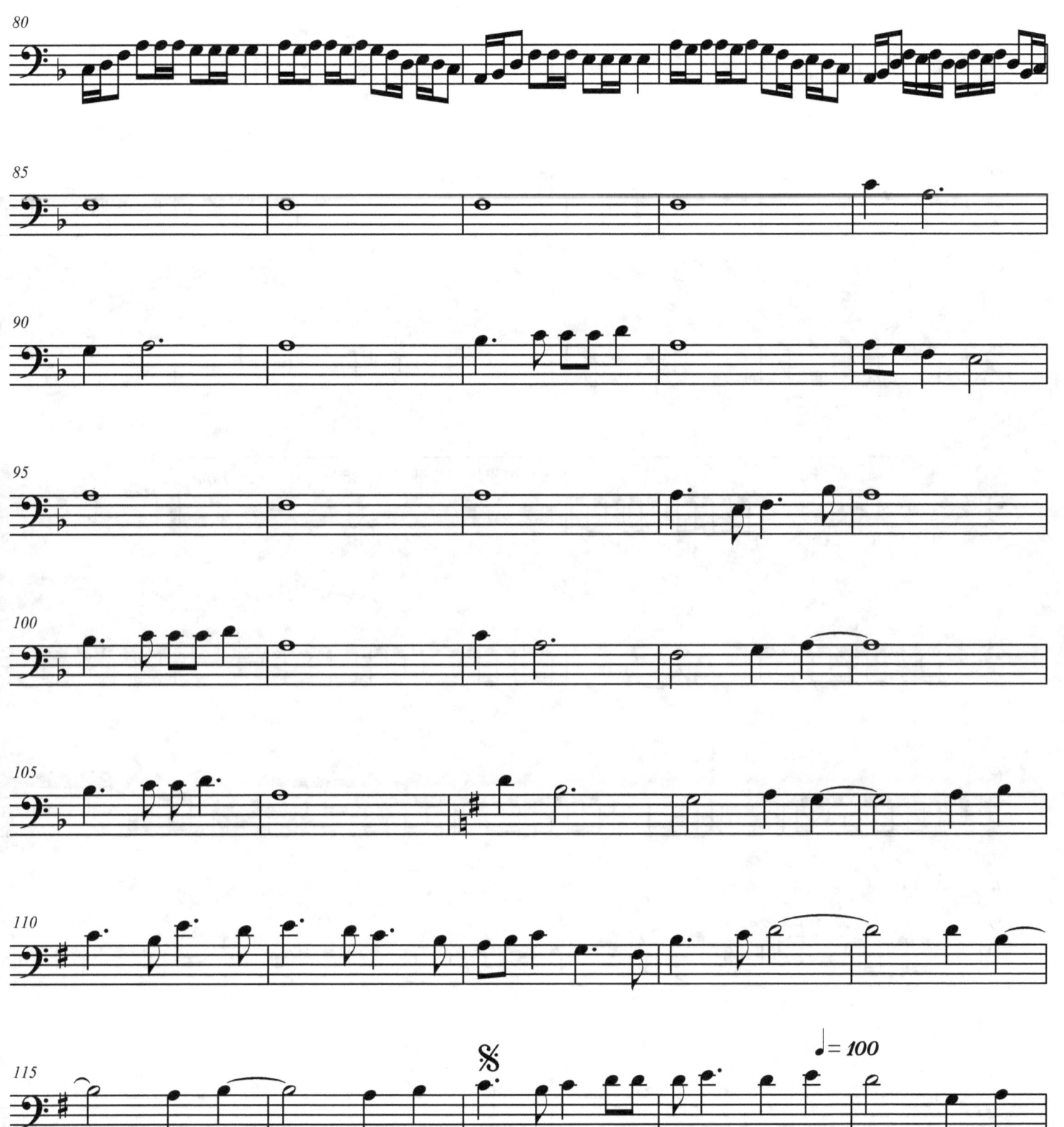

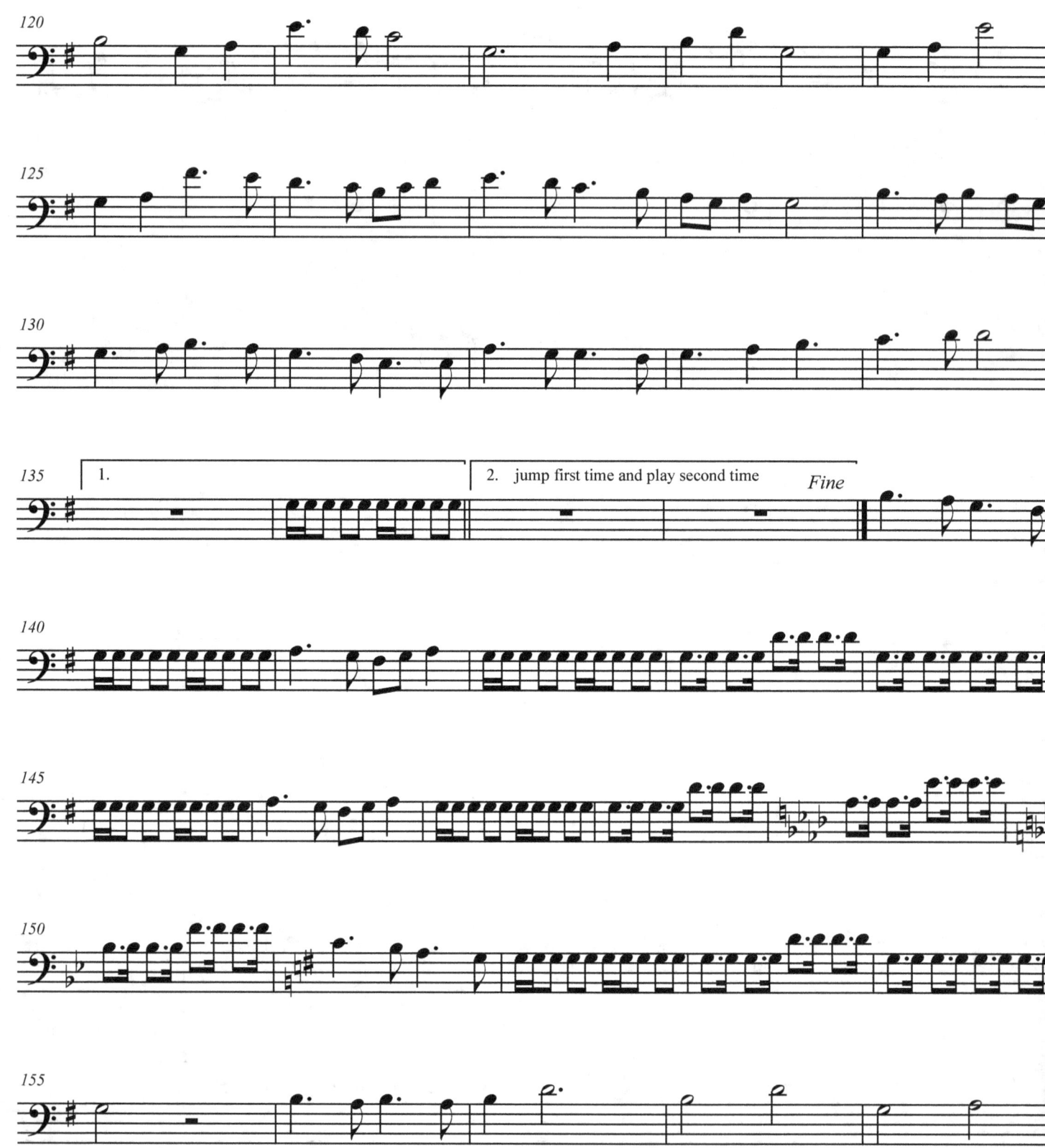

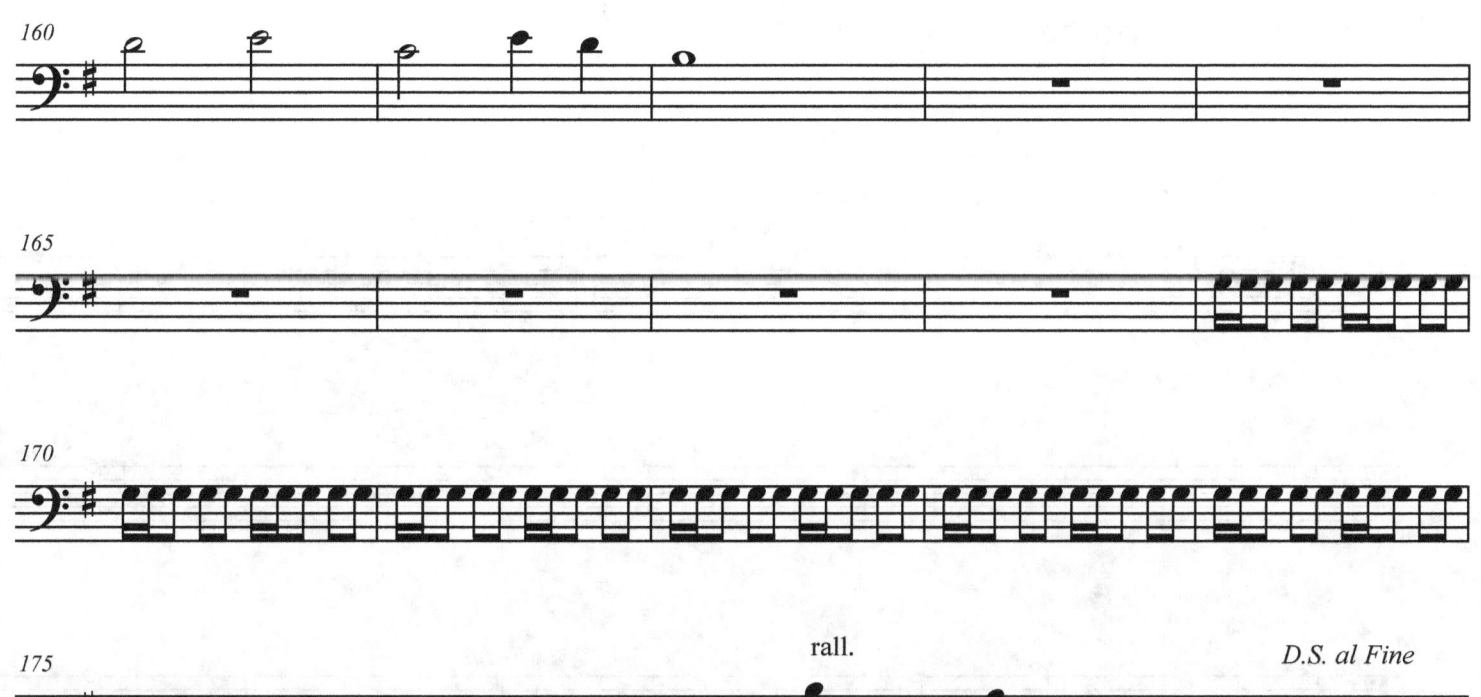

Y sym 1

Part 3: Bes Baritone

Joost de Groot

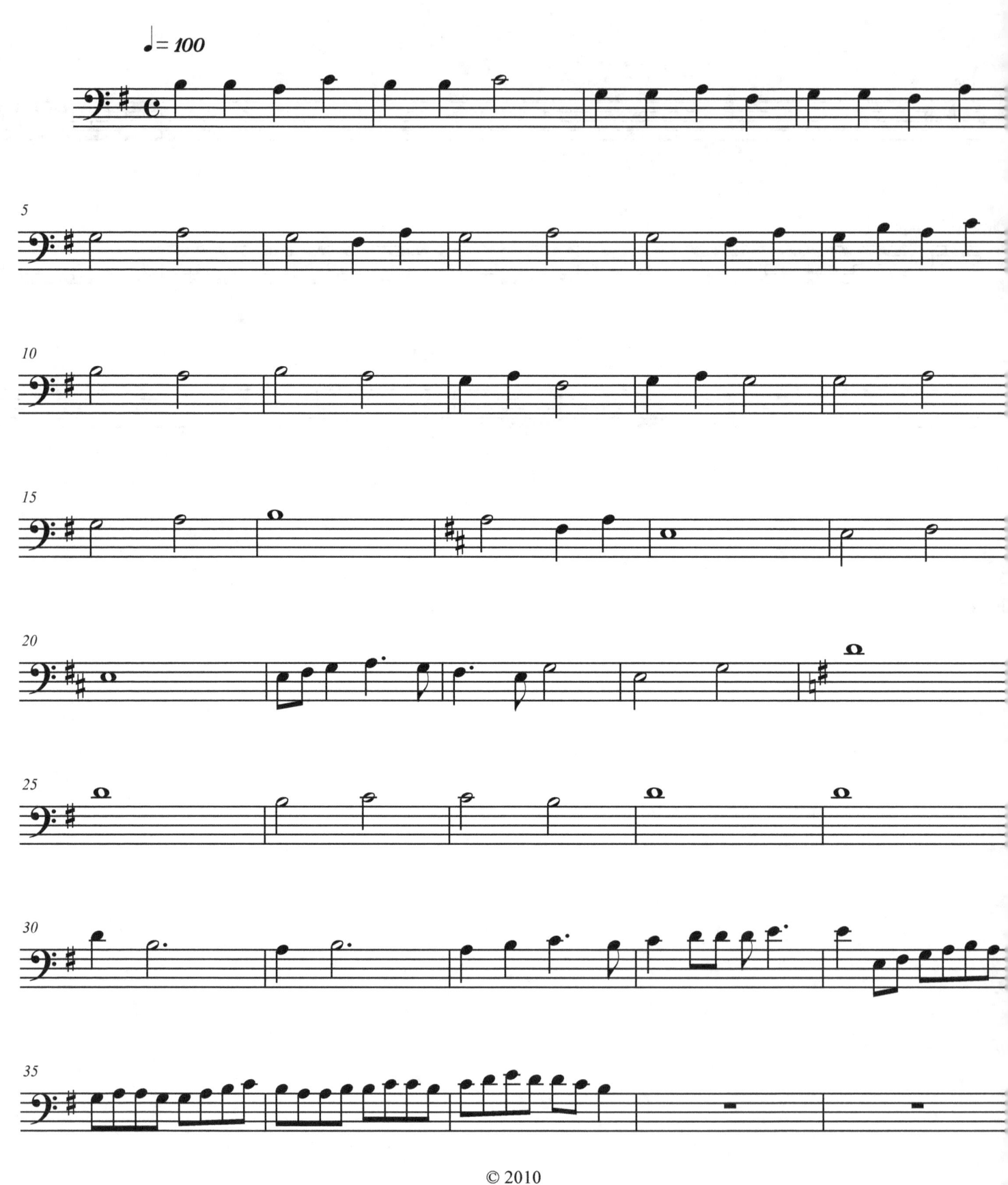

Y

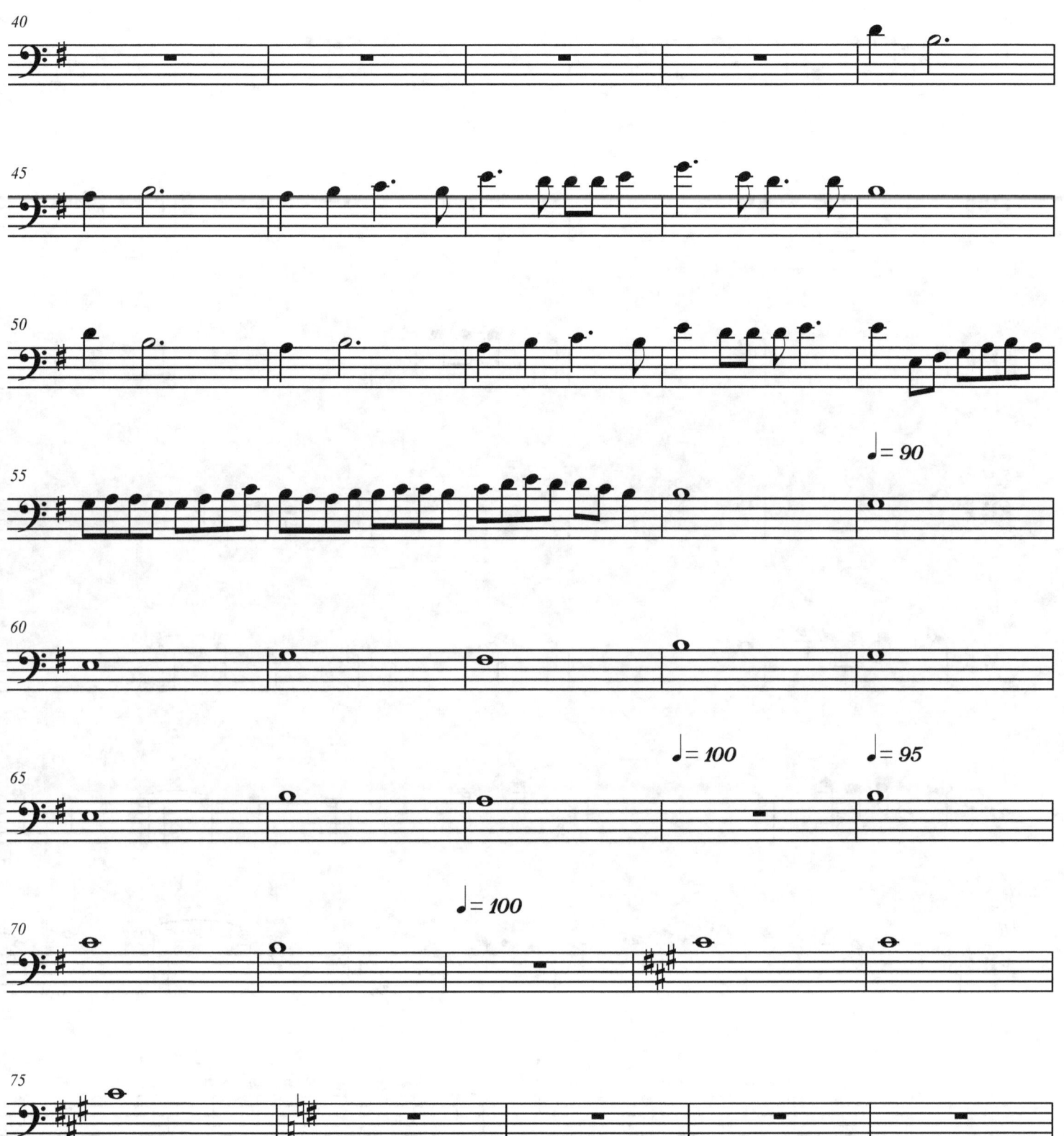

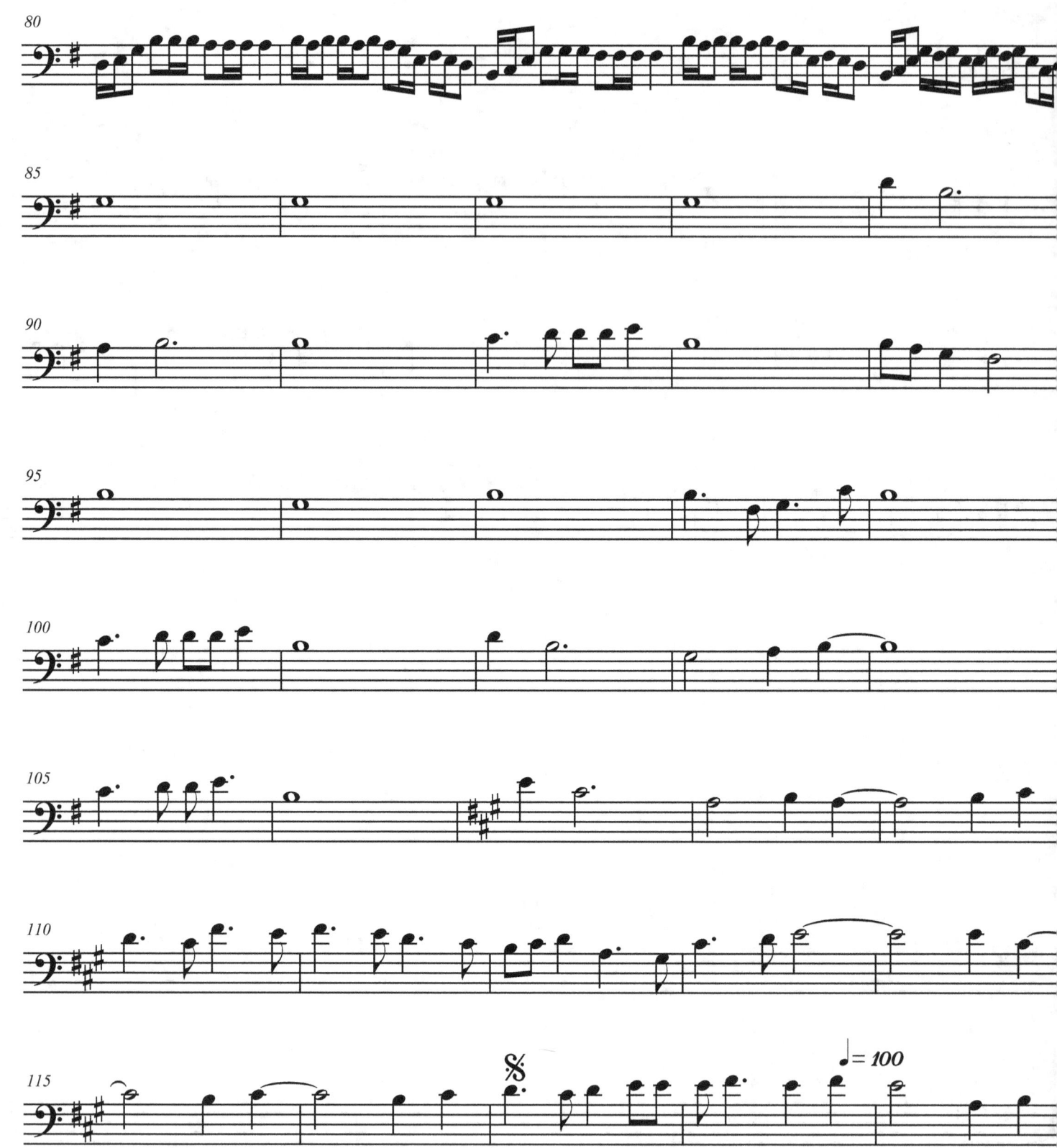

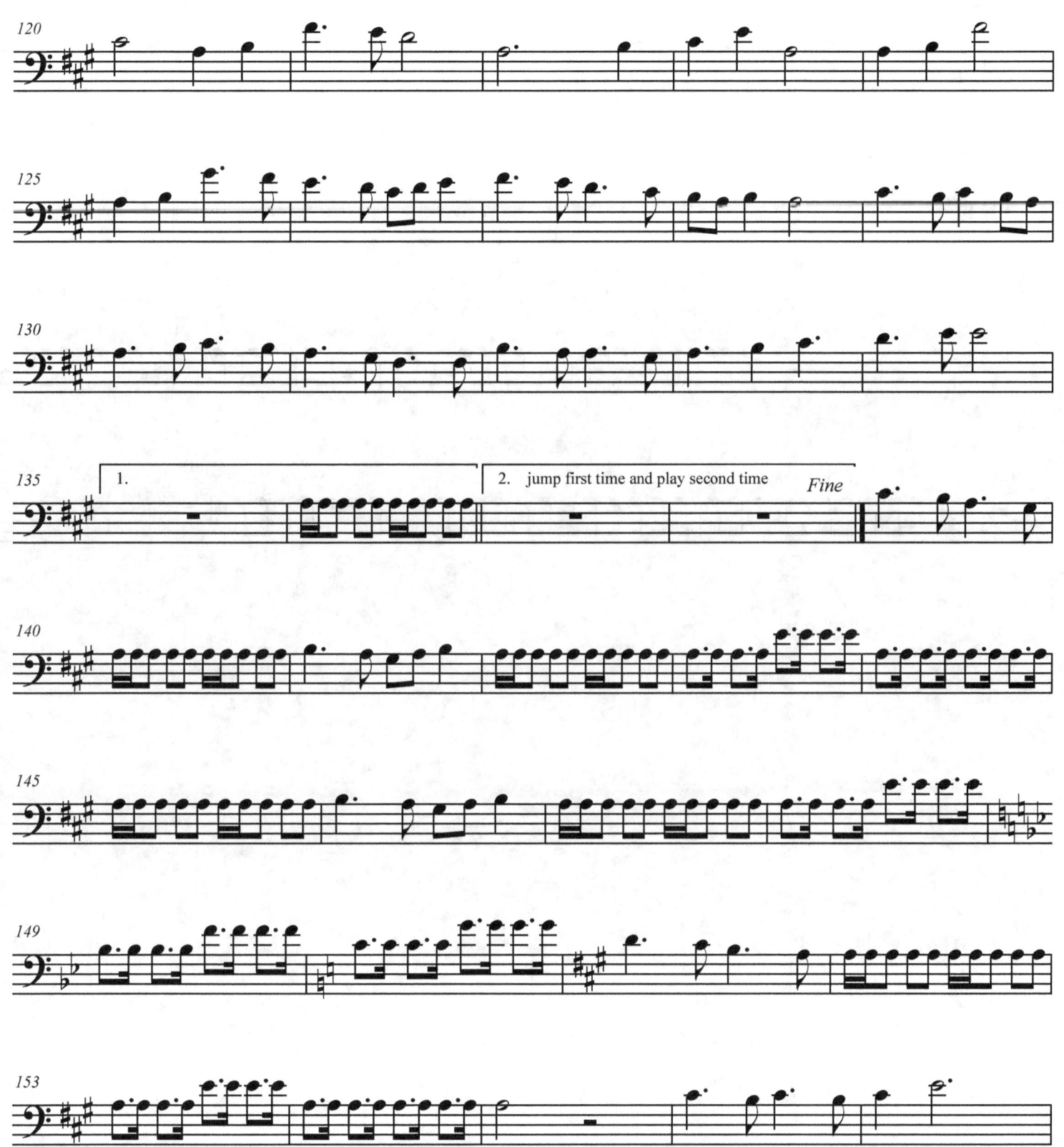

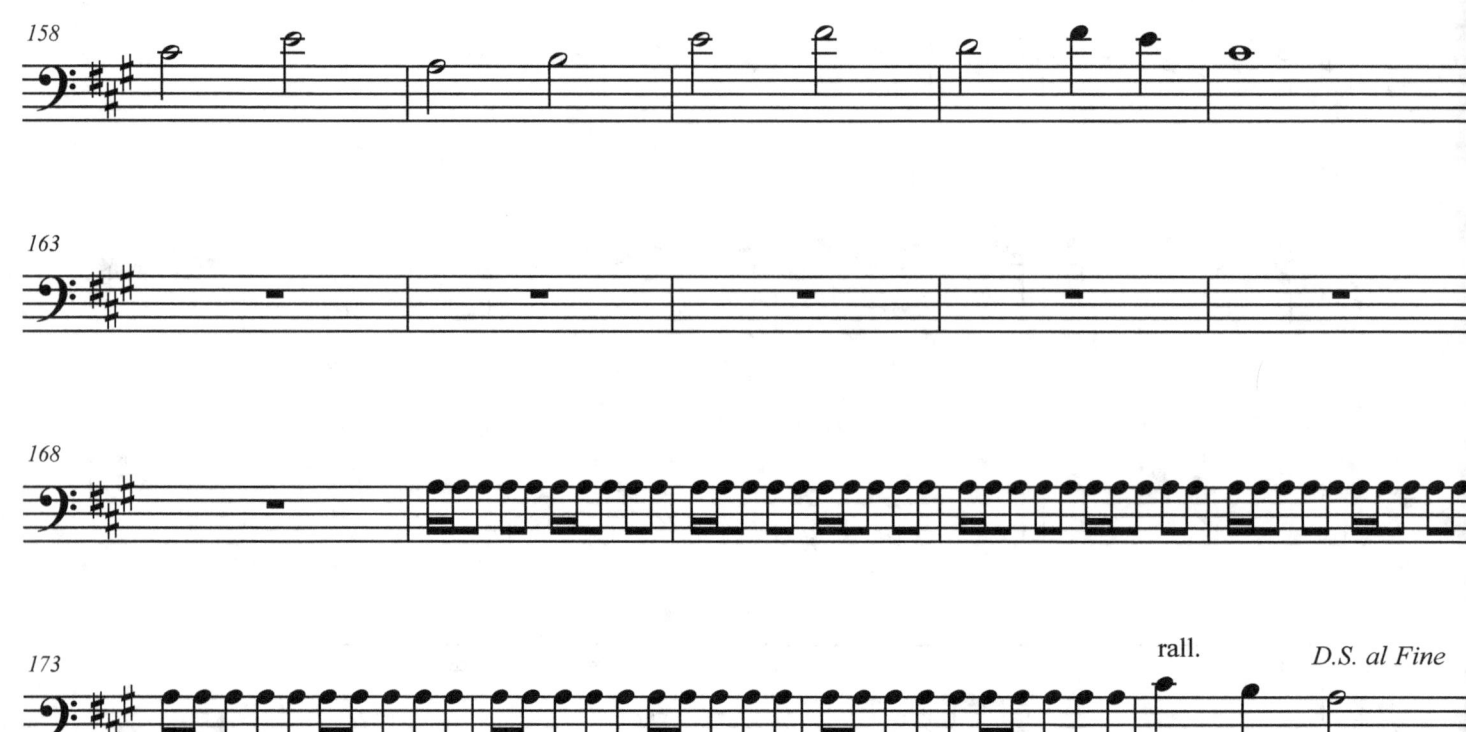

Y sym 1

Part 3: Bes Baritone

Joost de Groot

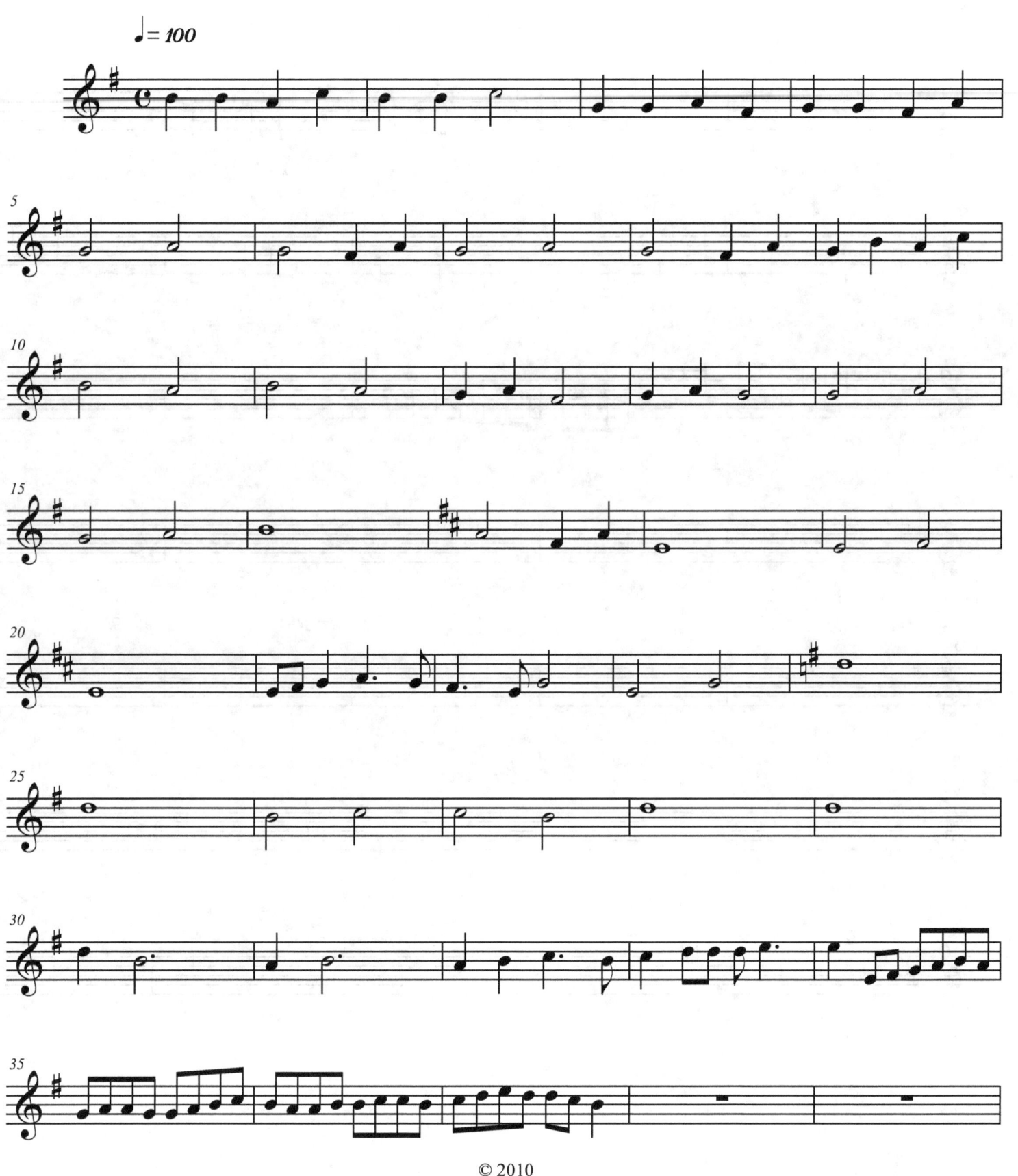

© 2010

Y

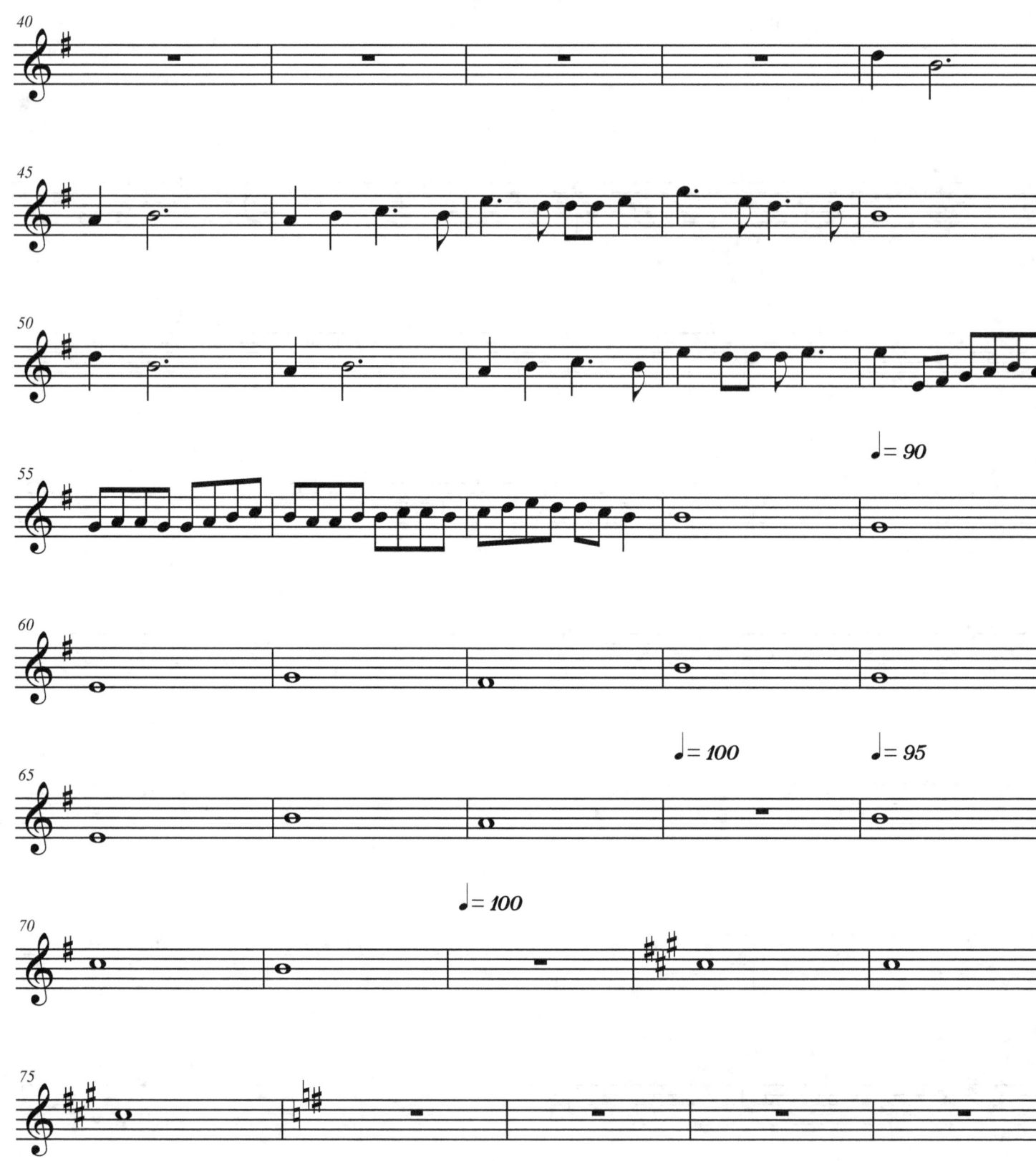

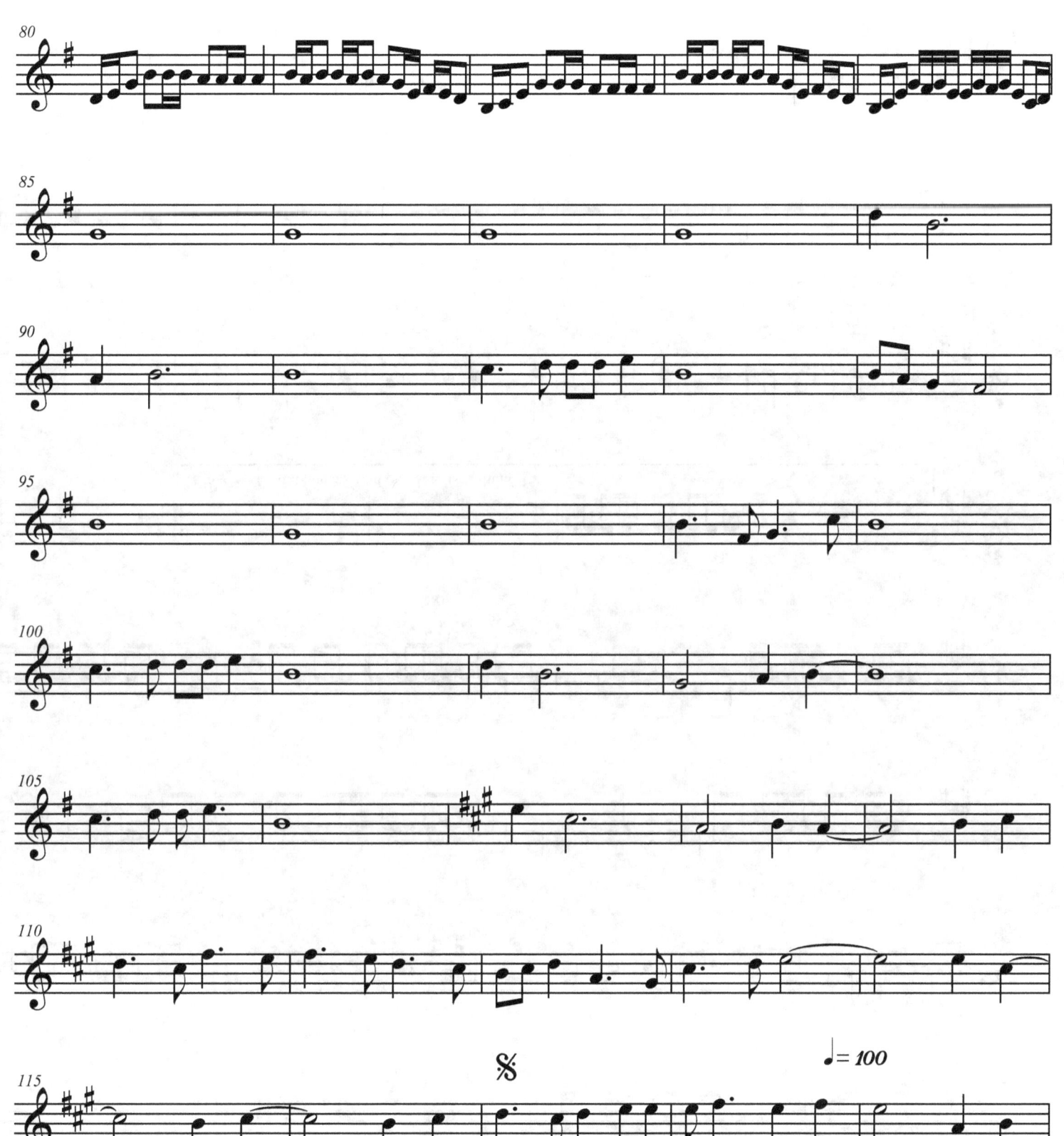

Y

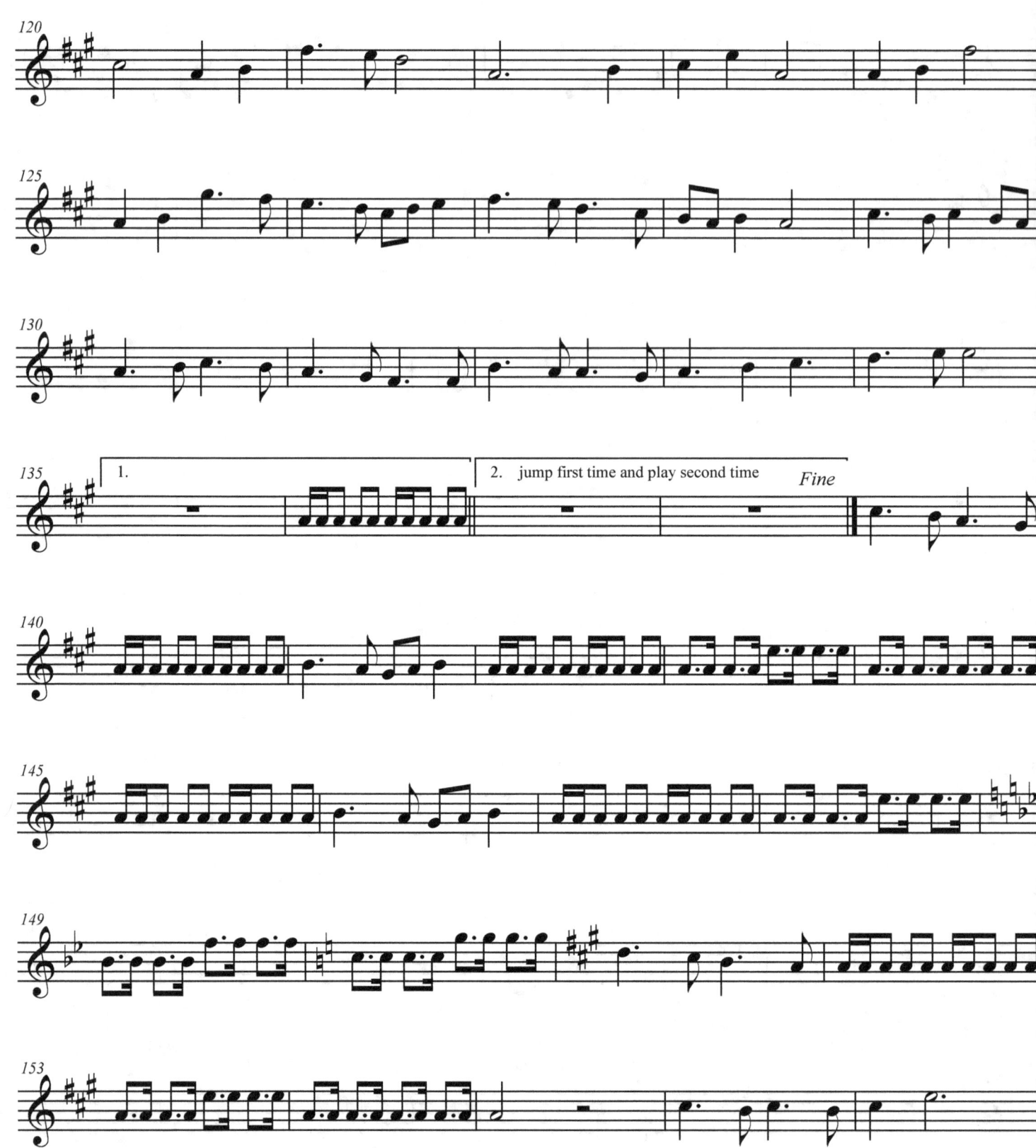

Y

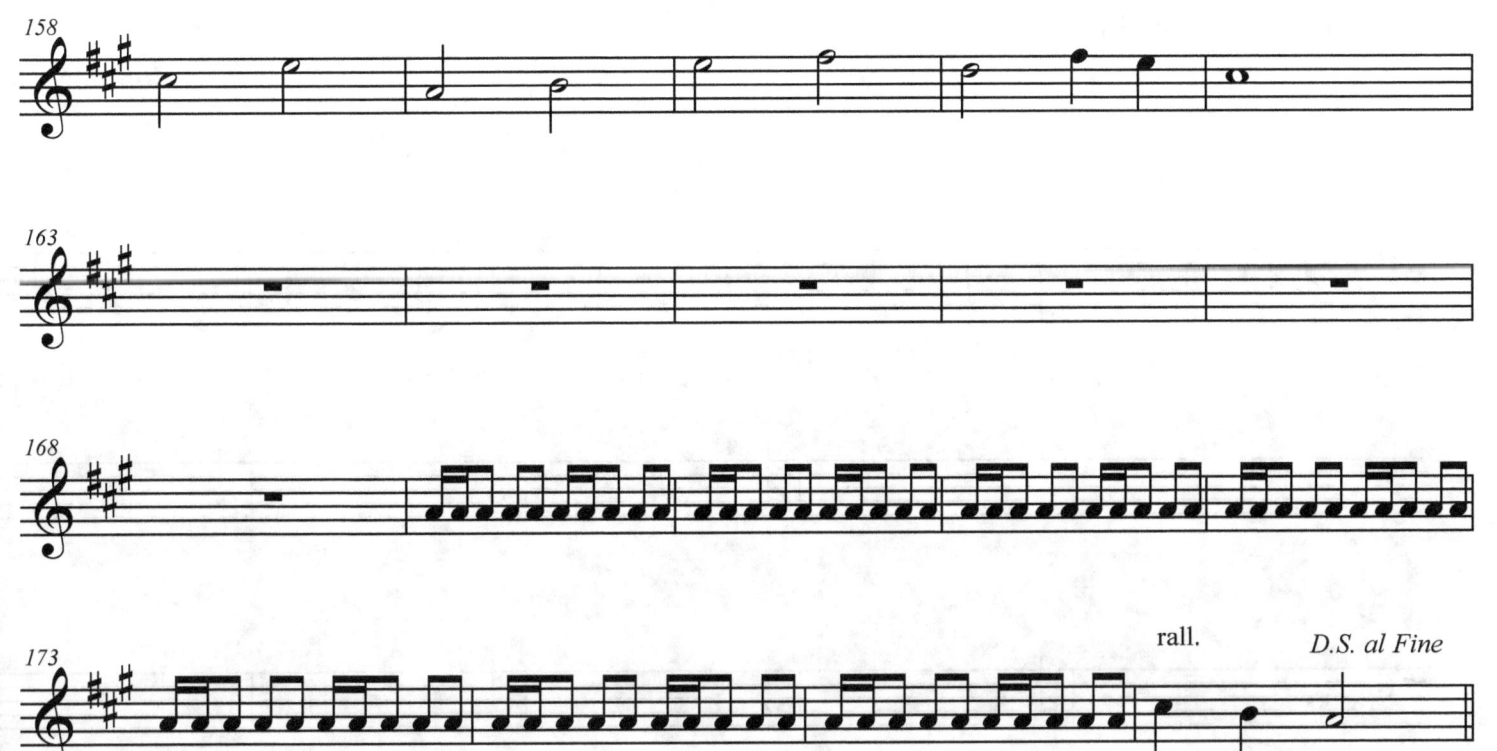

Part 4: C Bass Tuba

Y sym 1

Joost de Groot

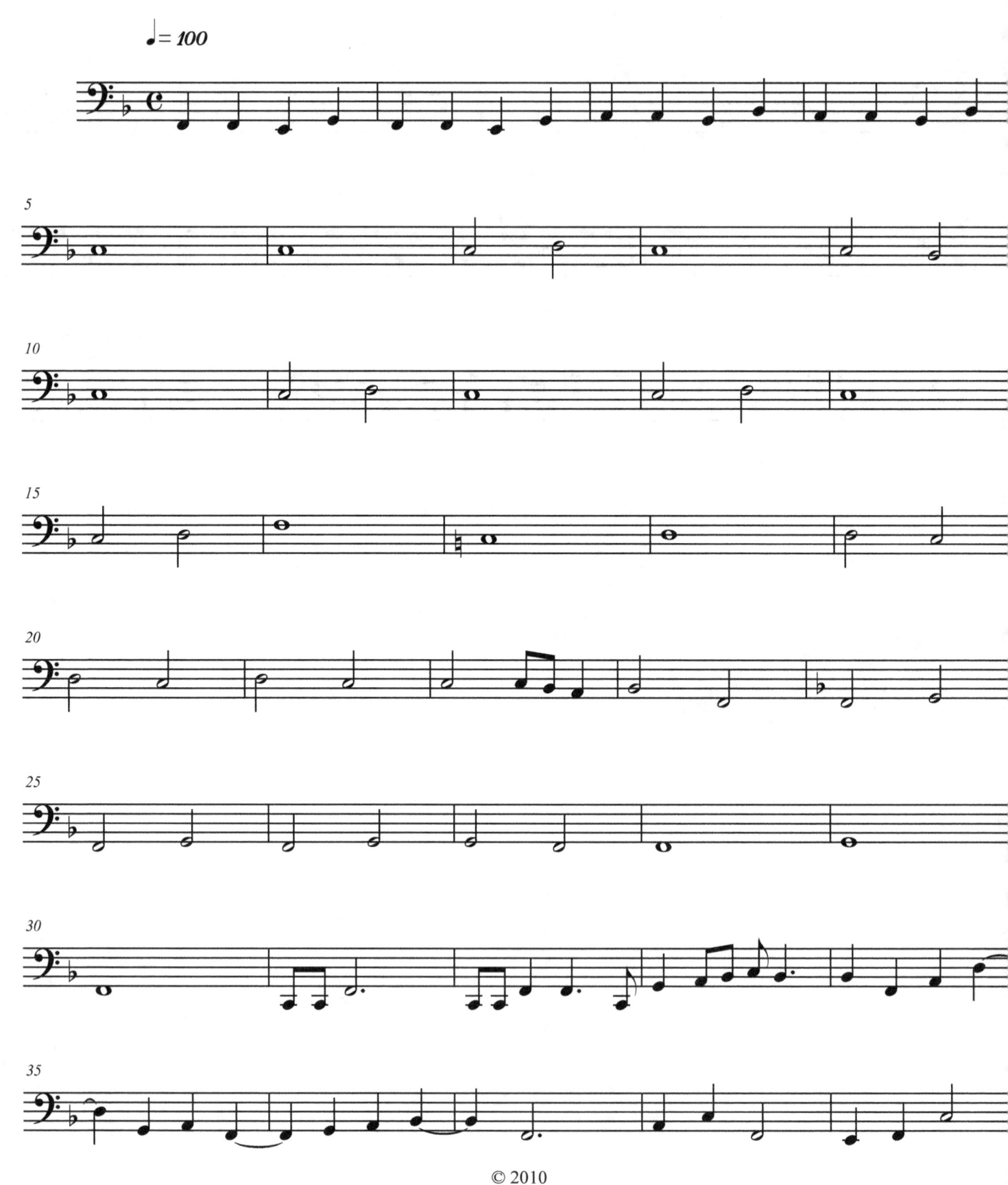

Y

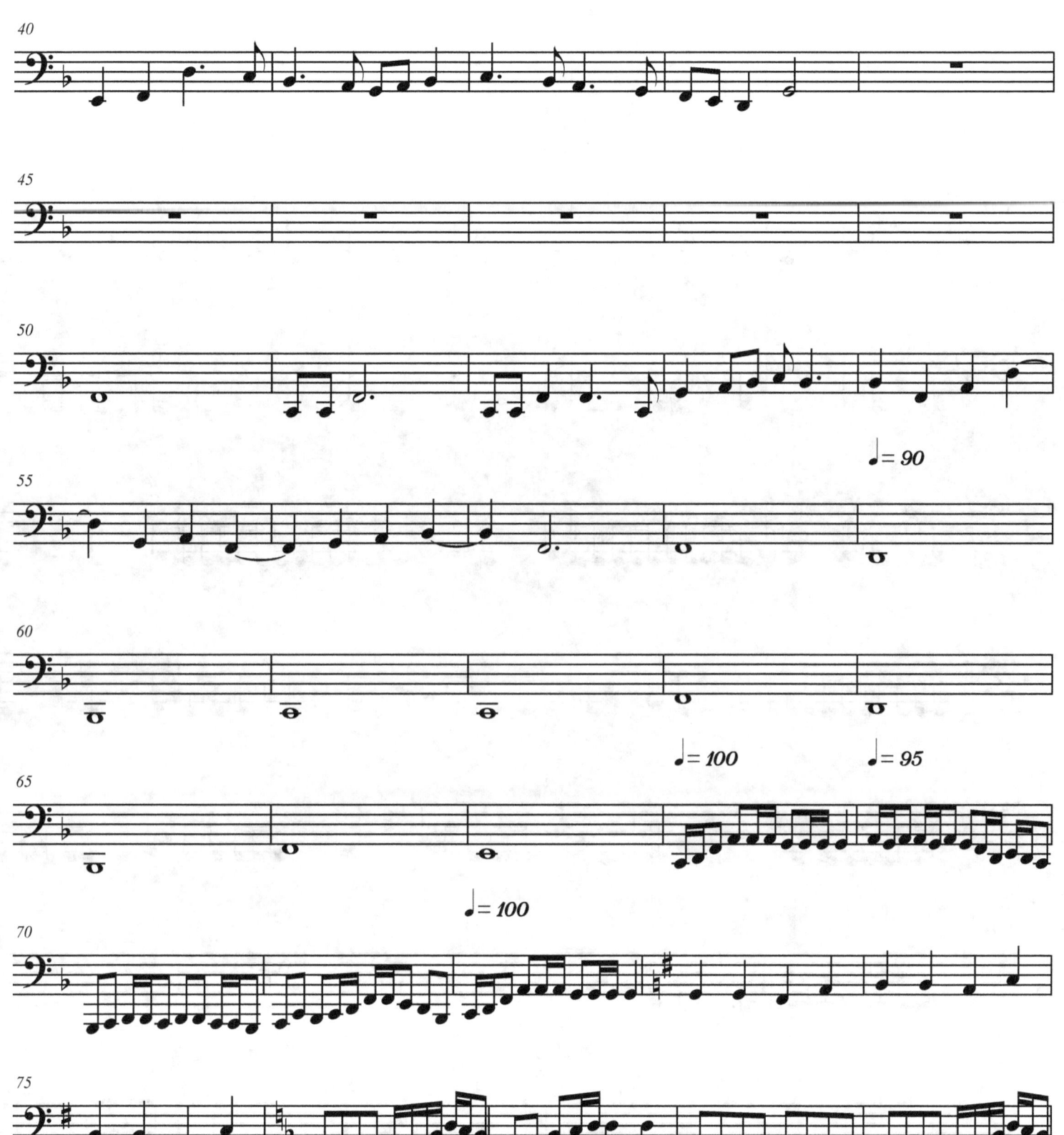

Y

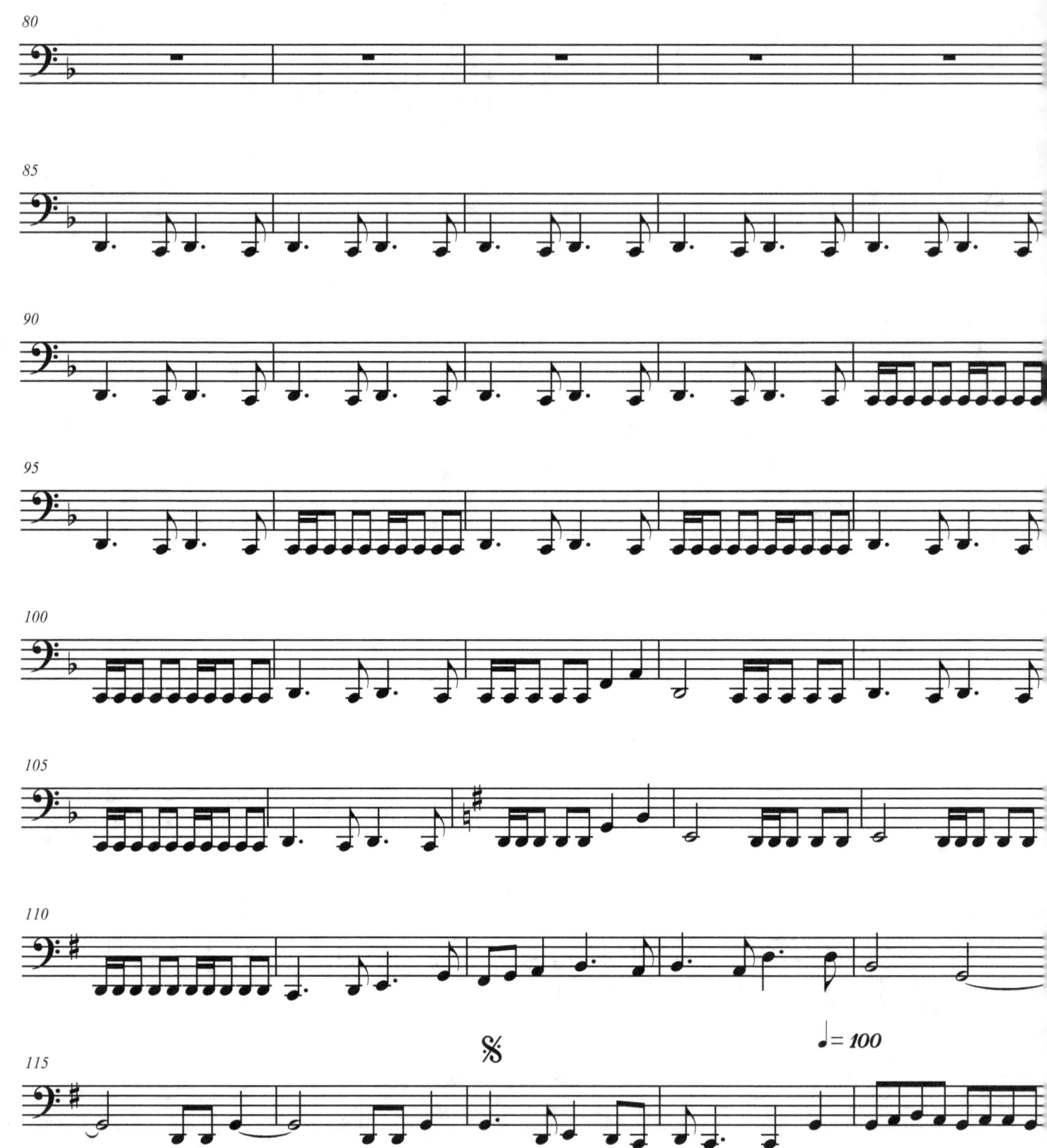

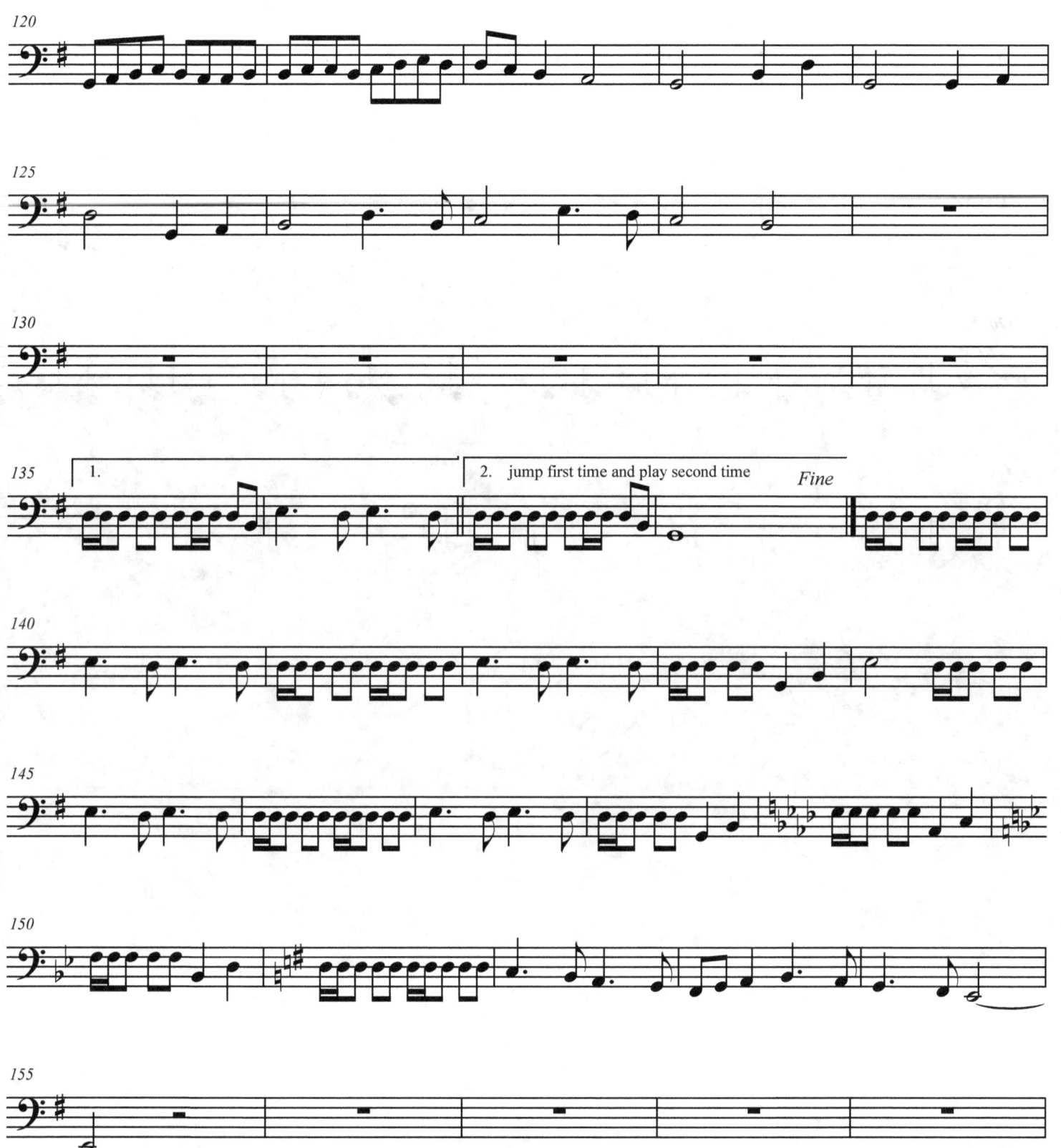

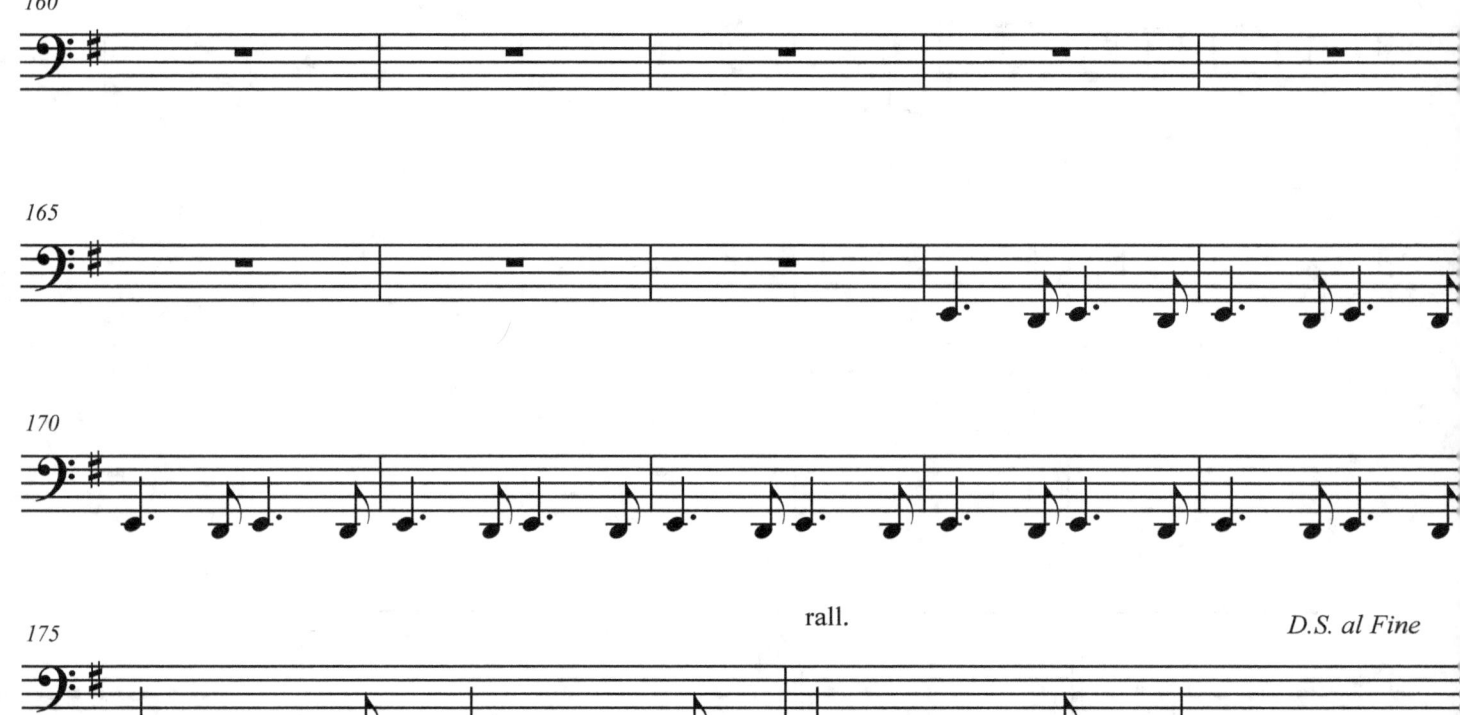

Part 4: Bes Bass Tuba

Y sym 1

Joost de Groot

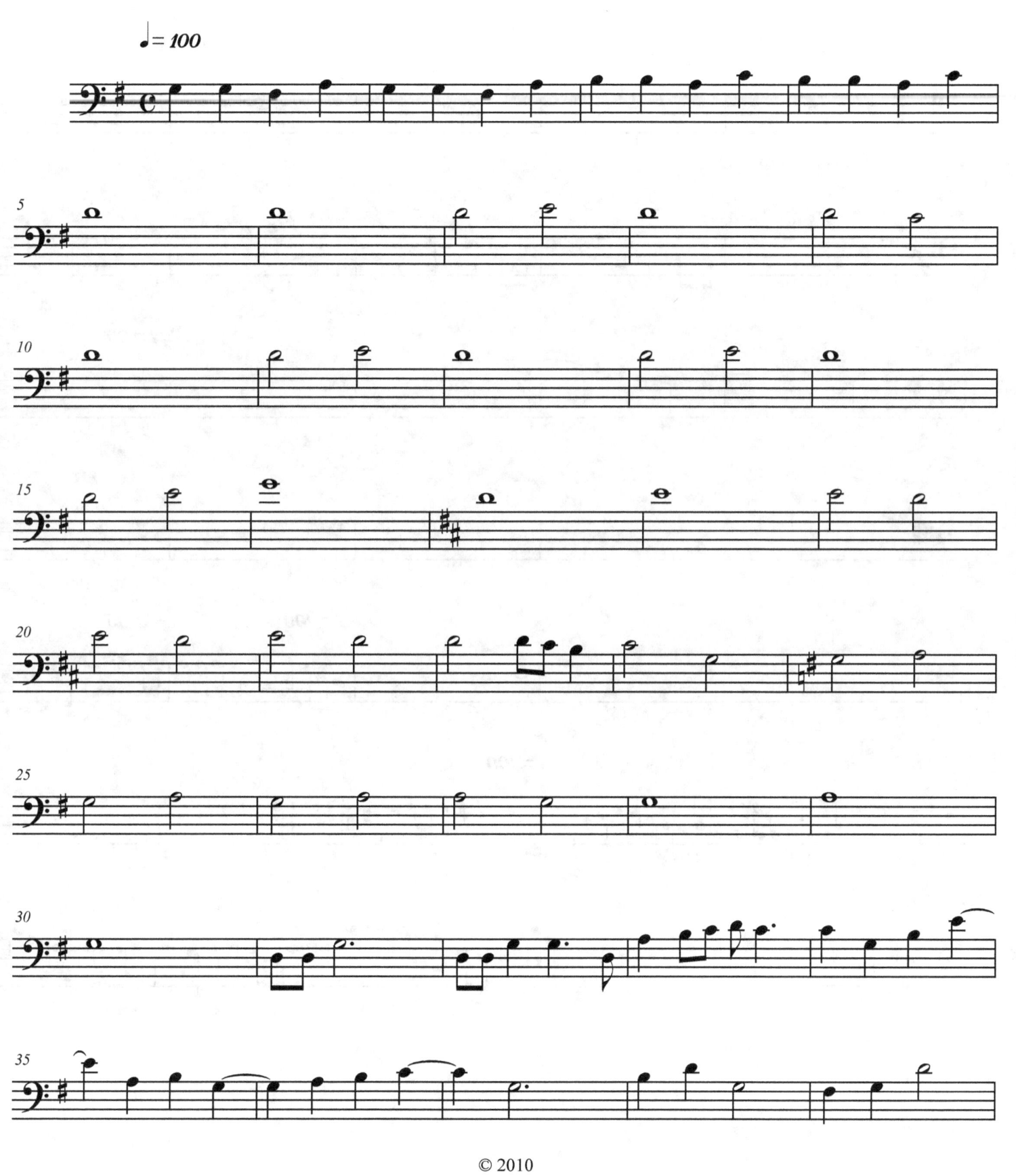

© 2010

Y

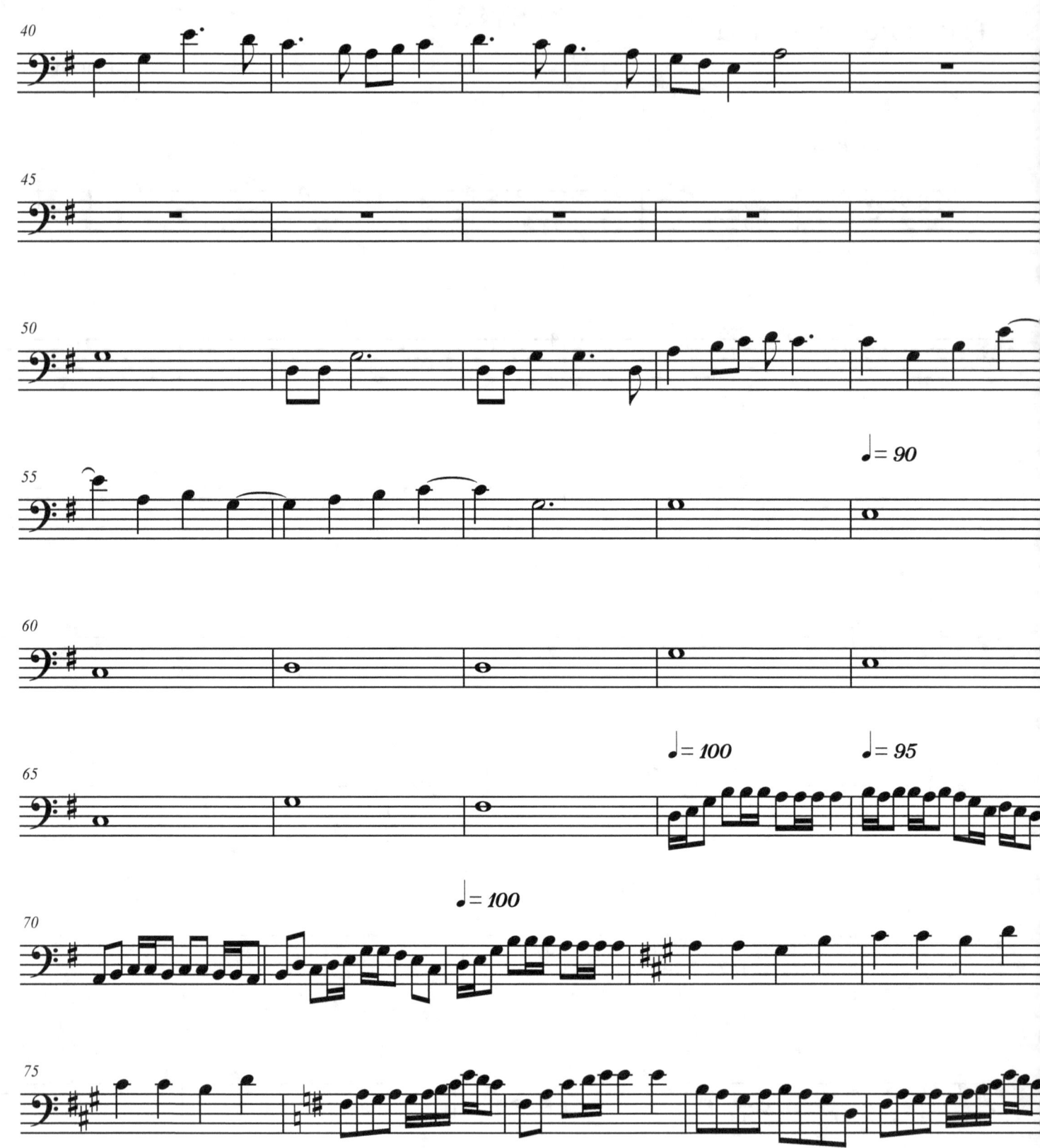

144

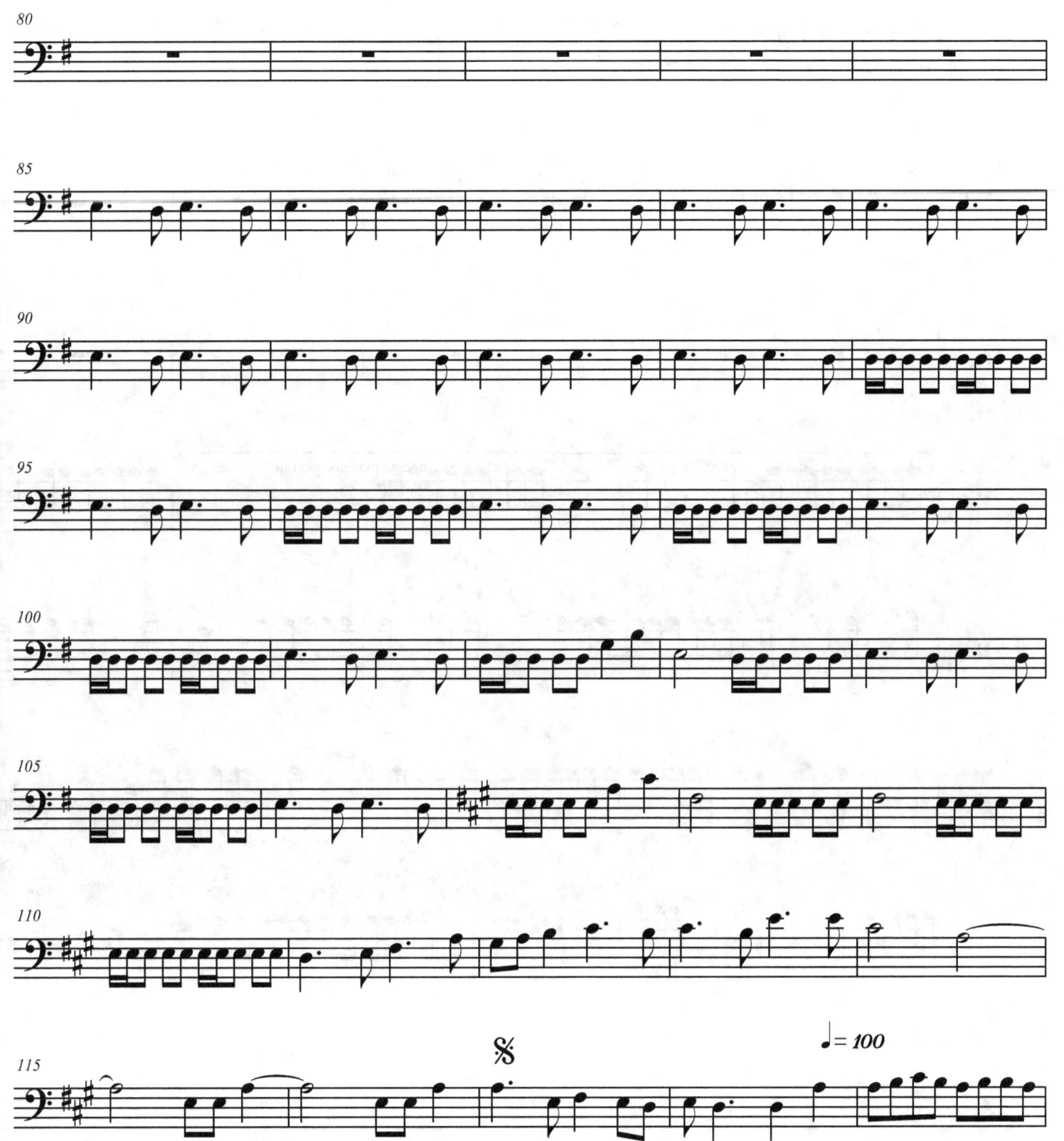

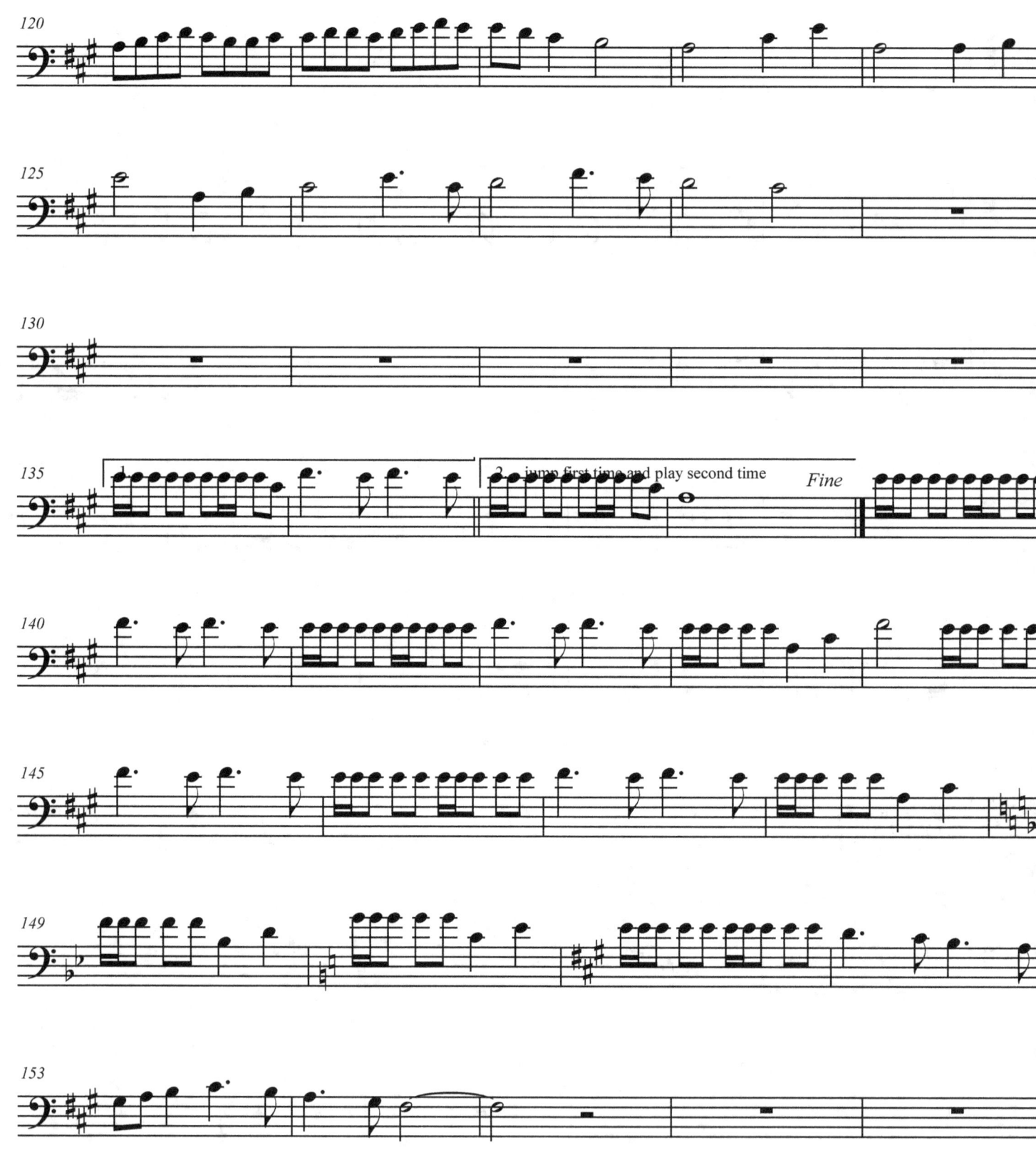

Y

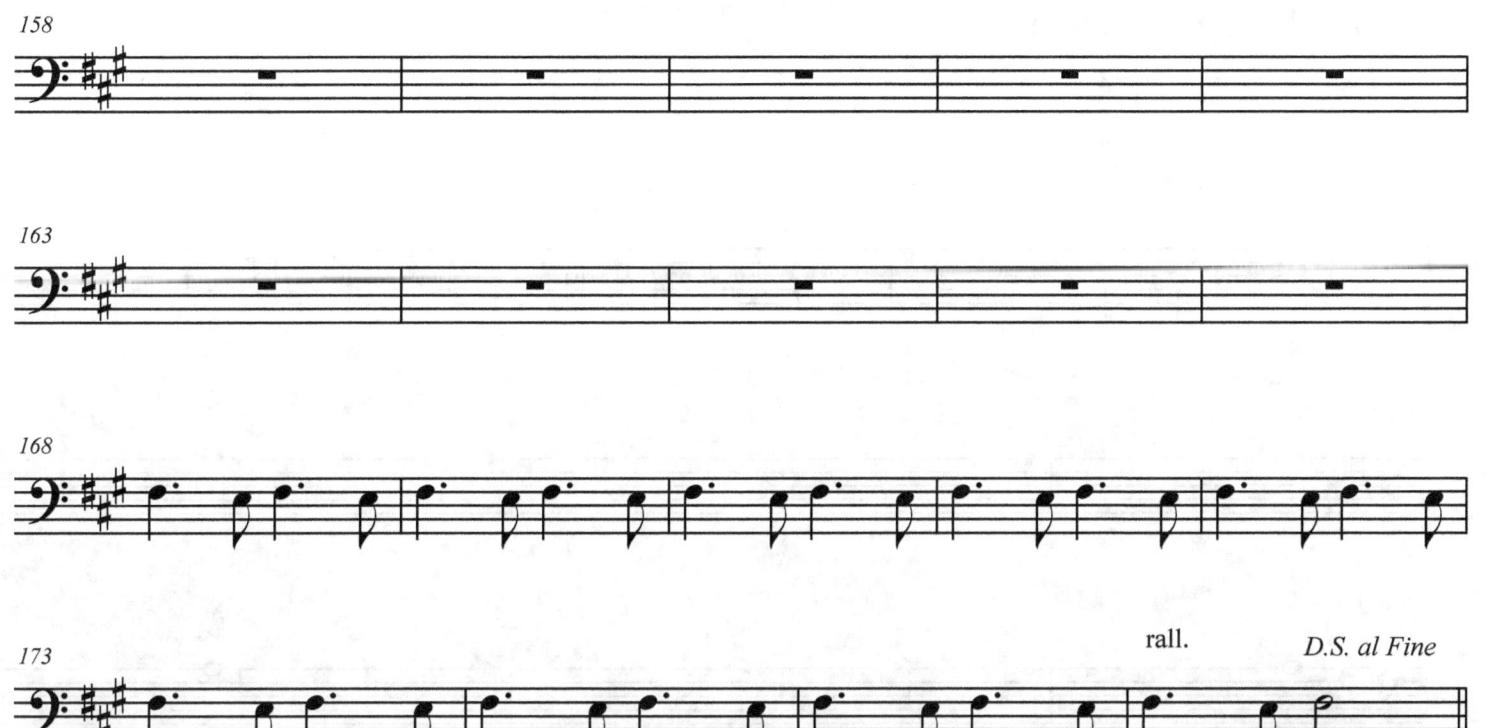

Y sym 1

Part 4: Es Bass Tuba

Joost de Groot

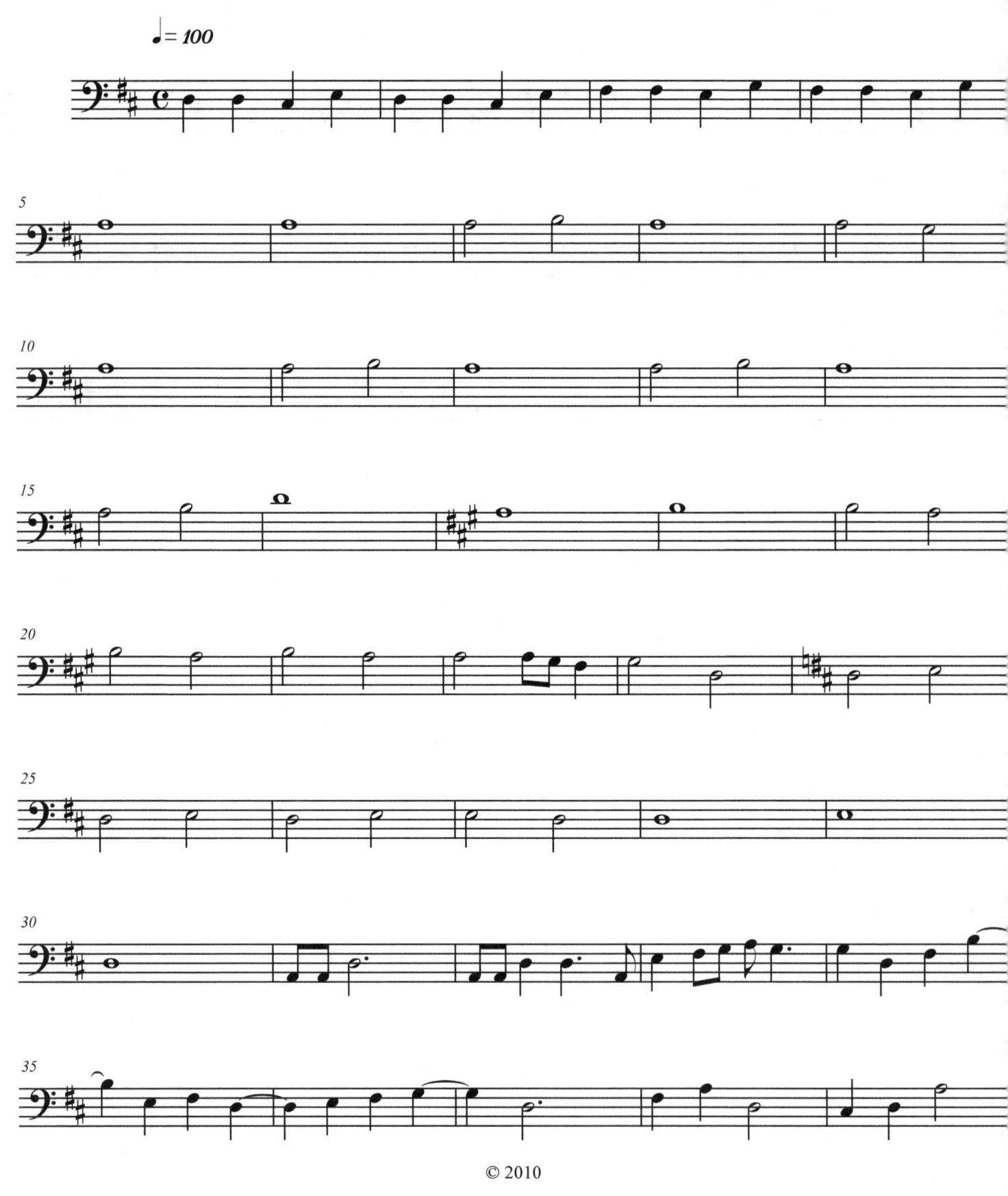

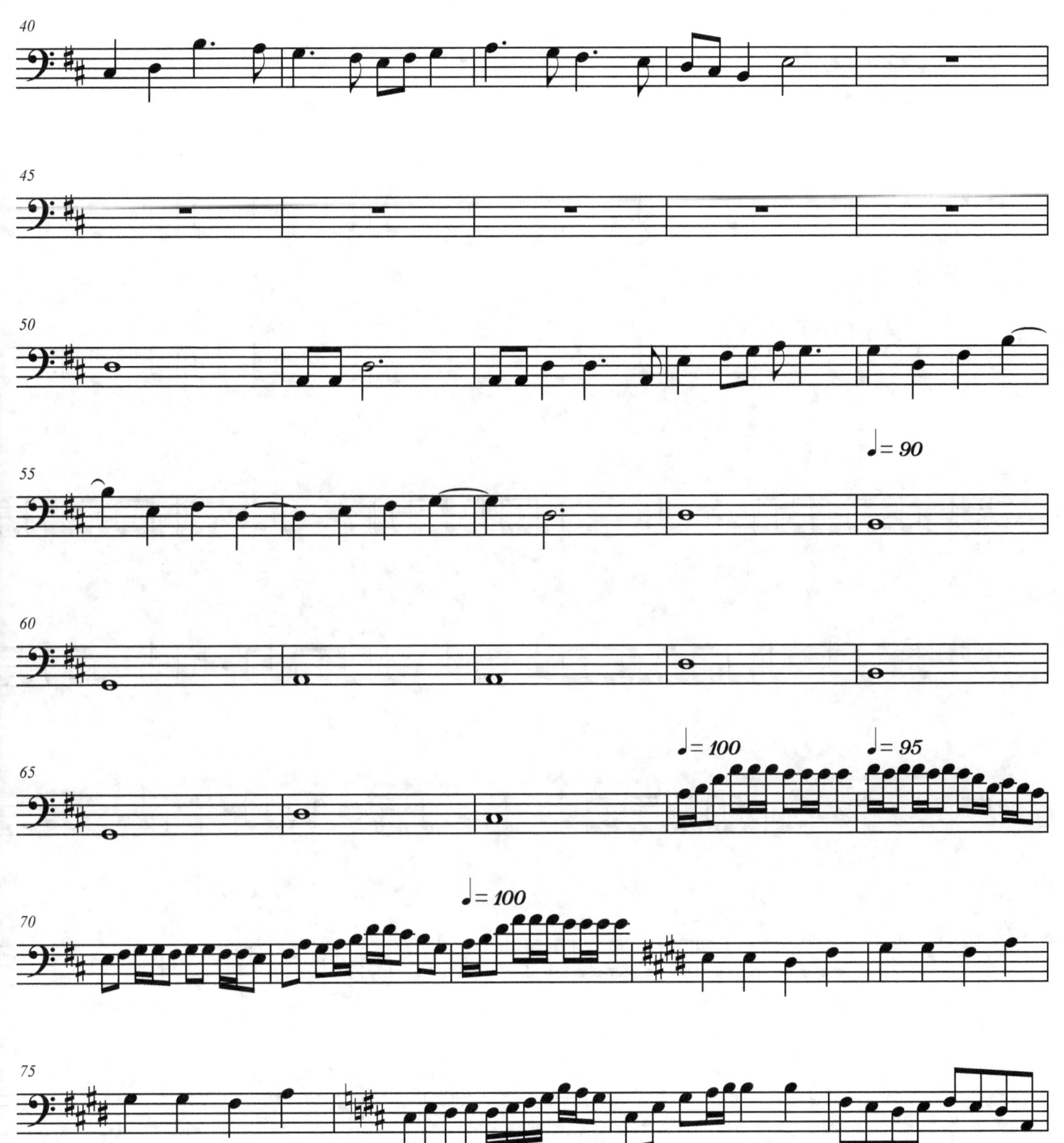

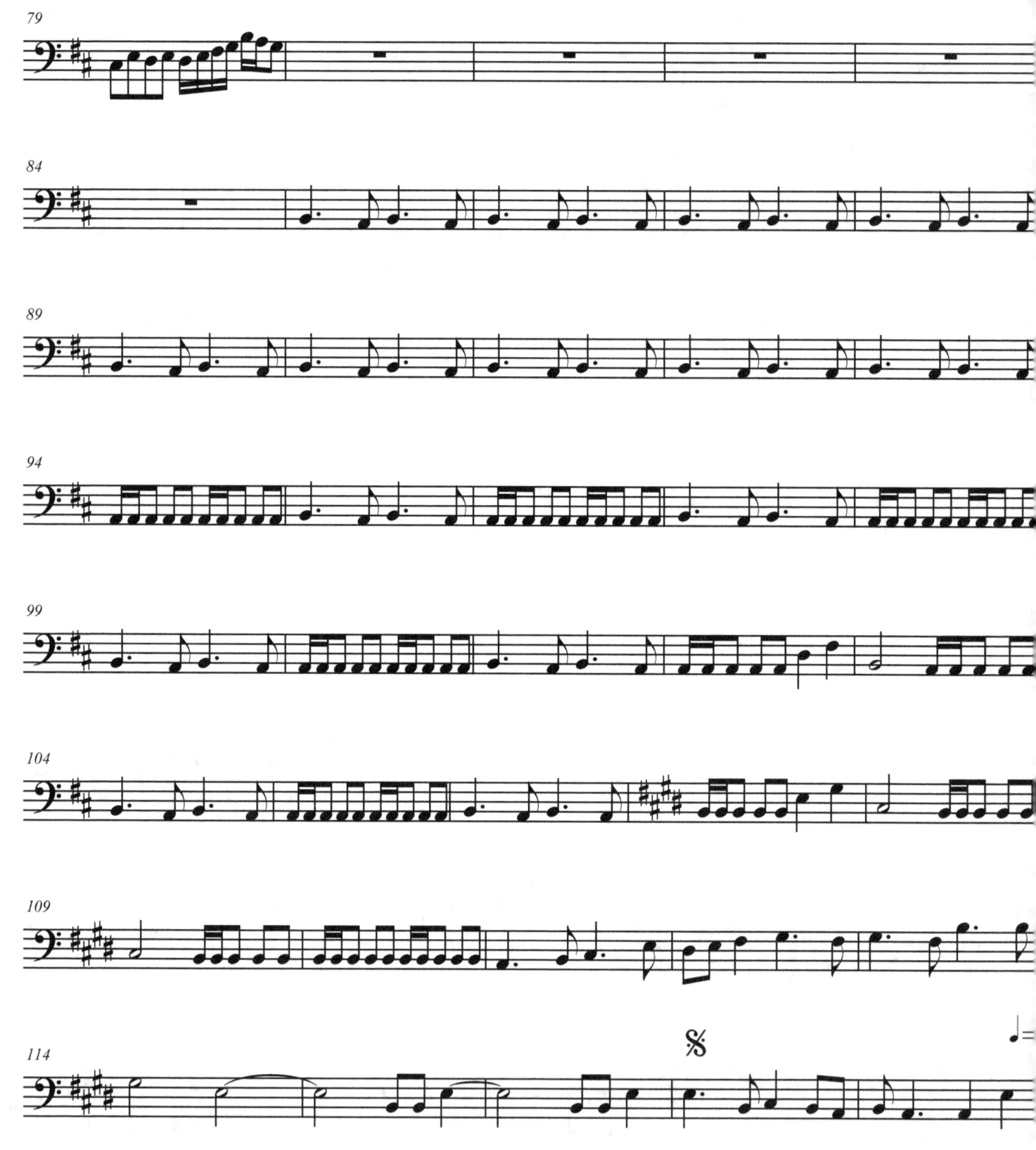

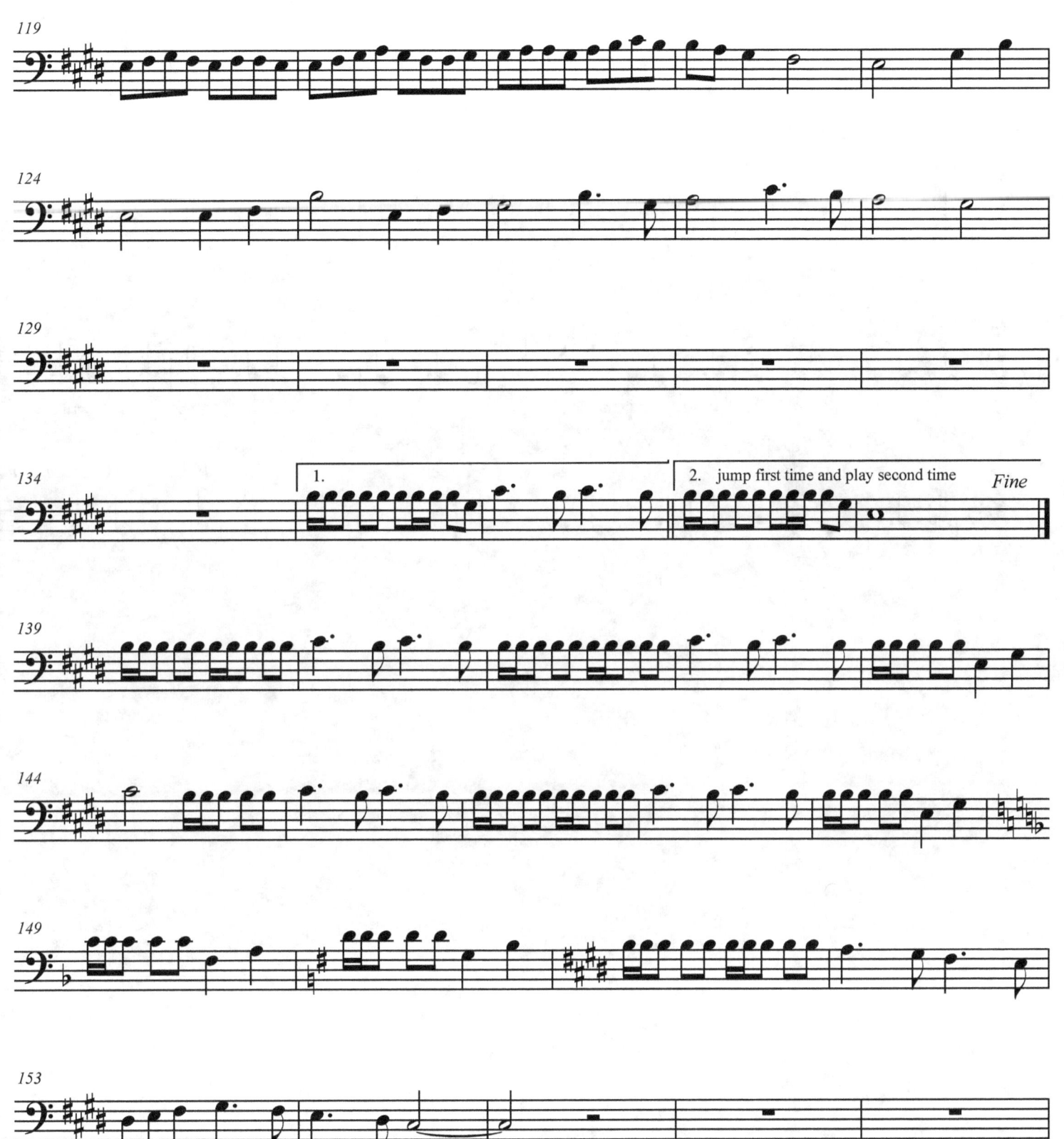

Y

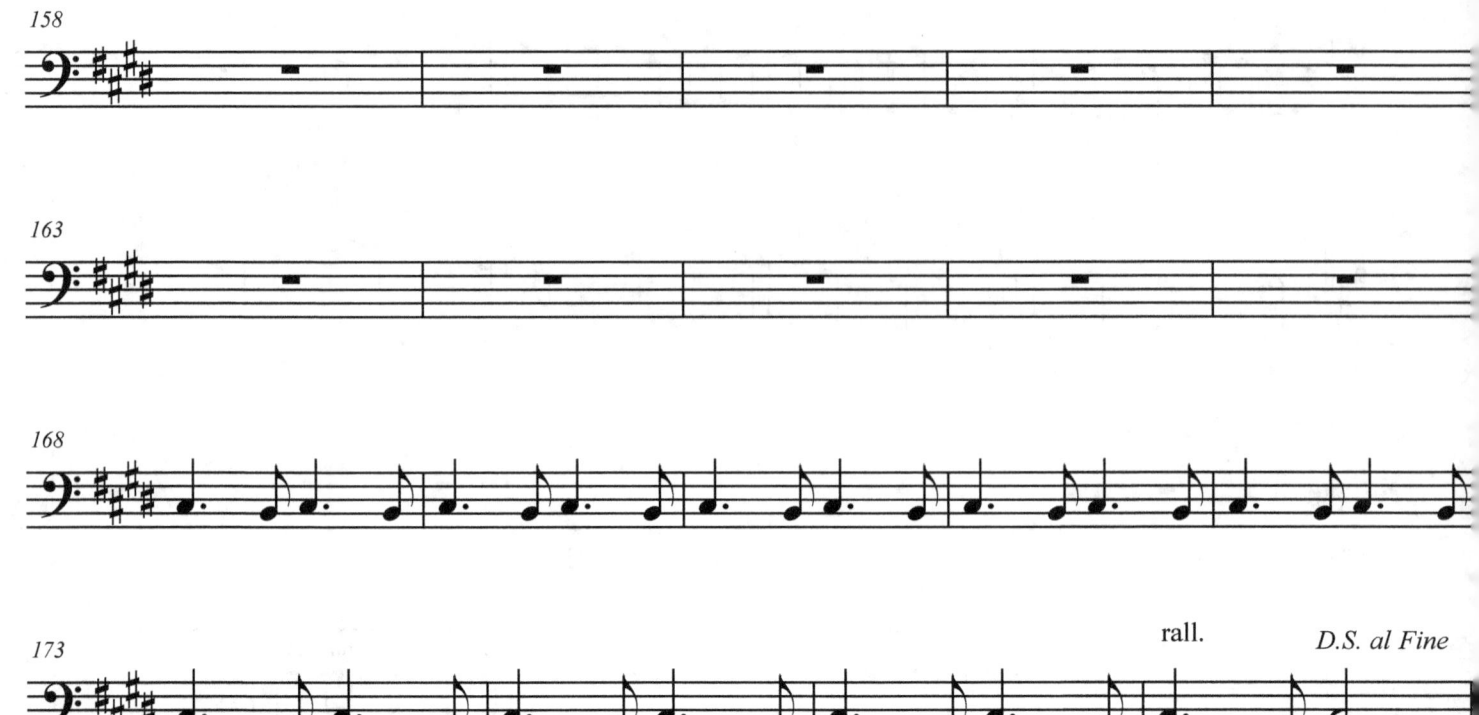

Part 1: Es Alto Sax.

Y sym 1

Joost de Groot

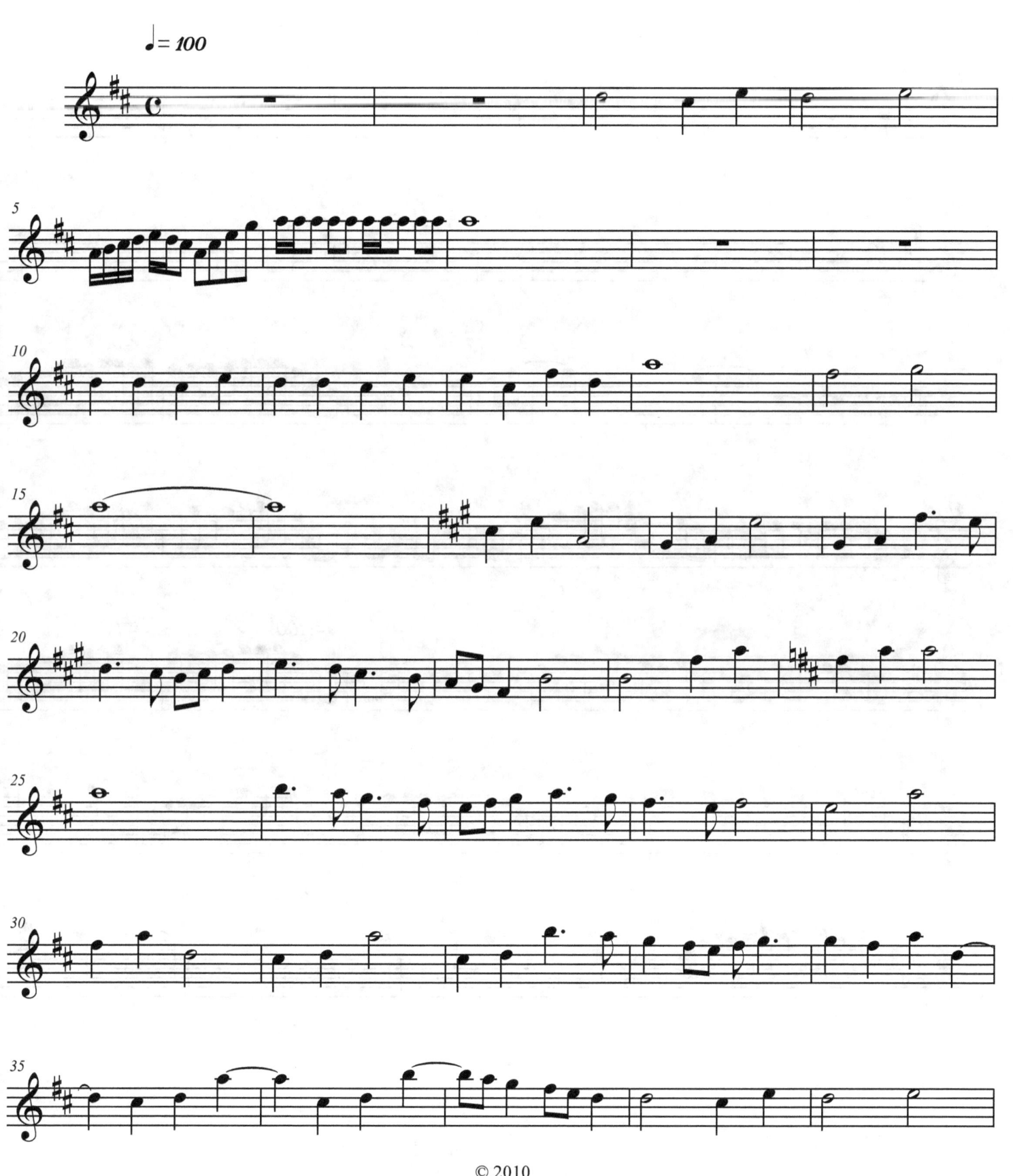

© 2010

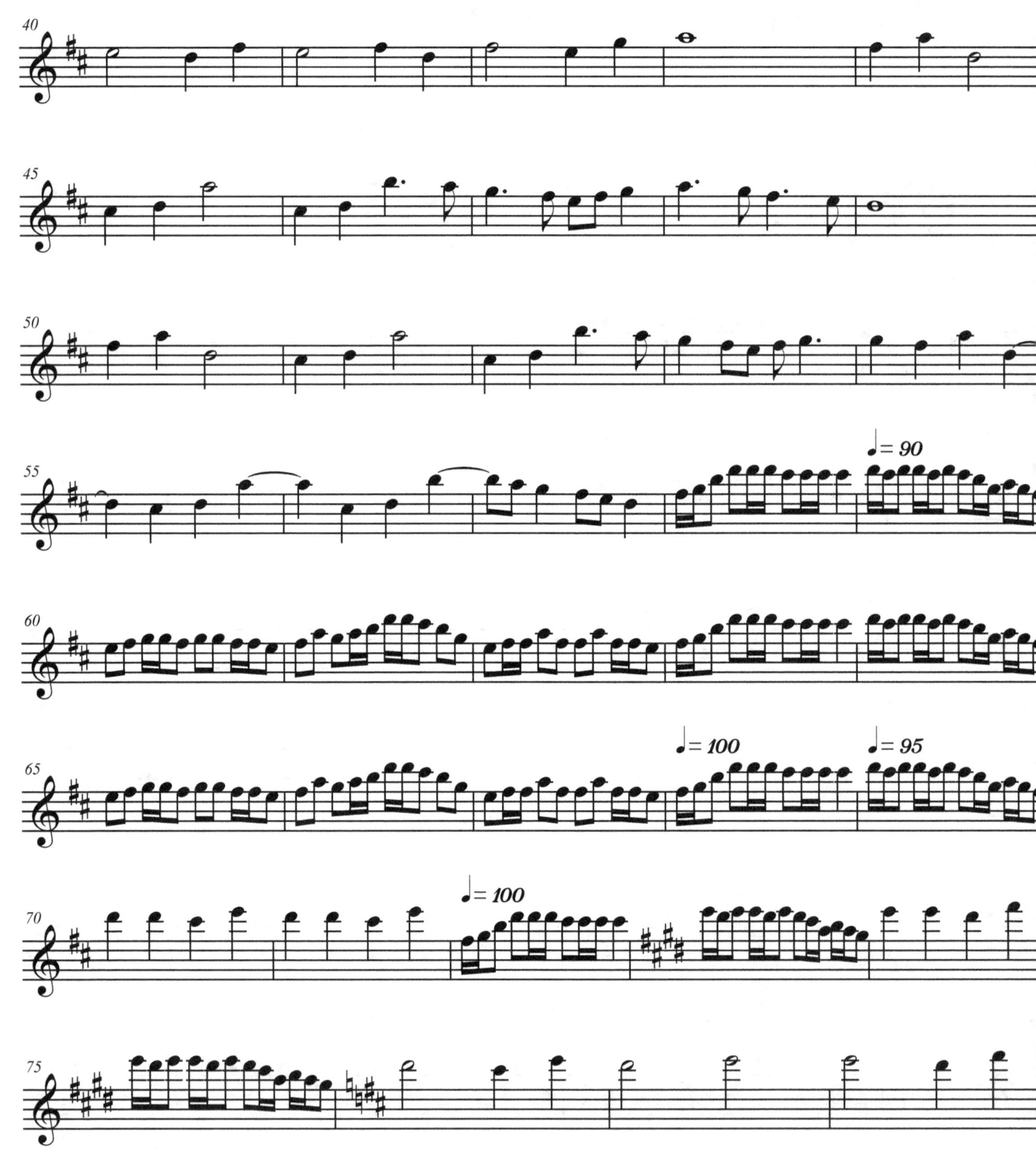

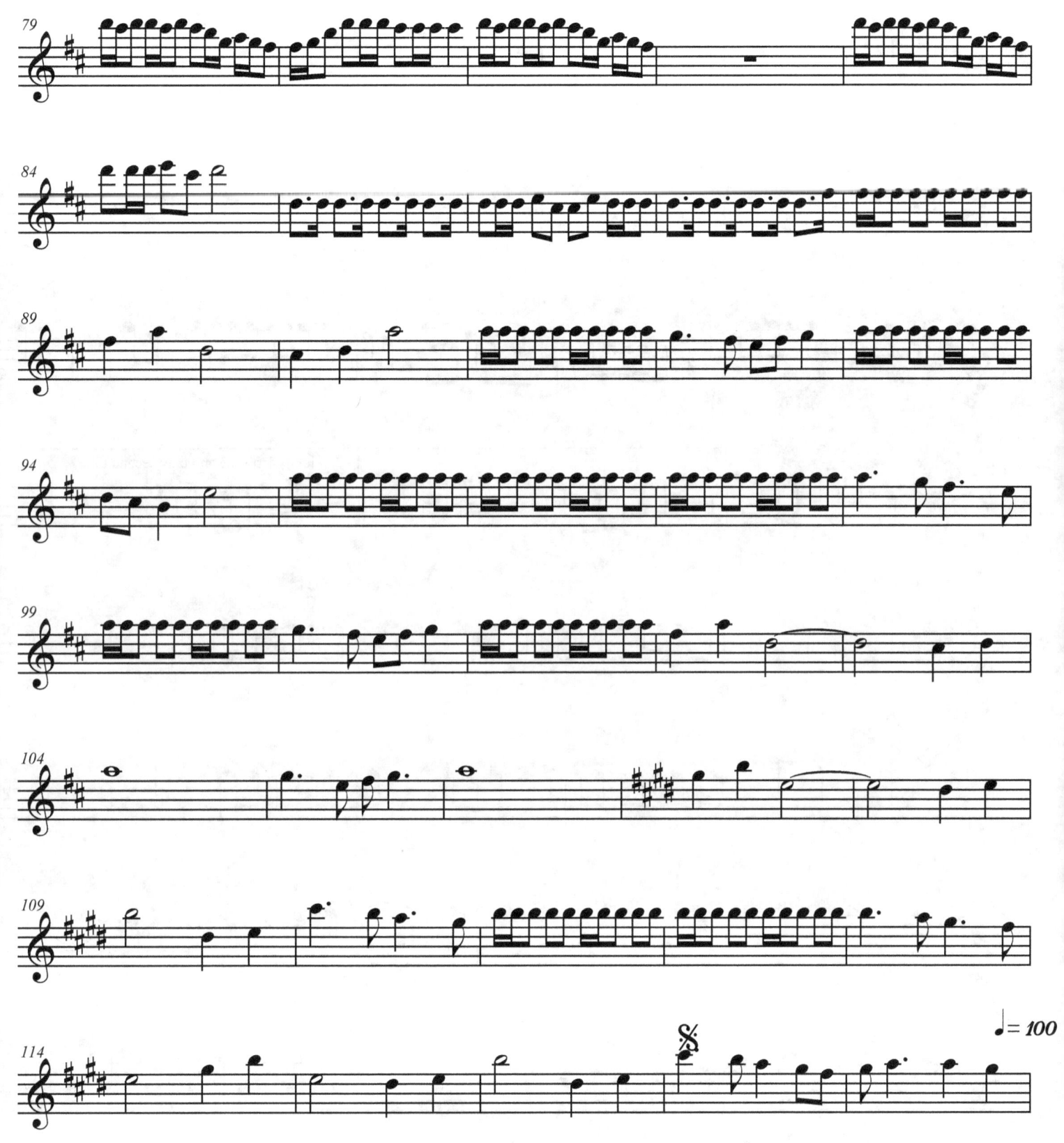

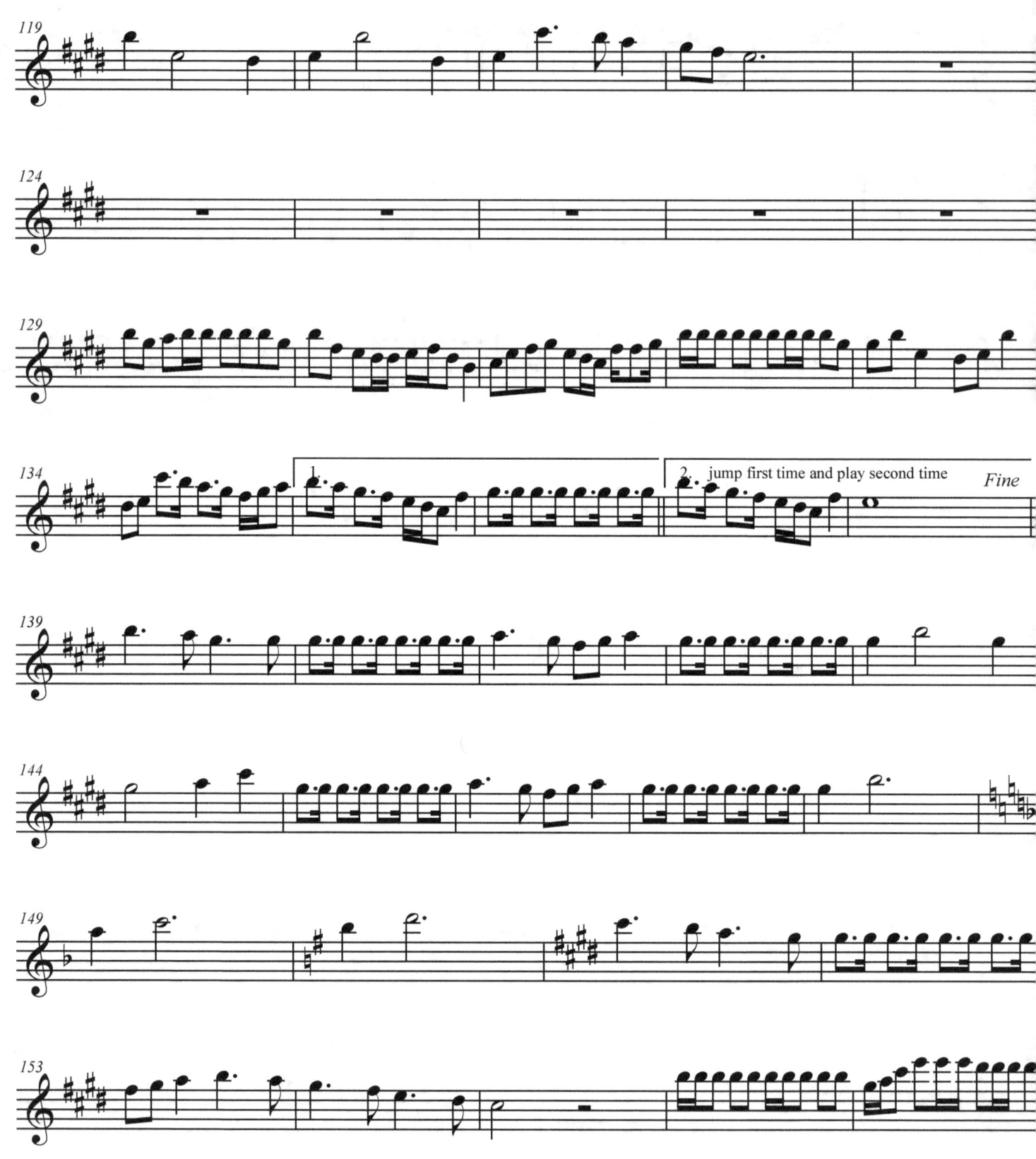

Y

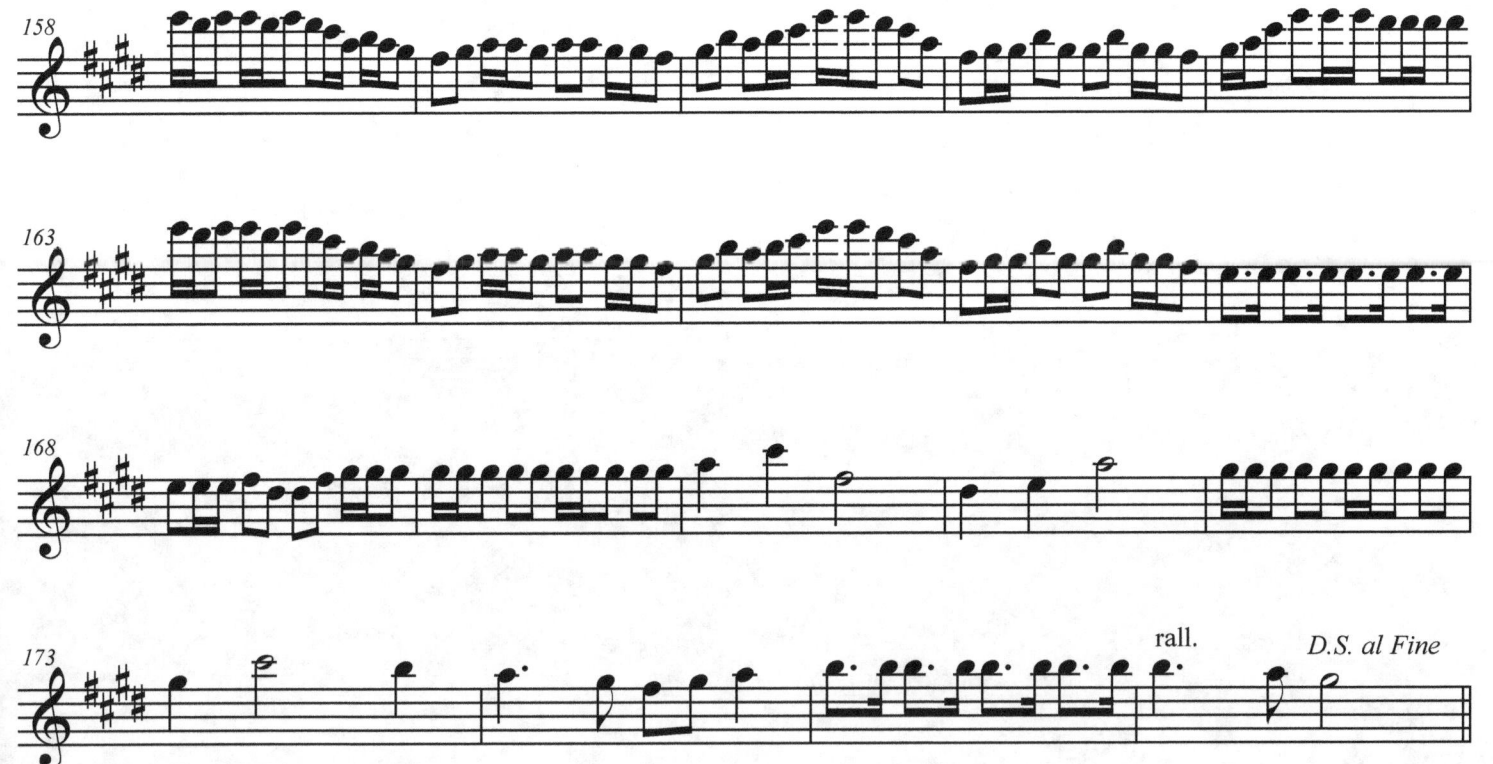

www.ingramcontent.com/pod-product-compliance
Lightning Source LLC
Chambersburg PA
CBHW081813220526
45470CB00006B/2303